# POUR UNE PHILOSOPHIE DU DON D'ORGANES

I0895957

## DANS LA MÊME COLLECTION

*Activité physique et exercices spirituels. Essais sur la philosophie du sport*, D. Moreau et P. Taranto (éd.), 2010.

CHABOT P., *La philosophie de Simondon*, 2003.

COURTINE-DENAMY S., *Le souci du monde. Dialogue entre Hannah Arendt et quelques-uns de ses contemporains*, 1999.

DALED P. F., *Le matérialisme occulté et la genèse du sensualisme : Écrire l'histoire de la philosophie en France*, 2005.

*Encyclopédie du trans/posthumanisme. L'humain et ses préfixes*, G. Hottois, J.-N. Missa et L. Perbal (dir.), 2015.

FISETTE D. et POIRIER P., *Philosophie de l'esprit. État des lieux*, 2002.

GOFFETTE J., *Naissance de l'anthropotechnie : De la médecine au modelage de l'humain*, 2006.

GOFFI J.-Y., *Regards sur les technosciences*, 2007.

HOTTOIS G., *Essais de philosophie bioéthique et biopolitique*, 1999.

– *Pour une métaphilosophie du langage*, 2000.

– *La science entre valeurs modernes et postmodernité*. Conférence au Collège de France, 2005.

– *Species technica*. Suivi d'un *Dialogue philosophique autour de* Species technica *vingt ans plus tard*, 2002.

– *Dignité et diversité des hommes*, 2009.

– *Généalogies philosophique, politique et imaginaire de la technoscience*, 2013.

KAPP E., *Principes d'une philosophie de la technique*, traduit de l'allemand et présenté par G.Chamayou, 2007.

*Les philosophes et la technique*, P. Chabot et G. Hottois (dir.), 2003.

*Narration et identité. De la philosophie à la bioéthique*, M.-P. Pinsart (éd.), 2008.

PERBAL L., *Gènes et comportements à l'ère post-génomique*, 2011.

PINSART M.-G., *Hans Jonas et la liberté : Dimensions théologiques, ontologiques, éthiques et politiques*, 2002.

QUELQUEJEU B., *Sur les chemins de la non-violence. Études de philosophie morale et politique*, 2010.

*Regards critiques sur le principe de précaution. Le cas des OGM*, A. Marciano et B. Tourrès (éd.), 2011.

ROBINET A., *La justice et la terreur : Leibniz et le principe de raison*, 2001.

– *Le sera : Existiturientia* (G.W. Leibniz), 2004.

– *Les signes et l'insignifiant*, 2005.

– *L'il a été : Destin et liberté*, 2006.

*Socrate pour tous : Enseigner la philosophie aux non-philosophes*, J. Ferrari, P. Kemp, D. Evans (dir.), 2003.

*Techniques et philosophies des risques*, C. Kermisch, G. Hottois (éd), 2007.

VAN-SEVENANT A., *Philosophie de la sollicitude*, 2001.

Fondateur
**André ROBINET**

Directeur
**Gilbert HOTTOIS**

Entre modernité et postmodernité, cette collection d'essais a pour vocation première d'encourager des réflexions originales sur l'avenir d'une civilisation caractérisée par les interactions entre traditions et technosciences.

*Pour Demain*

# POUR UNE PHILOSOPHIE DU DON D'ORGANES

*par*

**Valérie GATEAU**

Préface
d'Anne FAGOT-LARGEAULT

Postface
de Ruwen OGIEN

PARIS
LIBRAIRIE PHILOSOPHIQUE J. VRIN
6, Place de la Sorbonne V^e^

2017

Valérie Gateau a reçu pour ce travail
le *Prix d'éthique médicale Maurice Rapin 2008*
(Catégorie junior)

En application du Code de la Propriété Intellectuelle et notamment de ses articles L. 122-4, L. 122-5 et L. 335-2, toute représentation ou reproduction intégrale ou partielle faite sans le consentement de l'auteur ou de ses ayants droit ou ayants cause est illicite. Une telle représentation ou reproduction constituerait un délit de contrefaçon, puni de deux ans d'emprisonnement et de 150 000 euros d'amende.

Ne sont autorisées que les copies ou reproductions strictement réservées à l'usage privé du copiste et non destinées à une utilisation collective, ainsi que les analyses et courtes citations, sous réserve que soient indiqués clairement le nom de l'auteur et la source.

© *Librairie Philosophique J. VRIN*, 2009, 2017
ISSN 0180-4847
ISBN 978-2-7116-2187-3

*www.vrin.fr*

# PRÉFACE

L'ouvrage qu'on va lire prend sa source dans une thèse de doctorat brillamment soutenue à l'université Paris-1 (Panthéon-Sorbonne) en novembre 2006, et couronnée en novembre 2008 par un prix d'éthique de la Fondation Maurice Rapin. Comment une jeune philosophe en est-elle venue à travailler – pour sa thèse – un sujet aussi risqué, austère et particulier, que la greffe de foie avec donneur vivant, et à chercher son information, non seulement dans la littérature, mais aussi et surtout auprès d'acteurs de terrain : donneurs, receveurs, chirurgiens préleveurs ou transplanteurs ?

Valérie Gateau n'en est pas à son premier essai. Le sujet qu'elle avait traité dans son mémoire de M1 (maîtrise) était déjà singulier : elle avait porté son attention sur le diagnostic prénatal d'une pathologie du cerveau (l'agénésie du corps calleux), et révélait une propension, rare chez une étudiante de philosophie, à ancrer l'examen de questions d'éthique dans une information médicale précise, sobre et bien documentée. Son mémoire de M2, qui portait sur les problèmes d'éthique posés par l'information en oncologie pédiatrique, révélait un autre de ses talents : l'aptitude à l'enquête de terrain. Elle s'était initiée à la méthodologie de l'enquête, et n'avait pas hésité à aller en milieu hospitalier écouter le témoignage de ceux qui informent, et ceux qui reçoivent l'information relative au cancer de l'enfant. Ainsi, dès ses premiers travaux de recherche, Valérie Gateau se distinguait par son discernement dans le choix de zones problématiques touchant aux interventions médicales, et par une méthode intrépide. Elle était décidée à faire de l'éthique appliquée, à sa manière, c'est-à-dire, non pas de haut en bas (*top-down*), mais de bas en haut (*bottom-up*), en questionnant les « principes » par la mise en évidence de leurs inadéquations aux faits – une démarche pour ainsi dire « popperienne », c'est-à-dire, une démarche de réfutation ou de déstabilisation des hypothèses normatives, ou des prêts-à-penser anthropologiques, sous-jacents aux conduites morales.

C'est bien ce qu'elle fait ici, avec délicatesse et tranchant, après avoir en quelques pages (et magistralement) expliqué en quoi sa contribution au champ pluriel de la bioéthique est spécifiquement philosophique, et pourquoi la bioéthique contemporaine fait partie de la philosophie morale.

La première partie instruit le lecteur sur le développement des pratiques de greffe depuis le milieu du XX^e^ siècle, et situe la transplantation hépatique avec donneur vivant (THDV) comme une technique performante, introduite au cours des années 1990 dans le contexte d'une pénurie d'organes à greffer, accueillie comme une avancée thérapeutique majeure, parce qu'elle permettait de « sauver » des malades, enfants ou adultes, que leur classement sur la liste d'attente eût condamnés à mourir. Certes, tout le monde n'a pas un proche disposé à donner une partie de son foie, et cela introduit une injustice, mais au moins le recours à la THDV pour certains malades allège la file d'attente pour les autres. L'accueil enthousiaste fait à la greffe avec donneur vivant est tempéré, au début des années 2000, par la prise de conscience progressive des risques (médicaux, familiaux, financiers) encourus par le donneur. Jusqu'où est-il légitime de mutiler un donneur pour le bien d'un receveur en détresse ? Le prélèvement d'un lobe du foie chez un donneur sain transgresse à coup sûr le *primum non nocere* de la déontologie médicale. Mais à ce stade l'auteur montre que la discussion internationale cristallise surtout sur l'autonomie du donneur. Est-il bien informé, subit-il des pressions, est-il vraiment libre ?

L'enquête de terrain, exposée dans la seconde partie du livre, a donc été entreprise avec le souci de documenter à la fois l'autonomie du donneur, la manière dont les parties établissent la balance risques / bénéfices, et d'éventuelles inéquités de traitement. Valérie Gateau expose avec netteté sa position philosophique d'arrière-plan (un « scepticisme humaniste »), et sa méthodologie (empruntée à la sociologie des organisations). La surprise vient avec les résultats de l'enquête. Les donneurs se déclarent libres, ils assument leur don ; mais ils sont « abandonnés » après leur don, devant faire face à des conséquences sur leur vie qu'ils n'avaient pas anticipées. Les receveurs ne sont pas libres : ils n'ont pas eu le choix, partenaires passifs d'un système de solidarité imposé. Les professionnels (chirurgiens, pédiatres) ne sont pas à l'aise avec la conception mécaniste du corps qui leur permet de concilier le respect de la dignité personnelle avec la chosification de la pièce à prélever ou greffer. Enfin tous sont pris dans un système, régi par une logique de marché, qui est celui de l'appropriation et de la gestion d'une ressource rare : sous l'altruisme qui commande de secourir le pauvre malade se glisse la brutale vérité qu'un malade greffé coûte moins cher à la collectivité qu'un malade non greffé.

La troisième partie reprend avec une clarté incisive les questions cruciales de la « mort cérébrale » censée permettre le morcellement de ce qui était une personne, du consentement présumé, de la conception solidariste du corps immanente à la loi française, de la rémunération des donneurs ou de leur indemnisation, des impasses auxquelles conduisent les solutions « utilitariste » ou « déontologique » lorsqu'elles sont dogmatiquement acceptées. Au fil d'une argumentation rigoureuse et nuancée, en s'aidant de l'idée des « sphères de justice », Valérie Gateau prend position. On laisse le lecteur découvrir la richesse des solutions esquissées par ce petit livre qui est un modèle de travail philosophique utile, décapant et généreux.

*Anne Fagot-Largeault,*
*Collège de France & Académie des sciences*

## INTRODUCTION

# OU D'UNE CERTAINE MANIÈRE DE FAIRE DE LA BIOÉTHIQUE

Ce livre reprend en grande partie le travail de recherche que j'ai réalisé au cours de ma thèse de philosophie sur les enjeux éthiques des transplantations hépatiques avec donneurs vivants. Mon pari était alors de philosopher à partir d'une situation concrète qui posait question en termes éthiques, et ce à l'aide d'une enquête de terrain. De ce fait, mon travail a régulièrement suscité l'étonnement des philosophes qui ne voyaient pas au premier abord ce que ce travail pouvait avoir de proprement philosophique. N'était-ce pas plutôt un travail de médecine? De sociologie? De psychologie peut-être?

Ce travail est en réalité un travail bioéthique, et l'étonnement qu'il a suscité me semble requérir que l'on s'y arrête un moment car il relève selon moi d'une interrogation générale dans le monde de la philosophie contemporaine, à propos du rôle que peut avoir le philosophe dans les recherches qui ont trait au champ bioéthique. Certains philosophes considèrent par exemple que la bioéthique est une partie de la philosophie morale (ce qui lui confère de fait un intérêt philosophique), tandis que pour d'autres elle est une pratique pluridisciplinaire de faible intérêt pour le philosophe … Bref, expliquer les rapports de la philosophie et de la bioéthique et montrer comment je me situe au sein de ces débats me semble être un préalable important.

La bioéthique est une discipline relativement récente : elle se développe depuis une cinquantaine d'années seulement, ce qui est bien peu au vu de l'histoire de la philosophie. Cela peut expliquer que la philosophie contemporaine peine à définir dans quelle mesure le travail philosophique peut ou non participer des recherches bioéthiques. Mais ce n'est pas tant la relative jeunesse de la bioéthique que sa structure propre qui déroute le philosophe.

En effet, la bioéthique englobe un tel champ – de la recherche sur l'atome aux enjeux liés à la transplantation en passant par les questions autour de la « biosphère » – qu'elle est extrêmement difficile à définir et qu'elle ne présente apparemment qu'une faible unité. La définition la plus consensuelle s'accorde sur quatre points : 1) la bioéthique est issue du développement des technosciences et des modifications qu'elles apportent quant aux possibilités d'action de l'homme sur l'homme. 2) Elle se centre sur les questions d'ordre moral que posent ces différentes modifications. C'est-à-dire qu'elle considère que les avancées technoscientifiques ne constituent pas nécessairement des progrès pour l'homme, et se donne pour objet la clarification et/ou la résolution des questions éthiques suscitées par le progrès des technosciences biomédicales. 3) Elle prend naissance et sens dans des sociétés dont le pluralisme des valeurs est reconnu, dans lesquelles le consensus social impose le respect des droits de l'homme, mais laisse chacun juger de la façon dont il doit mener sa vie. 4) La bioéthique est une pratique pluridisciplinaire. Puisque les technosciences peuvent modifier radicalement l'homme, tous les aspects de la vie de l'homme et des hommes entre eux sont concernés : on rencontre en bioéthique les sciences et techniques biologiques, physiques et chimiques, les sciences biomédicales, mais aussi les sciences de l'homme dans leur ensemble – de la philosophie à l'ethnologie en passant par le droit et la psychologie[1].

Le fait est que la pluridisciplinarité pose un certain nombre de problèmes pour les disciplines impliquées. Le premier et le plus évident est celui de la communication entre les disciplines, chacune venant participer au débat à travers un discours et un mode de raisonnement qui lui est propre. En bioéthique la difficulté est d'autant plus grande que les disciplines représentées sont diverses et d'horizons différents. Le dialogue n'y est pas évident, et il implique toujours de la part des participants la volonté de comprendre les arguments qui leur sont proposés. Cela implique un travail important de documentation des faits scientifiques afin de présenter l'état de la situation : de quel savoir disposons-nous au plan théorique ? Quelles sont nos capacités techniques à tel moment ? Chacun doit donc acquérir des compétences nouvelles pour comprendre les faits scientifiques, mais aussi pour admettre des points de vue et des modes de raisonnement qui diffèrent selon les disciplines engagées dans le débat. Ce problème n'est cependant

1. Pour une définition de la bioéthique, voir G. Hottois, « Bioéthique », dans G. Hottois, J.-N. Missa (éd.), *Nouvelle encyclopédie de bioéthique*, Bruxelles, De Boeck Université, 2001, p. 126.

pas le plus important car il se règle en général avec la *pratique* des discussions pluridisciplinaires.

Le second problème est plus important: il est interne à chaque discipline et relève du choix de positionnement qui lui est propre. Les rapports entre philosophie et bioéthique illustrent bien ce problème et montrent pourquoi la philosophie n'a pas de position claire à l'égard de la bioéthique[1]. Comme on l'a dit, une partie de la philosophie contemporaine considère que la bioéthique est partie intégrante de la philosophie morale. Elle défend ce que l'on peut appeler le modèle « philosophique » de la bioéthique. Elle considère que celle-ci appartient à la philosophie morale et se définit comme « *l'investigation de problèmes éthiques posés par les sciences biomédicales, à partir des méthodes de la philosophie morale* »[2]. Et il est vrai que la bioéthique permet aux philosophes contemporains de pratiquer une philosophie morale riche qui se rapporte aux conditions réelles de l'action humaine tout en se préoccupant des questions épistémologiques et anthropologiques qui émergent au fil des débats. Ce modèle qui est généralement privilégié par la philosophie française contemporaine pose problème lorsqu'il s'agit de savoir comment proposer un raisonnement moral qui se rapporte « aux conditions réelles de l'action humaine ». En bioéthique, cela suppose au minimum de s'informer des données médicales et sociales dans lesquelles se déroulent ces actions. Mais cette information est-elle suffisante, ou bien le philosophe doit-il participer aux enquêtes de terrain et les intégrer à son raisonnement? Cette question oppose les philosophes français aux chercheurs en sciences sociales ainsi qu'à de nombreux philosophes anglo-saxons. La France, héritière de la philosophie kantienne, a en effet développé une pensée bioéthique très majoritairement déontologiste. Cela n'empêche pas les « philosophes bioéthiciens » français de reconnaître aux données empiriques une certaine valeur pour informer et éclairer les arguments du débat avant la décision. Mais selon eux, la justesse ou la fausseté d'une décision ne peut être déterminée que par le raisonnement philosophique, et en aucun cas fondée sur les données empiriques. Ici, les décisions éthiques doivent être prises sur la base du recours à la raison, laquelle nous dicte ce qu'il est juste ou non de faire. Que les philosophes français se réfèrent à cette conception de la bioéthique explique qu'il n'y ait que peu de formations spécifiques à ces

1. Sur les rapports entre philosophie, bioéthique et recherches empiriques, voir R. Bennet, A. Cribb, « The relevance of empirical research to bioethics : reviewing the debate », *in* M. Häyri, T. Takala (ed.), *Scratching the surface of bioethics,* Amsterdam, Éditions Rodopi, 2003, p. 9-16.

2. R. Bennet, A. Cribb, « The relevance of empirical research to bioethics », *op. cit.*, p. 10.

questions dans les cursus philosophiques : puisque ce sont les méthodes de la philosophie morale qu'il convient d'appliquer à un domaine particulier, nul besoin de se former en bioéthique, un solide bagage en philosophie morale suffit.

Cela explique aussi l'étonnement de certains philosophes quant à mes recherches : philosopher à partir du concret, c'est possible pour le philosophe qui conduit des recherches en bioéthique. Mais réaliser un travail d'enquête et prendre position sur la base de ce travail, voilà qui semble philosophiquement « impropre ». D'autant plus qu'un tel travail semble de fait appartenir à une autre conception de la bioéthique, celle défendue par les chercheurs en sciences sociales qui participent aux débats bioéthiques, ainsi que par les philosophes conséquentialistes (le plus souvent anglo-saxons et nord américains) qui participent régulièrement à des recherches empiriques en bioéthique. Selon ce second modèle de la bioéthique, que l'on peut appeler « pluridisciplinaire », les défenseurs du modèle philosophique sont dans l'erreur. Pourquoi ? D'une part, parce qu'ils utilisent des données empiriques mais ne les produisent pas : ils sont donc conduits à s'interroger sur des questions qu'ils ne formulent pas eux-mêmes mais qui sont formulées par d'autres (en particulier par des médecins). Or pour des spécialistes d'autres sciences humaines comme la sociologie, la formulation des questions par les médecins ou les experts n'est pas neutre et doit être interrogée. D'autre part, puisque ces philosophes ont une vision rationnelle du jugement éthique, ils proposent une bioéthique « asociale » et « a-culturelle ». Les exemples qu'ils utilisent pour illustrer leurs propos sont à ce sujet paradigmatiques. Ils utilisent des cas fictifs, centrés sur une question ou un point, et ils proposent de décider en supposant « toutes choses égales par ailleurs ». Mais dans la réalité, les choses ne sont pas égales. Les défenseurs du modèle pluridisciplinaire estiment donc que la bioéthique dans son acception philosophique risque d'échouer à intégrer les données empiriques à sa réflexion, et donc d'échouer à proposer une philosophie morale qui se rapporte aux « conditions réelles de l'action humaine ». Ils proposent en réponse un modèle dans lequel la bioéthique se définit comme « *l'investigation des problèmes éthiques posés par les sciences biomédicales à travers une recherche pluridisciplinaire* »[1]. Ici, les données empiriques sont par définition pertinentes à partir du moment où elles ont une pertinence reconnue dans leur discipline d'origine. La philosophie n'y est pas considérée comme la seule discipline valable pour la décision éthique, mais comme une discipline parmi d'autres comme la

1. R. Bennet, A. Cribb, « The relevance of empirical research to bioethics », *op. cit.*, p. 11.

sociologie, la psychologie, l'ethnologie etc. Selon cette acception de la bioéthique, les données empiriques peuvent parfois en partie résoudre une interrogation éthique.

Cette conception de la bioéthique est très critiquée par les philosophes français (et plus largement par ceux qui partagent leur position). Selon eux, le modèle pluridisciplinaire confond enquête et éthique : il n'est pas évident qu'exposer ce que les gens pensent (ou font) soit de l'éthique. L'éthique répond à des questions appelant des réponses normatives, elle ne se contente pas de décrire. D'autre part, faire des chercheurs en sciences sociales des « éthiciens » pose problème, car ils considèrent en général que toutes les perspectives et valeurs morales se valent. Or en bioéthique, le but est d'argumenter et de décider à propos de *ce qui doit être fait,* ce qui suppose de trancher entre les différentes valeurs en jeu. Les défenseurs du modèle philosophique considèrent donc que les philosophes qui participent à des recherches empiriques risquent de se perdre dans la description, de fonder leurs positions sur des données et non sur le raisonnement philosophique, et finalement de perdre de vue le rôle spécifique du philosophe.

On le voit bien : la pratique de la pluridisciplinarité n'est pas évidente pour les philosophes, et la philosophie contemporaine n'a pas de position claire et consensuelle sur la place des recherches et pratiques philosophiques à orientation bioéthique. Mais ces difficultés de positionnement des philosophes face à la bioéthique révèlent aussi la force des liens qui les unissent : nul ne discute de l'intérêt pour le philosophe de s'engager en bioéthique. Le débat porte bien sur la manière – pour le philosophe – de faire de la bioéthique … C'est pourquoi il m'importe au fil de cette introduction de présenter quelle est *ma* manière de faire de la bioéthique. Je voudrais pour cela préciser que je n'ai pas de position tranchée sur ce que *doit être* la méthode du philosophe en bioéthique, ni sur le rôle qui lui est spécifique. Comme dans toutes les branches de la philosophie, je pense qu'il y a en bioéthique presque autant de « cheminements philosophiques » qu'il y a de philosophes. Pour ma part, je considère que la bioéthique fait bien partie – pour le philosophe – de la philosophie morale, et cela pour deux raisons.

La première raison est qu'elle partage avec la philosophie morale des intérêts communs : elle relance en effet un certain nombre de questions « classiques » en philosophie morale. Les avancées technoscientifiques et leurs retombées potentielles sur la vie humaine qui sont l'objet central de la bioéthique déstabilisent les habitudes et les consensus des sociétés dans lesquelles elles se développent. Par exemple, la possibilité de prélever les organes de personnes en « mort cérébrale » a fortement questionné le rapport que la société entretenait jusque-là avec le corps d'un défunt, et certains ont accusé les médecins de devenir des « vautours » prêts à « dépecer » les corps. Sur ce point, les avancées technoscientifiques questionnent les mœurs. En même temps, elles laissent entrevoir la possibilité d'une modification de l'espèce humaine dans son ensemble : sur ce plan, elles questionnent les différentes conceptions de l'homme qui coexistent dans nos sociétés plurielles, et imposent une clarification de celles-ci. L'embryon humain est-il déjà une personne ? Pouvons nous modifier génétiquement un individu sans modifier son essence (sans en faire une chose par exemple) ? Ces préoccupations sont bien des préoccupations « classiques » pour la philosophie morale, dont l'objet est en général l'étude des règles de conduite admises ou non au sein d'une société (les mœurs), leurs justifications (sur quelles conceptions de l'homme / de Dieu / du monde / elles reposent), et enfin sur leur légitimité (il s'agit alors de la question de la distinction entre le bien et le mal, ou encore entre le juste et l'injuste). Et la particularité de la réflexion en philosophie morale est qu'elle n'est pas purement spéculative, mais vise à apporter un certain nombre d'indications sur la façon de « bien » mener sa vie, c'est-à-dire sur la façon dont chacun doit agir. Que ces indications s'expriment sous forme de maximes, de règles ou de principes généraux, cela est vrai. Qu'il soit parfois difficile de les mettre en pratique, c'est vrai aussi. Mais ce qui me semble important, c'est de comprendre qu'elles n'ont de sens que dans la mesure où elles peuvent guider l'action de celui qui s'y réfère. Or la question de l'agir est bien au centre des préoccupations bioéthiques. Il ne s'agit pas ici de se demander si « en soi » il est bien ou non, juste ou injuste, de modifier génétiquement l'espèce humaine, mais bien de se demander si « en pratique » nous devons autoriser ou non l'emploi de techniques qui peuvent s'y apparenter. Si oui, à quelles conditions, si non, au nom de quoi, de quelle conception de l'homme ?

La seconde raison pour laquelle je considère que la bioéthique fait partie de la philosophie morale est qu'elle partage avec elle une histoire commune, l'histoire qui a conduit à ce que l'on pourrait appeler un « retour en grâce » de la philosophie morale. La bioéthique est en effet issue de la modernité, c'est-à-dire d'un mouvement progressif qui a conduit à s'intéresser en politique comme en morale aux conditions réelles de la vie en société et de la moralité. En politique, la modernité s'est traduite par l'abandon des tentatives de définition de la société « bonne », ou « supérieure aux autres », remplacées par l'étude des conditions réelles dans lesquelles les sociétés se développent et se maintiennent – étude qui s'est accompagnée d'une interrogation sur les conditions d'une société juste. En morale, la modernité s'est traduite par un abandon des questions de contenu moral (de définition du bien par exemple), qui doivent dans une société plurielle être laissées à chacun. Mais cet abandon a mis en cause le rôle et le sens de la philosophie morale, et a conduit à un repli de celle-ci vers l'analyse linguistique ou logique des énoncés et raisonnements moraux. Ce repli vers l'analyse s'est accompagné d'une absence de jugement quant aux valeurs analysées, ce qui a abouti dans les années 1970 à une philosophie morale ne prétendant plus éclairer les décisions et se désintéressant de la question de l'agir. C'est dans ce contexte que le questionnement bioéthique prend naissance et initie un renouveau de la philosophie morale. Entre 1970 et 1980 en effet, l'importance des avancées scientifiques vient questionner non seulement les scientifiques mais aussi le public. La découverte de la structure de l'ADN et des possibilités de manipulations génétiques qui en découlent; l'assistance médicale à la procréation qui permet des fécondations *in vitro* ou la naissance de « bébés-éprouvettes »; la possibilité de réanimer et de prélever des organes chez des patients en situation de « coma dépassé »; toutes ces découvertes scientifiques ont des conséquences potentielles qui interrogent: l'avancée des sciences est-elle toujours un progrès? Tout ce qu'il est possible de faire doit-il être autorisé? Bref, à travers le questionnement bioéthique, le besoin d'une philosophie morale intéressée par l'analyse des raisonnements mais aussi préoccupée de la question de l'agir et du bien agir se fait à nouveau sentir. Mais si le questionnement bioéthique relance une certaine forme de philosophie morale, c'est aussi qu'il s'en inspire. Poursuivant le changement initié par la modernité, le mouvement bioéthique se désintéresse de la définition du bien – le bioéthicien admet en général qu'il est impossible dans une société « plurielle » de définir *un* bien – et se centre sur l'analyse des conditions réelles de prises de décisions *justes*. Il a recours pour cela à des morales dites procédurales, pour lesquelles la valeur « éthique » d'une décision ne dépend pas d'une définition du bien mais de la justesse de la procédure de décision. En ce sens, la bioéthique fait bien partie de la philosophie morale dont elle est l'un des développements contemporains.

Dire cela ne signifie pas pour autant que la bioéthique se résume à la philosophie morale. Il me semble plutôt que la bioéthique fait partie de la philosophie morale sans s'y réduire, tout comme la philosophie morale fait partie de la bioéthique sans s'y réduire. Pour moi, cela signifie simplement que la bioéthique – en tant que réelle pratique pluridisciplinaire – participe des différentes disciplines qui la composent, et que c'est à chaque discipline de montrer ce qu'il y a de commun entre ses objets « habituels » et ceux de la bioéthique, ainsi que de clarifier ce que son approche spécifique peut ou non apporter à la question bioéthique envisagée. C'est à ce prix seulement que chaque discipline peut participer au débat bioéthique depuis sa propre perspective, tout en respectant la complexité intrinsèque du champ bioéthique. C'est au philosophe « bioéthicien » de faire la démonstration de l'adéquation des préoccupations bioéthiques qui sont les siennes avec la démarche et les problématiques philosophiques. Il me revient donc ici de montrer qu'un travail sur la greffe permet de réaliser une analyse philosophique rigoureuse des données, permet aussi de questionner le terrain avec la mise en œuvre d'une enquête de type sociologique, et permet enfin de prendre position quant aux grandes interrogations éthiques et philosophiques qui émergent au fil des développements contemporains de la chirurgie de transplantation – tout cela sans quitter la philosophie.

C'est ce à quoi se consacre cet ouvrage, dont j'espère qu'il sera pour le lecteur comme une invitation à suivre un chemin philosophique dans le monde complexe de la transplantation d'organes …

*Remerciements*

Je voudrais ici témoigner toute ma reconnaissance à Anne Fagot-Largeault, qui a bien voulu guider, depuis dix ans, mes premiers pas en philosophie puis la conduite de ma recherche. Sa confiance, sa patience et sa générosité ont compté plus que je ne saurais le dire. Olivier Soubrane a accepté de co-diriger la thèse dont est issu cet ouvrage; son accueil dans le service de chirurgie de l'hôpital Cochin, son soutien et son immense expérience de la greffe ont été une ressource irremplaçable. Gilbert Hottois a accepté de siéger au jury de thèse et m'a invitée à publier cette recherche : ses conseils scientifiques et éditoriaux ont été une aide majeure. Bernadette Bensaude-Vincent, Yves Chapuis et Jean Gayon, ont bien voulu siéger au jury de thèse : leurs remarques et leur soutien répété ont beaucoup contribué à l'amélioration du manuscrit original.

Je voudrais remercier très sincèrement Florence Plainguet et toute l'équipe d'hépatologie pédiatrique de l'hôpital du Kremlin Bicêtre pour leur accueil chaleureux et le temps qu'elles ont consacrées à cette recherche ; ainsi que Jacques Belghiti et l'équipe de chirurgie de l'hôpital Beaujon qui ont bien voulu me faire partager leur grande expérience de la transplantation hépatique. Ce travail a bénéficié du soutien de l'Agence de la biomédecine, de la Fondation SOS Hépatites et de la Fondation des Treilles.

Je voudrais aussi exprimer toute ma gratitude aux amis fidèles, Philippe Amiel, Fabrice Gzil et Jean-Claude K. Dupont pour leurs encouragements dans les moments de doute autant que pour leurs lectures, toujours constructives, toujours exigeantes.

Je suis profondément reconnaissante, enfin, aux personnes – donneurs, receveurs, professionnels de santé, personnalités scientifiques – qui ont accepté de participer à l'enquête sur laquelle ce travail a pu s'appuyer, et qui m'ont confié leurs témoignages : j'espère avoir su en rendre toute la richesse.

PREMIÈRE PARTIE

# DE LA GREFFE À LA TRANSPLANTATION HÉPATIQUE AVEC DONNEUR VIVANT
# LE RENOUVEAU DES QUESTIONNEMENTS

# INTRODUCTION

«La greffe fascine» écrit Didier Houssin[1], l'un des pionniers de la greffe hépatique en France. Et il est vrai que la greffe fascine, tant elle permet de modifier positivement le cours d'une vie ou d'en sauver une autre. Proches et malades découvrent souvent à cette occasion que la vie peut reprendre son cours, et certains estiment même (lorsqu'ils sont greffé d'un organe vital comme le foie) que la greffe est une «seconde naissance». C'est ce côté extraordinaire de la greffe qui la rend si populaire. C'est aussi cet aspect de la greffe qui rend difficile la compréhension des tensions et dilemmes que cette pratique génère. C'est pourquoi l'objet de cette première partie est de montrer les tensions et dilemmes générés par la pratique des greffes, de voir quelles ont été les interrogations éthiques et philosophiques des débats et de voir enfin en quoi la pratique récente de la transplantation hépatique avec donneur vivant vient poursuivre et renouveler ces différents questionnements. Montrer cela suppose de rappeler brièvement quelle a été l'histoire de la greffe et comment la médecine est parvenue en quelques décennies à greffer des organes. Faire ce bref rappel est cependant malaisé: l'histoire théorique de la greffe et son origine mythique sont bien plus anciennes que son histoire médicale, et mettent en jeu des représentations multiples et complexes de l'homme, de la mort, de la médecine et même de la foi. La première greffe représentée est en effet celle «pratiquée» au XIIIe siècle par Saint Côme et Saint Damien qui remplacent la jambe d'un malade par celle d'un Maure nouvellement enseveli. En outre, si l'histoire médicale des greffes s'étend du début des années 1900 à nos jours – ce qui représente une période relativement courte – elle dépend en réalité des progrès de trois disciplines différentes et

1. D. Houssin, *L'aventure de la greffe*, Paris, Denoël, 2000, p. 14.

complémentaires : la chirurgie, la réanimation et l'immunologie. Présenter l'histoire exhaustive de la greffe est au final un exercice difficile et d'une grande complexité auquel différents auteurs se sont déjà prêtés avec succès [1]. J'ai pour ma part préféré indiquer les grandes étapes de l'histoire *médicale* des greffes en mettant l'accent sur ses enjeux proprement éthiques et philosophiques.

Comprendre les questionnements soulevés par la pratique des greffes, cela suppose ensuite de comprendre quel est le cadre habituel dans lequel sont effectuées les transplantations et ce qui fait question dans ce cadre-là. C'est pourquoi cette première partie consacre un long développement à l'étude des questions posées principalement par le prélèvement des personnes en état de mort cérébrale.

Voir en quoi la transplantation hépatique avec donneur vivant (notée THDV) a pu en quelques années relancer et renouveler ces questionnements, cela suppose enfin de comprendre en quoi cette pratique consiste, ce qu'elle a de spécifique par rapport à d'autres pratiques de greffes, en même temps que la place qu'elle occupe dans le monde de la transplantation dans son ensemble. C'est à cela que se consacre le dernier moment de cette première partie, à travers un exposé des aspects médicaux de la THDV suivi d'une revue de la littérature sur les aspects éthiques de cette pratique.

1. Voir par exemple R. Küss, P. Bourget, *Une histoire illustrée de la greffe d'organes*, Paris, Frison-Roche, 1993.

CHAPITRE PREMIER

# DÉBATS ÉPISTÉMOLOGIQUES ET ÉTHIQUES LIÉS AU PRÉLÈVEMENT DES ORGANES

## L'HISTOIRE DE LA GREFFE ET DU PRÉLÈVEMENT : QUESTIONNEMENTS ÉTHIQUES INITIAUX

La transplantation d'organes consiste « *à prélever sur un cadavre certains organes tels par exemple les reins, le cœur, la cornée, les poumons, les os, etc., en vue de les transplanter chez un receveur atteint généralement d'une maladie incurable ou terminale* »[1]. Elle s'est développée principalement à partir des années 1950-1960.

C'est au milieu des années 1950 que les tentatives de greffe connaissent leurs premières réussites. Les greffes concernent alors seulement le rein, et sont en général réalisées grâce à un membre de la famille qui accepte de faire don d'un de ses reins pour remplacer le rein défaillant du malade. D'ailleurs la première greffe de rein durablement réussie a lieu en 1954 entre des jumeaux. D'autres tentatives aboutissent à des « demi-succès » : les chirurgiens obtiennent des survies de quelques jours ou de quelques mois. Ces premières réussites permettent d'affiner la connaissance du système immunitaire et orientent les recherches vers les moyens d'empêcher celui-ci de détruire l'organe transplanté. Les premières molécules immunosuppressives sont conçues et permettent aux patients de mieux tolérer l'organe étranger. Malgré cela, la greffe reste jusqu'au début des années 1960 une pratique expérimentale peu efficace : le taux d'échec

1. M.-H. Parizeau, « Organe (transplantation d') », dans G. Hottois, J.-N. Missa (éd.), *Nouvelle encyclopédie de bioéthique*, Bruxelles, De Boeck Université, 2001, p. 621.

toutes équipes confondues est de 45% lorsque le donneur de rein est apparenté, et de 80% lorsqu'il ne l'est pas. Ces faibles résultats aboutissent en 1963 à un premier débat éthique. Certains transplanteurs estiment que le prélèvement sur un donneur vivant est problématique, et qu'il serait «*contraire à l'éthique de continuer à sacrifier des reins sains de volontaires pour un bénéfice aussi minime*»[1].

Dans les années 1960, les nouveaux traitements immunosuppresseurs augmentent notoirement la survie des receveurs, et rendent la greffe efficace. D'autre part, la découverte du coma dépassé ou « mort cérébrale » change fondamentalement la pratique des greffes. En effet, en cas de coma dépassé, un patient peut-être maintenu en vie quelques heures grâce aux techniques de réanimation, mais ne reviendra jamais à la vie car son cerveau est irrémédiablement détruit. Dès l'annonce de cette découverte, les transplanteurs incitent les autorités à autoriser le prélèvement d'organes sur les patients en coma dépassé. En février 1968 le prélèvement d'organes sur donneur en mort cérébrale est autorisé en France, et en avril paraît la circulaire Jeanneney qui définit la mort cérébrale et autorise les prélèvements d'organes sur les personnes décédées dans ces conditions[2]. Aux États-Unis, en août 1968, le comité *ad hoc* de l'école de médecine d'Harvard publie un rapport sur la mort cérébrale[3], et la plupart des pays adoptent peu à peu cette «nouvelle définition» de la mort. La possibilité des prélèvements sur les patients en état de mort cérébrale procure alors un grand nombre de reins viables et rend la greffe plus efficace pour plus de patients. Mais surtout, cette possibilité va permettre de prélever – et de greffer avec succès – d'autres organes : la première greffe de cœur réussie a lieu en 1967, la première greffe de foie a lieu la même année, et en 1969 la première greffe de poumon est réussie. Cette nouvelle définition de la mort devient cependant le principal enjeu éthique de la greffe à cette époque, comme nous le verrons plus loin.

Dans les années 1970, la plupart des pays adoptent des lois encadrant le prélèvement des organes sur les donneurs décédés. En France, une loi

1. K. Gueniche, *L'énigme de la greffe, le je de l'hôte à l'autre*, Paris, l'Harmattan, 2000, p. 60.

2. Circulaire n° 67 du 24 avril 1968 relative à l'application du décret n°47-2057 du 20 octobre 1947 relatif aux autopsies et prélèvements, non parue au Journal Officiel.

3. « A Definition of Irreversible Coma : Report of the Ad Hoc Commitee of the Harvard Medical School to examine the Definition of Brain Death », *Journal of the American Medical Association*, 1968, vol. 205, n°6, p. 85-88.

relative aux prélèvements d'organes est adoptée en 1976[1]. Elle autorise le prélèvement d'organe en vue de greffe sur une personne vivante majeure et y ayant librement consenti, ainsi que sur le cadavre d'une personne n'ayant pas fait connaître de son vivant le refus d'un tel prélèvement[2]. Cette loi instaure donc le principe du « consentement présumé », qui a pour effet de faciliter le prélèvement. En 1979, entre l'efficacité médicamenteuse et les nouvelles possibilités de prélèvement, le succès des greffes est acquis. La greffe devient une authentique méthode thérapeutique.

Dans les années 1980, on assiste à ce que les transplanteurs considèrent comme le véritable âge d'or de la transplantation[3]. Tout d'abord, l'organisation de la greffe progresse. Les premiers centres multi-organes apparaissent : ils rassemblent les compétences sur un même lieu, ont des équipes pluridisciplinaires et mettent en place le suivi des patients greffés. L'organisation du prélèvement multi-organes se structure aussi et fait l'objet d'un consensus médical. Un protocole rigoureux devient alors la règle, ce qui permet une amélioration de la qualité des prélèvements. D'autre part les recherches médicales progressent à grands pas : de nouveaux procédés de conservation des organes augmentent leur qualité, en même temps que les nouveaux traitements immunosuppresseurs améliorent nettement la réussite de la greffe chez le receveur. Au point qu'il devient possible d'étendre les indications de greffe à des sujets plus fragiles ou plus âgés. « *La greffe devient un acquis naturel des sociétés privilégiées, (...) et s'intègre dans la panoplie thérapeutique* »[4].

Dans les années 1990, le paysage de la greffe change peu à peu. De nouvelles molécules prolifèrent, confortant le niveau des résultats des années 1980. Le suivi à long terme des greffés devient nécessaire : la qualité de vie à 1, 5 ou 10 ans post-greffe devient une préoccupation. Ce suivi implique dans certains cas d'initier de nouvelles transplantations – soit parce que l'organe greffé est rejeté, soit parce qu'un autre organe est endommagé par les traitements. On peut alors dire que la greffe entraîne la greffe. Devenue efficace, elle est proposée à plus de receveurs, pour des indications plus variées, et pour plusieurs organes si besoin est. De ce fait, les années 1990 sont surtout celles de l'apparition d'un problème majeur,

1. Loi n°76-1181 du 22 décembre 1976 relative aux prélèvements d'organes, publiée au JORF du 23 décembre 1976.

2. *Ibid.*, article 1er.

3. P. Chavot, U. Felt, A. Masseran, « Une crise entre savoir et conscience », dans J.-F. Collange (éd.), *Ethique et transplantations d'organes*, Paris, Ellipses, 2000, p. 23.

4. J. Cinqualbre, « Un siècle de greffe », dans J. Cinqualbre (éd.), *Greffes d'organes*, Paris, Masson, 2004, p. 16.

celui de l'approvisionnement en greffons. Greffer plus, cela suppose aussi de prélever plus. Mais les prélèvements n'augmentent pas au même rythme que les indications de greffes : dans les années 1990 les indications s'élargissent tandis que le nombre de prélèvement diminue. Comment répondre à la demande et augmenter la disponibilité des greffons ? Le problème de « pénurie » domine toute la décennie et reste la principale préoccupation dans les années 2000. Il est l'occasion d'un nouveau débat majeur : celui des aspects éthiques entourant la procuration, l'utilisation et la répartition d'une ressource désormais rare.

Cette brève histoire des greffes montre que les questions éthiques ont toutes concerné la procuration des organes et leur prélèvement sur le donneur. Un premier débat est initié à propos des donneurs vivants, un second à propos des « donneurs » en état de mort cérébrale, et un dernier à propos du prélèvement dans son ensemble. Cependant les donneurs (vivants comme morts) restent « en retrait » de l'histoire, comme si le prélèvement présentait « *quelque chose d'inavouable* »[1], au point de faire silence sur le donneur. La transplantation hépatique avec donneur vivant est l'un des derniers développements de l'histoire des greffes, puisqu'elle date du début des années 1990. Les questions éthiques qu'elle pose concernent principalement le prélèvement du donneur. C'est pourquoi il m'a semblé important, avant de m'y consacrer spécifiquement, de considérer les débats éthiques et philosophiques successifs qui ont accompagné le prélèvement des organes dans son ensemble. En effet, la force des questionnements liés au don entre vivants est proportionnelle à la force de ceux qui ont entouré et entourent encore l'autre versant du prélèvement : celui sur donneur en état de mort cérébrale.

La découverte de la mort cérébrale est due aux réanimateurs Goulon et Mollaret qui décrivent en 1959 l'état de coma dépassé. Il s'agit d'un « *état dans lequel se surajoute, à l'abolition totale des fonctions de la vie de relation (conscience, mobilité, sensibilité, réflexes), (…) une abolition également totale des fonctions de la vie végétative* »[2]. Le maintien des fonctions végétatives de ces patients est alors assuré par un appareillage allant du respirateur à la perfusion permanente. Les auteurs estiment que la persistance d'un tel état pendant 24 heures traduit la perte irréversible des fonctions cérébrales dans leur totalité, *c'est-à-dire* la mort. A la suite de

1. C. Boileau, *Dans le dédale du don d'organes*, Paris, Édition des archives contemporaines, 2002, p. 27.

2. P. Mollaret, M. Goulon, « Le coma dépassé », *Revue Neurologique*, n°11, 1959, p. 3-15.

cette découverte, un consensus international se dégage autour de l'idée que les signes de la mort cérébrale sont des signes de la mort tout court[1]. En pratique, cela signifie que dans de nombreux pays la définition de la mort est passée de cardio-pulmonaire à cérébrale.

En France, la mort cérébrale est juridiquement admise par la circulaire du 24 avril 1968 aussi dite circulaire Jeanneney[2]. Elle définit les critères cliniques permettant d'attester de la mort cérébrale, indique quels sont les examens conseillés et quelles conséquences pratiques découlent du certificat de décès par mort « cérébrale » : autorisation de l'arrêt de la réanimation, autorisation du prélèvement d'organes le cas échéant. La circulaire précise que les anciens procédés permettant d'attester de la mort (cardiaque) restent valables pour la majorité des cas, mais que pour certains cas (en particulier le cas des patients réanimés) « *le recours à de nouveaux critères de la mort est indispensable* »[3]. Les critères cliniques de la mort cérébrale sont les suivants : pas de respiration spontanée, aucun réflexe, hypotonie*, mydriase*, disparition de tout signal encéphalographique* spontané ou provoqué. Seule la concordance de tous ces signes autorise le diagnostic de mort cérébrale. Sont exclues de ce diagnostic les personnes ayant été induites en hypothermie ou ayant reçu une drogue sédative. D'autre part, ce constat de décès particulier ne peut être établi qu'après consultation de deux médecins dont l'un au moins est chef d'un service hospitalier[4].

Peu après, aux États-Unis, le Comité *Ad Hoc* de la Faculté de Médecine d'Harvard se réunit sous la direction de Henry Beecher (anesthésiste, professeur à la Faculté d'Harvard) et publie en août 1968 ses conclusions. Elles feront dès lors référence pour les pays qui adopteront la définition de la mort cérébrale. Le comité d'Harvard indique d'abord les deux raisons en vertu desquelles il importe de redéfinir la mort : l'arrêt de la réanimation des patients « dans un état désespéré » et l'arrêt des controverses entourant le prélèvement d'organes. Il définit ensuite les critères diagnostiques de la mort cérébrale. Le diagnostic clinique de mort cérébrale ne peut être posé que par un médecin et doit se fonder sur la concordance des trois points suivants[5] : 1) L'absence totale de réceptivité et de réponse aux stimuli même les plus douloureux. 2) L'absence totale de mouvement

1. A. Fagot-Largeault, *Les causes de la mort : histoire naturelle et facteurs de risques*, Paris, Vrin, 1989, p. 18.

2. Circulaire n° 67 du 24 avril 1968, *op. cit.*

3. *Ibid.*

* Se reporter au glossaire page 233 pour les mots suivis d'un astérisque.

4. *Ibid.*

5. « A Definition of Irreversible Coma ... », *op. cit.*, p. 85-88.

spontané et de respiration spontanée. 3) L'absence totale de tout réflexe. Ces trois points attestent de l'irréversibilité du coma, qui peut alors être confirmé (point 4) par un électroencéphalogramme (EEG) plat. Sont exclus du diagnostic les patients en hypothermie et ceux ayant consommé des drogues qui agissent sur le cerveau. Le rapport conclut que lorsqu'un patient est dans un tel état, ses proches doivent être prévenus. Il faut alors les informer de la mort du patient, et seulement ensuite cesser la réanimation[1].

La seconde partie du rapport est juridique et tente de faire reconnaître les critères de la mort cérébrale comme les nouveaux critères légaux permettant d'attester de la mort d'un individu. C'est dans cette partie que le prélèvement d'organes est évoqué, à travers la phrase suivante : « *il est de plus suggéré que la décision de déclarer la personne morte et donc d'arrêter le respirateur soit prise par un médecin qui ne soit pas impliqué ensuite dans le prélèvement des organes ou tissus de la personne décédée* »[2].

Peu à peu, les scientifiques s'emparent de la question de la mort cérébrale et initient un débat épistémologique et scientifique sur cette « nouvelle définition ». Au plan épistémologique, les questions se centrent sur le statut de la définition de la mort cérébrale : est-elle une nouvelle définition de la mort, ou bien est-elle plutôt un ensemble de critères scientifiques permettant d'attester qu'un patient est en état de coma irréversible (auquel cas il reste à démontrer qu'un patient en coma irréversible est « mort ») ? Les questions d'ordre scientifique concernent essentiellement le choix des critères permettant d'attester de la mort cérébrale. Par exemple, la circulaire Jeanneney intègre l'électroencéphalogramme plat aux critères nécessaires au diagnostic de mort cérébrale. Le comité d'Harvard au contraire propose des critères cliniques qui peuvent *éventuellement* s'accompagner d'un EEG plat. L'EEG doit-il ou non être un des critères diagnostiques de la mort cérébrale ? D'autres se demandent quelles sont les structures cérébrales qui doivent être détruites pour attester de la mort cérébrale : tout le cerveau ? Les parties qui assurent les fonctions autres que végétatives ?

Ces premiers débats vont avoir pour conséquence l'affinement de la définition de la mort cérébrale. On distingue alors selon des critères scientifiques précis la mort cérébrale ou encéphalique de la mort corticale, laquelle conduit aux états végétatifs chroniques. En cas de mort cérébrale,

1. « A Definition of Irreversible Coma … », *op. cit.*, p. 288.
2. *Ibid.*, p. 290.

> le cerveau est lésé si sévèrement qu'il ne peut plus maintenir l'homéostasie* interne, ni *a fortiori* l'homéostasie externe. L'ensemble du système nerveux supramédullaire est abîmé de façon irréversible. La mort cérébrale implique la mort tout court : même avec les meilleurs soins de réanimation, la mort cérébrale entraîne au bout de quelques jours, ou quelques semaines au plus, une défaillance circulatoire irrésistible et un arrêt cardiaque[1].

En cas de mort corticale en revanche, le cerveau demeure capable de maintenir l'homéostasie interne car les structures du tronc cérébral sont fonctionnelles. Mais il ne parvient plus à assurer l'homéostasie externe, c'est-à-dire qu'il ne parvient plus à répondre de façon appropriée aux stimulations de l'environnement, parce que les hémisphères cérébraux sont irréversiblement lésés. C'est ce qui définit l'état végétatif chronique (EVC)[2].

De façon paradoxale, c'est la distinction précise de ces deux états différents qui aboutit finalement à un débat éthique, lequel ne porte plus sur des points de définition mais sur les raisons et les conséquences d'une nouvelle définition de la mort.

## UN DÉBAT ÉTHIQUE ET PHILOSOPHIQUE SUR LA MORT

Si le comité d'Harvard voulait redéfinir la mort, c'était principalement pour éviter le maintien en survie artificielle à long terme de certains patients (en raison du traumatisme que la réanimation pouvait induire pour les proches, et du surcoût pour l'hôpital), et pour faire cesser les controverses entourant le prélèvement d'organes. Or en distinguant précisément l'état végétatif chronique et la mort cérébrale, il s'avère que la nouvelle définition de la mort n'a en aucun cas résolu le problème des patients plongés dans un état d'inconscience permanent. En effet, la question des patients en état végétatif chronique ne peut pas être résolue par la définition cérébrale de la mort, car ces patients ne sont pas « morts », fût-ce au plan cérébral. La nouvelle définition de la mort ne les fera donc pas quitter leurs lits. Quant aux patients en mort cérébrale, dans la mesure où ils ne peuvent être maintenus en « survie biologique » qu'artificiellement et pour une durée très limitée, ils ne présentent pas de surcoût pour l'hôpital et il est difficile d'affirmer que la réanimation prolonge leur agonie.

1. A. Fagot-Largeault, *Les causes de la mort …*, *op. cit.*, p. 26.
2. *Ibid.*, p. 26.

Reste alors la question des organes. Car si les patients en situation de mort cérébrale sont considérés comme morts, on peut les prélever et sauver d'autres vies. Ce raisonnement a fait craindre à certains que l'utile devienne le moral et que seuls les arguments utilitaristes déterminent la définition de la mort. C'est ce soupçon qui a lancé le débat philosophique (qui se poursuit encore) sur le prélèvement des organes sur des patients en mort cérébrale. Ce débat est initié par le philosophe Hans Jonas qui dès 1968 et jusqu'à sa mort en 1992 prend ouvertement position contre le prélèvement d'organes post-mortem[1].

Pour Jonas, la définition cérébrale de la mort ne peut avoir été proposée pour cesser de réanimer les patients dans un état désespéré : pour cela, il suffit de proposer un critère qui autorise à ne pas réanimer dans ce type de situations. C'est donc bien pour prélever des organes que cette nouvelle définition de la mort a été proposée. Qu'une définition de la mort puisse être pensée en vue du prélèvement des organes est pour Jonas tout à fait problématique, parce que cela prive cette définition de toute « pureté théorique »[2]. Mais en dehors de la question théorique, ce sont les conséquences pratiques de cette nouvelle définition qui préoccupent Jonas. En effet, si le patient comateux est déclaré mort, on peut le maintenir artificiellement en vie pour prélever ses organes, ce qui est le cas. Mais, demande Jonas, pourquoi cela devrait-il s'arrêter là ? Si c'est à un cadavre que l'on a affaire, il n'y a pas de raison d'arrêter la réanimation, et l'on peut imaginer un corps utilisé comme réserve permanente de sang, ou encore comme objet de recherche. Pourquoi ne pas tester sur lui de nouvelles techniques chirurgicales, ou bien de nouvelles molécules, etc. ? Cette définition permet en effet de disposer d'organismes coopérants (car morts), présentant de ce fait tous les avantages du sujet vivant, sans aucun de ses inconvénients ! Faire cela reviendrait finalement, selon Jonas, à aller au bout du raisonnement, car selon lui, la définition du comité d'Harvard permet de faire passer le corps des patients en mort cérébrale dans le domaine des choses. Il est alors possible de « précéder » leur mort cardiaque pour prélever leurs organes, dans l'intérêt d'autres patients. Refuser de l'admettre, c'est selon Jonas être hypocrite.

1. Dans les lignes qui suivent, et sauf mention du contraire, je me réfère à la position de Jonas telle qu'il la défend dans H. Jonas, « Against the Stream : Comments on the Definition and Redefinition of Death » (chapitre 6), *in* H. Jonas (ed.), *Philosophical Essays, from Ancient Creed to Technological Man*, New Jersey, Prentice-hall, 1974, p. 132-140.

2. H. Jonas, *Le droit de mourir*, trad. fr. par P. Ivernel, Paris, Rivages poche, 1996, p. 59.

Jonas s'oppose pour sa part à l'adoption de cette « nouvelle mort ». Selon lui en effet, nous ne savons pas avec certitude quelle est la frontière entre la vie et la mort, et une définition ne peut en aucun cas remplacer un savoir. En revanche, nous disposons d'assez de données pour soupçonner que la condition de survie artificielle reste « une sorte de vie » même réduite, et nous pouvons de ce fait douter que cela soit la mort. Il faut donc interdire le prélèvement des organes sur les personnes en état de mort cérébrale (car cela s'apparente à de la vivisection), et nous opposer à toute force à cette définition avant qu'elle soit entrée dans la pratique de manière irréversible. D'autant que pour Jonas, la tentation de la mort cérébrale et des prélèvements sur personnes décédées signe un retour au dualisme d'inspiration cartésienne. En effet, la « mort cérébrale » amène à considérer le cerveau comme le lieu de l'âme. Lorsqu'il meurt, il ne reste qu'un corps sans vie, une machine dont on peut disposer. Or pour Jonas c'est faux : c'est une erreur de séparer corps et l'esprit, une erreur qui a pour conséquence un manque de respect, de ce respect fondamental que l'on doit au corps « nouvellement mort » :

> Nier au corps extra-cérébral sa participation déterminante à l'identité de la personne est une ineptie. Mon corps est de façon aussi unique le corps de mon cerveau et celui de personne d'autre. Si ce n'était pas le cas, comment un homme pourrait-il aimer une femme et pas seulement son cerveau? Comment pourrions-nous être touchés par la magie d'une silhouette ?[1].

L'argumentation de Jonas est donc triple. Elle est *et* épistémologique – « cette nouvelle définition est impure et utilitariste » – *et* conséquentialiste – les conséquences d'une nouvelle définition seraient catastrophiques – *et* substantielle – il existe un bien à respecter, la sacralité de la vie, et la nouvelle définition de la mort contrevient à ce respect.

Pour d'autres cependant, le fait qu'il y ait une part d'utilitarisme dans la définition de la mort est une problématique à considérer et non un problème en soi. C'est le cas du philosophe Robert Veatch qui s'intéresse à la notion de « mort cérébrale » dès 1970. Selon lui, la définition de la mort encéphalique n'est pas une nouvelle définition de la mort, mais bien la définition de nouveaux critères permettant d'attester de la mort et dont le choix nécessite une position philosophico-morale. Il distingue trois définitions possibles de la mort: la mort cardiaque et respiratoire, la mort cérébrale, et la mort des structures cérébrales supérieures.

1. H. Jonas, « Against the Stream ... », *op. cit.*, p. 139.

La définition « orientée cardiaque » est la définition « classique » de la mort. Elle repose sur le postulat que c'est l'arrêt irréversible des fonctions cardiaque, respiratoire et circulatoire qui détermine la mort[1]. Un individu *ayant souffert* d'un arrêt cardiaque n'est pas considéré comme mort. Selon Veatch, être mort signifie changer radicalement de statut moral : c'est donc bien l'irréversibilité du phénomène qui importe. On ne doit pas pouvoir être temporairement mort ! En effet, la mort avérée d'un individu autorise des comportements absolument impensables pour les vivants : on peut lire ses dernières volontés, ouvrir sa succession, et même, le cas échéant, prélever ses organes. Afin d'éviter toute confusion, un individu réanimé suite à une défaillance cardiaque ou respiratoire ne sera pas considéré comme « mort-puis-ressuscité » ; c'est le diagnostic de mort qui sera considéré comme « abusif ». Si cette définition a le mérite d'être la définition classique de la mort et d'être utilisée couramment par tous, elle pose selon Veatch un vrai problème : elle ne permet pas de prélever des organes, alors que des milliers de gens dans le monde attendent un organe pour être transplantés. Le rôle de l'utilité dans la définition de la mort n'est donc pas considéré par Veatch comme un obstacle, mais bien comme une problématique à intégrer à la réflexion.

La définition « cérébrale » de la mort permet quant à elle de prélever des organes. Ici, un individu est mort lorsque l'on peut constater une cessation irréversible de toutes les fonctions du cerveau dans son ensemble. Veatch remarque que cette définition est basée sur l'idée que l'essence de l'homme vient de sa capacité à intégrer ses fonctions corporelles – c'est-à-dire à assimiler des informations diverses et à construire une réponse adaptée – et que cette capacité dépend du cerveau (il y a donc bien une forme de dualisme dans cette conception de la mort). Il y a selon Veatch trois conséquences immédiates de cette définition. La première est la possibilité de prélever des organes. La seconde est la nécessité médicale de cesser de réanimer toute personne déclarée en mort cérébrale qui ne sera pas prélevée, et ce même contre l'avis de ses proches (on ne réanime pas un mort). La dernière est que dans l'ensemble, on a affaire à une « drôle de mort » … « *Un patient en mort-cérébrale sous respirateur fait bien sûr un cadavre inhabituel. Sous respirateur, il respire et son cœur bat* »[2]. Le problème de cette définition est qu'elle laisse entendre une part de convention dans le choix des critères permettant d'attester de la mort. Or s'il s'agit d'une convention, pourquoi ne pas en proposer une autre ? Certains proposent

1. R. M. Veatch, *The basics of bioethics*, New Jersey, Prentice Hall, 2000, p. 26.
2. *Ibid.*, p. 27.

déjà depuis 1976 que la perte définitive des fonctions supérieures du système nerveux central – c'est-à-dire selon eux de la conscience – soit considérée comme la mort de l'individu. Le philosophe Roland Puccetti argumente en ce sens :

> Si on me disait que mon corps pourrait survivre à la mort du cortex pendant plusieurs mois ou plusieurs années, à condition qu'il soit nourri et proprement entretenu, etc., cela n'aurait guère plus d'attrait pour moi que la préservation de mon appendice dans du formol. En effet, je serais mort pendant toute la période considérée, du moins au sens où la vie peut avoir de la valeur pour les êtres humains. (…) La seule manière de choisir (entre des définitions concurrentes de la mort) consiste à décider si oui ou non nous attachons une valeur à quelqu'un plongé dans une inconscience irréversible[1].

Selon cette acception, la mort correspond à la destruction irréversible des structures cérébrales supérieures. Veatch appelle cette conception « higher-brain-oriented definition ». Il explique que selon cette définition, tout individu dont le cerveau « supérieur » est détruit est considéré comme mort, et ce même si le tronc cérébral fonctionne encore. La mort correspond donc à la mort de la conscience. Si cette définition n'est légale nulle part, elle reste cependant régulièrement débattue[2]. Et si l'utile est un argument qui doit être pris en compte dans le choix d'une définition de la mort, on comprend bien pourquoi le débat se poursuit à ce sujet. En effet, en termes d'utilité, cette définition semble plus appropriée que la définition cérébrale de la mort : en plus de présenter un intérêt en termes de possibilités de prélèvement, elle résoudrait réellement le problème des patients en état végétatif chronique, c'est-à-dire de ces patients dans un état "désespéré" qui ne regagneront jamais la conscience. Philosophes et médecins poursuivent donc les débats et s'interrogent encore actuellement sur la possibilité de considérer comme morts et de prélever les patients dont la conscience est irrémédiablement perdue.

## MORT CÉRÉBRALE, ÉTATS VÉGÉTATIFS PERSISTANTS, MORT CORTICALE

Lorsque le philosophe Peter Singer étudie la question de la définition de la mort, il considère que le débat à ce sujet manque de clarté, parce que le

1. R. Puccetti, « The conquest of death », *The Monist an International Quarterly Journal of General Philosophical Inquiry*, 1976, vol. 59, p. 252.
2. R. M. Veatch, *The Basics … op. cit.*, p. 29.

comité d'Harvard a voulu par sa redéfinition de la mort répondre à différentes questions en même temps[1]. La question de savoir quand une personne humaine est morte; celle de savoir quand il est permis de cesser de maintenir une personne humaine en vie; celle enfin de savoir quand il est permis de prélever les organes d'une personne humaine afin de les transplanter à une autre.

Pour ce qui concerne la première question, Singer estime qu'avant que le corps soit froid et raide, toute définition de la mort est un jugement éthique. Sur ce point, il est d'accord avec Veatch. Il va même plus loin et considère que la définition d'Harvard est problématique car personne n'y croit *vraiment* (ni les soignants, ni les proches). Il s'agit selon lui d'un « compromis instable » qui a été accepté parce que sans faire de mal à personne il rendait service à tout le monde : on pouvait cesser de réanimer inutilement, prélever des organes en vue de transplantation, éviter les débats sur l'euthanasie, etc. Mais cette définition est un compromis instable parce qu'elle est basée sur l'idée que la mort d'un individu correspond à l'arrêt irréversible de toutes les fonctions cérébrales. Or selon Singer, des études réalisées depuis la définition d'Harvard montrent que certaines fonctions se poursuivent après le diagnostic de mort cérébrale : certaines fonctions hormonales ainsi que la régulation de la pression sanguine se maintiennent et montrent que l'individu en mort cérébrale continue de répondre à certaines stimulations environnementales. Ces fonctions ne sont pas jugées suffisamment importantes pour que l'individu ne soit pas considéré comme mort : cela signifie que ce sont certaines fonctions du cerveau, et pas toutes, dont la destruction signifie la mort. Dans ce cas, définir la mort revient à choisir quelles fonctions du cerveau font la différence entre la vie et la mort. Pourquoi alors – face à l'inconfort de la définition cérébrale de la mort – ne pas passer à la définition corticale de la mort ? Simplement parce que si la définition cérébrale de la mort est déjà une définition « boiteuse » aller plus loin en passant à une définition corticale n'est sans doute pas la meilleure solution … D'autant que selon Singer, cela ne fonctionnerait pas dans la pratique : « *Cela ne fonctionnerait pas – qui pourrait enterrer un "corps" qui respirerait encore tandis que le couvercle du cercueil se refermerait ?* »[2]. Singer considère donc qu'une personne doit

1. En 1994, Singer a consacré un livre à la question de la redéfinition de la vie et de la mort : P. Singer, *Rethinking Life and Death, the Collapse of Our Traditionnal Ethics*, New York, Oxford University Press, 1994. C'est à cet ouvrage que je me réfère ici pour décrire sa position.

2. P. Singer, *Rethinking Life and Death …, op. cit.*, p. 50.

être considérée comme morte soit lorsqu'elle est en mort cérébrale, soit lorsqu'elle est en mort cardio-respiratoire.

Restent deux questions : quand est-il permis de cesser la réanimation d'une personne, et quand est-il permis de prélever des organes ? Sur ces points, Singer, comme d'autres, estime que les réponses ne dépendent pas d'une quelconque définition de la mort. Pour ce qui est de la cessation de la réanimation, elle est bien sûr légitime lorsque le patient est en mort cérébrale (on ne réanime pas un mort). Mais la question reste posée pour les patients en état végétatif chronique. S'il ne s'agit pas de considérer qu'ils sont en mort « corticale », comment décider de cesser la réanimation ? Simplement en considérant que la principale caractéristique de l'être humain n'est pas son appartenance à l'espèce, mais bien sa capacité d'interagir avec d'autres, ce qui suppose une conscience. Pour les individus dont la conscience est irrémédiablement détruite, la poursuite de la vie n'est pas un bénéfice. On peut donc cesser de les maintenir en vie. En plus de la perte irréversible de la conscience, différents points sont, selon Singer, à considérer : la position ou préférence de la personne elle-même si elle l'avait exprimée, la position de la famille, ainsi que la possibilité de prélever des organes ou non. En effet, pour Singer, s'il est possible au plan médical de prélever les organes d'une personne en état végétatif chronique ou bien d'un enfant anencéphale* (c'est-à-dire de toute personne ayant définitivement perdu la conscience), il est légitime de proposer le prélèvement des organes. Car pour Singer, la mort de la personne n'est pas plus nécessaire pour prélever ses organes que pour cesser de la réanimer.

Singer propose donc de cesser de fonctionner selon la « règle du donneur mort » pour le prélèvement des organes, et d'élargir les critères autorisant le prélèvement. Seraient alors prélevables : les personnes mortes (mort cérébrale) et les personnes ayant définitivement perdu toute conscience comme dans le cas d'un état végétatif chronique ou d'un enfant anencéphale. Sur ce point, le médecin Robert Truog[1] partage l'avis de Singer. Il considère que s'il est impossible en pratique de renoncer à la mort cérébrale, il importe de s'en passer dans les situations où il semble légitime de cesser de réanimer ou de prélever des organes, bien que le patient ne soit pas mort ni même dans un état qui conduise irrémédiablement à la mort (un patient en EVC peut vivre des années sans respirateur à condition d'être nourri par sonde). Truog admet cependant que cette position oblige à reconsidérer la question de l'atteinte au corps du patient qui va être prélevé.

1. R. D. Truog, « Brain death – too flawed to endure, too ingrained to abandon », *Journal of law, medicine and ethics*, vol. 35, n°2, 2007, p. 273-281.

Si la personne n'est pas morte, il faut admettre que le prélèvement qui va conduire à sa mort lui porte préjudice. C'est pourquoi Truog considère que cesser de fonctionner selon la règle du donneur mort implique d'avoir l'accord explicite de la personne si elle a manifesté sa position sur le sujet, ou *a minima* l'accord des proches de la personne.

Le philosophe Jean-Noël Missa s'accorde avec Singer et Truog sur le fait qu'on ne peut pas répondre à la question de savoir si la vie d'un patient vaut ou non la peine d'être vécue par une redéfinition de la mort. Il admet que la question de l'arrêt de la réanimation se pose pour les patients en état végétatif chronique, pour lesquels il est difficile de penser que la poursuite de la vie est un bénéfice. En revanche, il s'oppose à ce que l'on cesse de fonctionner selon la règle du donneur mort pour ce qui concerne le prélèvement des organes. Pour lui, on ne peut donc pas prélever un patient en EVC, mais seulement s'interroger sur la poursuite ou non de sa réanimation.

Missa explique en effet que l'état végétatif chronique est caractérisé par l'éveil sans conscience : les patients ont bien un rythme veille/sommeil (ce qui témoigne d'une persistance de la régulation biologique du corps), et la plupart d'entre eux respirent seuls (bien que ces patients soient incapables de se nourrir et doivent souvent être nourris par sonde). Ils ne manifestent pour autant aucun signe permettant de supposer qu'ils sont conscients au sens d'avoir une vie mentale intérieure. Pour Missa cependant, l'absence de signe de conscience n'induit pas – comme c'est le cas pour Singer ou Truog – la certitude de l'inconscience du patient. « *Le médecin ne peut pas évaluer le degré de conscience comme il dose le taux de glucose dans le sang* »[1]. Missa ajoute que de nombreux neurologues affirment ignorer si leurs patients en EVC ressentent ou non de la douleur. Conclure à une inconscience certaine et définitive semble donc difficile. S'ensuit l'impossibilité de prélever ses organes. Là où Singer et Truog considèrent qu'il faut accepter de prélever des patients qui ne sont pas morts, et cesser de fonctionner selon la règle du donneur mort, Missa considère que c'est une position intenable, et qu'on ne peut pas prélever un patient en EVC, mais seulement s'interroger sur la poursuite ou non de sa réanimation.

Ces différents débats montrent à quel point la définition de la mort reste une question polémique qui dépend de positions éthiques et philosophiques. Tous les participants s'accordent pour le dire : la mort – tant que le corps n'est pas froid et rigide – n'est pas uniquement un fait scientifique qui

1. J.-N. Missa, « L'évolution des critères de la mort dans des sociétés pluralistes », *Annales d'histoire et de philosophie du vivant*, vol. 4, 2001, p. 36.

demande à être démontré, mais bien un choix éthique et philosophique qui demande à être argumenté, et dont les conséquences pour l'individu et la société sont majeures. C'est bien parce que les conséquences de nos choix en matière de définition de la mort sont majeures qu'il importe selon moi de les garder à l'esprit lorsque l'on s'interroge sur le don entre vivants. En effet, le prélèvement sur donneur vivant est l'une des deux facettes du prélèvement des organes, et les questions qu'il pose sont à considérer en rapport avec celles liées au prélèvement sur donneurs décédés : il est plus facile de comprendre le choix de certains préleveurs d'avoir recours au don entre vivants lorsque l'on connaît les difficultés que posent en pratique les prélèvements. Mais surtout, la reconnaissance de la mort cérébrale et les possibilités de prélèvements qu'elle a ouvertes ont induit des changements sociétaux[1] majeurs qui ont façonné le cadre du prélèvement et de la greffe pour don entre vivants comme pour le don issu de « cadavre », et qu'il importe de connaître.

1. Lorsque j'utilise le terme social en un sens différent du terme sociétal, je considère que le terme social concerne le plan intra-individuel et l'intersubjectivité mais en un sens réduit, tandis que le terme sociétal concerne la société au sens large.

CHAPITRE II

# ENJEUX ÉTHIQUES ET SOCIÉTAUX DU PRÉLÈVEMENT D'ORGANES

La réflexion sur le prélèvement des organes est longtemps restée discrète. La mort cérébrale fait question au niveau des spécialistes, mais la pratique des greffes semble entrée dans les mœurs. Le prélèvement d'organes est encadré en France d'abord par la circulaire Jeanneney puis par la loi Caillavet[1]. L'engouement du public pour les « premières greffes » successives des années 1960-70 s'est confirmé jusque dans les années 1980 : la greffe fascine, et le public y est très favorable. Dans les années 1980, les greffes augmentent notablement : le don d'organes post-mortem est devenu la règle, il semble suffire aux besoins des receveurs.

Dans les années 1990 apparaît un fait international apparemment nouveau : la pénurie d'organes. Cela signifie qu'il y a, dans les faits, une « *inadéquation entre l'offre de greffons utilisables et la demande des malades en attente de transplantation* »[2]. Si le nombre total de greffes ne cesse d'augmenter de 1980 à 1991, la tendance s'inverse dès 1992 : en France, 3220 greffes sont réalisées cette année-là, 3181 en 1993, et le chiffre tombe à 2855 en 1994[3]. Plusieurs causes pouvant expliquer le manque d'organes transplantables sont alors identifiées : en premier lieu, l'augmentation des indications de greffes tend à augmenter la demande d'organes. Ensuite, la diminution des accidents de la route diminue le

1. Loi n°76-1181 du 22 décembre 1976, *op. cit.*

2. K. Gueniche, *L'énigme de la greffe ...*, *op. cit.*, p. 28

3. Toutes ces données sont issues de : Etablissement Français des Greffes, « La greffe au XX$^{e}$ siècle ».

nombre de morts cérébrales et donc de prélèvements[1]. Enfin, certaines dérives advenues dans le cadre des prélèvements post-mortem et relatées par la presse grand public ont fait diminuer les dons, ce qui participe à la « pénurie » : des prélèvements abusifs ont parfois été constatés, entraînant une perte de confiance du public dans le système de prélèvement des organes[2]. Cette diminution des dons se chiffre : en 1990, on recense 9,6% d'opposition au prélèvement; 13,3% en 1991; en 1992, le refus passe à 24,2%; et en 1993, il atteint 25,4%[3].

Confrontés au manque d'organes, les chirurgiens innovent. En ce qui concerne la greffe de foie par exemple, les transplanteurs américains ont recours dès 1993 au donneur vivant parental en raison du manque d'organes. En 1997, confrontés au même problème, les transplanteurs français adoptent la même solution.

Bref, entre les années 1990 et le début des années 2000, la notion de pénurie devient centrale dans la transplantation, et le vocabulaire suit : on parle désormais de ressource rare, de durée d'attente, du nombre de décès sur liste etc. Les transplanteurs sont en quête de solutions médicales efficaces. Les chercheurs en sciences humaines tentent quant à eux de comprendre le phénomène et si possible d'y apporter des explications sociales et/ou psychologiques. Les textes publiés entre le début des années 1990 et le début des années 2000 documentent plusieurs aspects du prélèvement d'organes qui peuvent expliquer la situation de pénurie dans laquelle se trouve le monde de la transplantation.

1. S. Novaes, « L'éthique du don », *Actes du cinquième séminaire du club de la transplantation*, 1993, p. 80.

2. A ce sujet, voir D. Le Breton, « Les aspects anthropologiques et culturels du corps », dans J.-F. Collange (éd.), *Ethique et transplantations d'organes*, *op. cit.*, p. 42. L'auteur raconte l'affaire dite d'Amiens-Tesnières qui éclate en 1992. En 1991, les parents d'un jeune homme de 19 ans décédé sur la route acceptent qu'il soit prélevé de ses organes à l'exception des yeux et du cœur. Ils reçoivent une promesse dans ce sens. A la suite d'une erreur administrative, les parents reçoivent la facture des prélèvements et apprennent que tous les organes ont été prélevés. Les parents, choqués par l'abus de confiance dont ils se sentent victimes, portent l'affaire devant la justice et deviennent de farouches opposants aux prélèvements d'organes.

3. Les données chiffrées sont extraites de N. Herpin, F. Patterson, « La pénurie et ses causes », dans R. Carvais, M. Sasportes (éd.), *La greffe humaine (in)certitudes éthiques : du don de soi à la tolérance de l'autre*, Paris, P.U.F., 2000, p. 341.

## EXPLICATIONS SOCIALES DE LA PÉNURIE ET REMISE EN CAUSE DU CADRE LÉGAL

Le travail de la sociologue Simone Novaes est l'un des premiers en France à se consacrer aux aspects sociaux de la pénurie d'organes. Il montre que plusieurs faits sociaux sont restés ignorés de la loi Caillavet et ont rendu son application difficile.

Le premier fait social ignoré par la loi concerne le rapport à la fois intime et social que nous entretenons avec le corps : « *le corps est le siège des expériences où se joue l'appartenance de l'individu à une société donnée (...) il est le lieu de l'élaboration continue, par chacun, de sa personne dans ses rapports quotidiens à autrui* »[1]. En faisant reposer le prélèvement sur un consentement présumé et en mettant l'accent sur la pénurie d'organes, le discours juridique et social s'empêche de prendre en compte des motifs d'opposition au prélèvement qui sont légitimes au regard d'un rapport de l'individu à son corps ou du rapport des proches au corps de l'être aimé. En effet, l'accentuation de la notion de pénurie fait que le débat se pose, en 1993, en termes d'altruisme et d'égoïsme. On félicite ceux qui, ayant le souci « désintéressé » des besoins d'autrui se détachent d'une vision archaïque du corps et du cadavre pour donner et sauver des vies. Or, « *les non-donneurs apparaissent en creux dans ce discours comme des personnes lâches, indifférentes ou repliées sur elles-mêmes, incapables de se projeter au-delà de leurs besoins immédiats ou de ceux de leur entourage* »[2]. L'auteur montre que poser le débat ainsi empêche de comprendre l'augmentation des refus de prélèvement : qui en effet voudrait être égoïste ? En sortant de cette opposition et en cherchant à mettre en évidence – par un travail d'enquête – non pas les motivations des seuls donneurs, mais les situations sociales précises qui suscitent ou empêchent un don particulier, on peut au contraire éclairer certains points. C'est ce que fait l'auteur.

Ce qui apparaît tout d'abord, c'est que les « familles de donneurs » (interrogées aux États-Unis, dans un contexte où le consentement n'est pas présumé) ne donnent pas uniquement dans un mouvement d'altruisme. Une étude citée par l'auteur montre plutôt que certains facteurs sociaux influencent le choix de donner[3]. Ces facteurs sont les suivants : une connaissance préalable du problème de la transplantation et du besoin

1. S. Novaes, « L'éthique du don », *op. cit.*, p. 73.
2. *Ibid.*, p. 74.
3. *Ibid.*, p. 78-80.

d'organes; une empathie avec la famille du receveur qui est confrontée à la mort possible d'un enfant imaginé comme étant du même sexe et du même âge que leur enfant décédé; le sentiment que le don prolonge ailleurs la vie de la personne décédée; l'espoir que l'évaluation médicale de l'état du patient avant le prélèvement aboutisse à un retournement de la situation; une difficulté à envisager l'arrêt de la réanimation entraînant l'acceptation du prélèvement afin de ne pas avoir à décider cet arrêt.

Les familles de « non-donneurs » quant à elles, évoquent certains facteurs qui rendent difficile voire impossible l'acceptation d'un prélèvement. Ce sont: une difficulté d'appréhender la mort cérébrale accompagnée de l'impression que la décision de prélever implique une mise à mort; une expérience contradictoire du temps qui passe (accident brutal, longueur du diagnostic, urgence de la décision à prendre); l'effet négatif provoqué par l'annonce simultanée de la mort du patient et de la demande de prélèvement; l'absence de personnes disponibles pour répondre aux interrogations de la famille; la difficulté d'envisager le prélèvement de certains organes (tels que le cœur et les yeux) qui apparaissent comme symboliques de l'identité de la personne.

Cette enquête montre que le rapport au corps mort d'un être aimé est complexe et peut rendre impossible l'idée même du prélèvement : le corps symbolise l'être aimé dans son identité, et certaines de ses parties semblent « intouchables ». Mais cette étude montre surtout que la mort cérébrale pose problème pour certains qui ne la reconnaissent pas comme *la* mort et craignent de tuer leur proche par le prélèvement. L'auteur ajoute d'ailleurs que pour certains professionnels (neurochirurgiens, infirmières), la mort cérébrale paraît tout aussi problématique. Les « profanes » du don d'organes ne sont pas les seuls à douter ... De fait, la notion de mort cérébrale se révèle parfois difficile à comprendre, d'autant plus que la loi de 1976 n'a pas imposé l'information du public. Et finalement, ce que montre l'auteur, c'est que l'ensemble des personnes pouvant être un jour confrontées à la mort cérébrale et au don d'organe ne partagent pas l'apparent consensus social sur le bien-fondé des pratiques de transplantation. Autrement dit, en axant l'information et les demandes de dons sur la greffe seule, l'État crée un consensus sur l'aspect thérapeutique de la transplantation, mais ne pose pas la question du prélèvement. Or l'un ne va pas sans l'autre.

D'autres articles et publications suivent et font état eux aussi de la « crise de confiance » dont souffre le monde de la transplantation, crise qui est l'un des facteurs de la pénurie d'organes. Cette situation appelle des solutions et conduit à la remise en cause de la loi Caillavet puis à son abrogation. Il faut rétablir la confiance, et pour cela *a minima* augmenter la transparence des procédures de prélèvement et de transplantation. Une large réflexion tant sur le contexte de pénurie que sur les principes de la loi Caillavet s'initie, et des débats parlementaires ont lieu sur les pratiques biomédicales entre novembre 1992 et juin 1994[1].

Selon la juriste Marie Angèle Hermitte, le principal problème de la loi de 1976 est son caractère exceptionnel. Pour elle, la loi Cavaillet a établi la présomption de consentement de toute personne majeure pour répondre à une situation d'urgence issue des progrès de la greffe : devenue efficace, il fallait la proposer à plus de patients et pour cela obtenir plus d'organes. Mais cette loi ne pouvait rester légitime que si une large information la rendait connue de tous, permettant à chacun de faire connaître son opposition le cas échéant. Tel n'a pas été le cas, et c'est ce qui explique – selon l'auteur – la « crise de confiance » dont souffre la transplantation.

En effet, cette loi présente un « caractère exorbitant » par rapport au droit commun : elle modifie profondément le rapport du droit aux cadavres car les prélèvements affectent le corps du défunt et viennent bouleverser l'investissement affectif du cadavre. Or le lien affectif au cadavre est reconnu par le droit : s'il est certain que le cadavre n'a pas de personnalité juridique, il n'est pas une « chose » comme les autres. La loi le protège : la violation de sépulture est punie, le cadavre est exclu des biens, il n'est objet de propriété ni pour l'État ni pour les particuliers. Autrement dit, le cadavre est indisponible : on le respecte et on le protège, il ne peut être ni cédé ni vendu. La loi fait de l'individu le seul à pouvoir disposer de son corps après sa mort : les volontés du défunt en matière de sépulture doivent être respectées, et leur non-respect est passible de poursuites. En instituant une autorisation légale de disposer des organes d'une personne morte si celle-ci ne s'y est pas opposée de son vivant, « *la loi Caillavet s'inscrit donc clairement en contradiction avec le droit commun de la sépulture* »[2].

De plus, la loi Caillavet présente un caractère d'exception sur un autre point essentiel de la doctrine juridique : celui du consentement. Si l'on se place dans le schéma de la liberté de sépulture, ce qui importe, c'est le choix : le défunt peut librement choisir d'être enterré ou incinéré, de même qu'il peut librement choisir que son cadavre fasse l'objet ou non de prélèvements d'organes. Mais ici, le défunt est censé avoir accepté d'être prélevé. Il est difficile de situer ce type de consentement dans les diffé-

1. M. A. Hermitte, « Consentement et prélèvements d'organes sur cadavres », *Actes du cinquième séminaire du club de la transplantation*, 1993, p. 88.

2. *Ibid.*, p. 84.

rentes modalités d'expression du consentement reconnues par le droit commun. Pour celui-ci, le consentement peut être « solennel ». Dans ce cas le législateur impose une façon précise d'exprimer le consentement, lequel doit être par exemple exprimé en présence d'un tiers. Il peut être « exprès ». Ici, le droit exige que la personne manifeste clairement sa volonté, mais n'impose pas de forme particulière. C'est le mode de consentement qui est exigé dans le cadre d'un don d'organe entre vivants. Il peut encore être « tacite ». Ce mode de consentement concerne les situations de la vie courante. Par exemple le fait de monter dans un autobus permet de penser que l'on accepte le contrat proposé par la RATP. Il repose sur une présomption de consentement fondée sur les faits. On observe un comportement dont on présume qu'il suppose le consentement tacite de la personne qui a ce comportement. Ces présomptions de fait sont très nombreuses car elles sont destinées à faciliter les actes sans grande importance de la vie quotidienne. Enfin le consentement peut être « présumé ». Ce mode de consentement est déduit d'une présomption de droit. Si la personne ne s'oppose pas clairement à un acte, elle est, de droit (sans qu'aucun acte soit nécessaire pour présumer), supposée consentir. C'est le mode de consentement qui encadre le prélèvement d'organes sur donneur en mort cérébrale.

Selon Marie Angèle Hermitte, les présomptions de consentement concernent presque toujours des situations banales de la vie courante. Et même dans ce cas, elles sont vues avec méfiance par la doctrine juridique. Avoir choisi ce mode de consentement qui n'a « *rien de banal ni même de normal dans notre société* »[1] représente donc une rupture importante avec les principes du droit commun, et appelle un important travail d'accompagnement et d'explicitation vis-à-vis du grand public.

La solution finalement adoptée par le législateur a été de changer la loi. Deux lois dites de bioéthique sont promulguées en juillet 1994. La loi n°94-653[2] affirme les principes du respect du corps humain en particulier sa non patrimonialité et son indisponibilité. Elle est insérée au Code Civil, et prévoit les peines et sanctions qui punissent tout trafic d'organe, toute transaction financière pour l'obtention d'un organe, ainsi que tout prélèvement ayant lieu en absence de consentement du donneur. La loi n° 94-654[3] est

1. M. A. Hermitte, « Consentement et prélèvement d'organes sur cadavres », *op. cit.*, p. 87.

2. Loi n°94-653 du 29 juillet 1994 relative au respect du corps humain, publiée au JORF du 30 juillet 1994.

3. Loi n°94-654 du 29 juillet 1994 relative au don et à l'utilisation des éléments et produits du corps humain, à l'assistance médicale à la procréation et au diagnostic prénatal, publiée au JORF du 30 juillet 1994.

insérée au Code de la santé publique et encadre précisément les pratiques de transplantation.

Les principaux changements instaurés par le législateur prennent en compte la différence des contextes dans lesquels sont édictées les lois successives. La loi de 1976 était une loi d'exception destinée à permettre à la greffe de devenir une thérapeutique courante par la disponibilité des organes. La loi de 1994 se constitue dans un contexte social de méfiance vis-à-vis de la médecine de transplantation, méfiance qui conduit parfois les familles à percevoir les médecins comme des « prédateurs » à l'affût des organes. De ce fait, « *à la différence de la loi Caillavet qui se préoccupait avant tout des conditions autorisant les médecins à prélever des organes, les lois bioéthiques se sont également préoccupées d'écarter expressément certains moyens pour les obtenir* »[1].

Les préoccupations du législateur concernent alors essentiellement la procuration des organes et les moyens de l'organiser dans la transparence, l'éthique et la sécurité. Le premier point modifié concerne donc l'organisation pratique de la collecte et de la répartition des organes, laquelle est confiée à une structure publique, l'Établissement français des Greffes (EfG). L'EfG est créé par la loi 94-43 du 18 janvier 1994[2], « *dans une perspective de rationalisation, de transparence et de sécurité* »[3]. Les autres changements sont eux aussi liés au contexte dans lequel la loi est révisée. Dans ce contexte, on admet que la transplantation crée une tension entre deux principes fondamentaux, celui de non-malfaisance et celui de justice. En effet, le principe de non-malfaisance ou *primum non nocere* identifie le corps et la personne. S'il importe de ne pas nuire, c'est que le corps est la personne, et que lui porter atteinte revient à porter atteinte à la dignité de la personne humaine. En revanche, le principe de justice exige de venir en aide à ceux qui ont besoin d'un organe, à partir du moment où l'on peut le prélever chez un autre qui n'en a plus besoin. Cela suppose de morceler les corps des uns et des autres.

Il faut donc, pour rendre la transplantation éthiquement et socialement acceptable, accepter qu'un but thérapeutique puisse être pour un autre (ce qui autorise le prélèvement), et en même temps, éviter que le corps – dont les parties sont séparées – soit assimilable à un objet : c'est un compromis

1. D. Thouvenin, « Don et ou prélèvement d'organes », *Sciences sociales et santé*, vol. 15, n°1, 1997, p. 77.

2. Loi n°94-43 du 18 janvier 1994 relative à la santé publique et à la protection sociale, publiée au JORF du 19 janvier 1994.

3. R. Waissman, *Le don d'organes*, Paris, P.U.F., 2001, p. 22.

bien difficile entre morcellement et protection que la loi de 1994 tente d'instaurer. Les différences les plus importantes entre les deux textes concernent donc la protection du donneur et de son corps.

En ce qui concerne le don entre vivants, la loi de 1976 dispose que toute personne majeure y ayant librement et expressément consenti peut autoriser le prélèvement sur elle-même d'un organe en vue d'une greffe. Les mineurs sont admis au prélèvement d'organe à condition que le receveur soit un frère ou une sœur, et sous réserve de l'accord d'un comité d'experts. La loi de 1994 restreint le cercle des donneurs vivants à la famille « nucléaire » : seuls sont admis les pères, mères, fils, filles ou frères et sœurs. Cette restriction au cercle familial permet de limiter les risques de transactions financières entre donneurs et receveurs sans changer fondamentalement les pratiques médicales, puisque seuls les membres de la famille étaient *en pratique* prélevés comme donneurs vivants (pour des raisons de compatibilité essentiellement, à ceci près qu'ils n'appartiennent pas *toujours* à la famille nucléaire). De plus, la loi de 1994 fait sortir les mineurs des donneurs potentiels d'organes (même dans le cadre familial) avec pour seule exception le don de moelle osseuse (organe régénérable et plus proche des tissus que des organes). Aucun autre organe ne peut être prélevé sur un mineur ou un majeur incapable. Par ailleurs, la loi de 1976 ne précise pas quelle forme doit prendre la cession des organes. La loi de 1994 en revanche précise clairement que le cadre de la greffe est celui du don. Elle impose la gratuité comme principe, mais précise encore dans le chapitre consacré aux organes : « *le prélèvement d'organes sur une personne vivante, qui en fait le* don ».

L'ensemble de ces modifications tend aussi à prendre en compte les modifications importantes qui ont eu lieu dans la pratique des transplantations depuis les difficultés de procuration des organes : les transplanteurs ont eu recours de nouveau au don entre vivants, pour le rein, la moelle osseuse, mais aussi depuis 1990 pour le foie. Or la loi de 1976 introduisait une différence dans le mode d'expression du consentement selon qu'il s'agissait d'organes régénérables (moelle) ou non (rein), le second étant formel. Avec l'apparition des greffes de foie (organe régénérable) à partir de donneurs vivants, la distinction devenait paradoxale : pour un prélèvement plus risqué que celui du rein, le mode de consentement était moins protecteur. Dans la loi de 1994, le don entre vivants est encadré de la même façon, quel que soit l'organe prélevé, et la seule exception qui est la moelle osseuse est explicitement distinguée des autres situations.

En ce qui concerne les prélèvements post-mortem, les changements sont moins évidents. Le premier changement est l'anonymat qui doit être la règle entre le donneur ou sa famille et le receveur et ses proches. Non imposé en 1976, ce principe est censé prévenir toute dérive marchande dans la gestion des organes. Comme dans le cas du don entre vivants, le prélèvement post-mortem est placé en 1994 dans le cadre de la gratuité : aucun paiement, quelle qu'en soit la forme, ne peut être alloué à celui qui se prête au prélèvement d'éléments de son corps. Cette précision n'était pas mentionnée dans le texte de 1976.

Le principal changement concerne en fait le mode d'expression du refus de prélèvement. La loi de 1976 disposait que le refus pouvait être exprimé par tout moyen et invitait en particulier « *la famille et les proches* » à témoigner d'un tel refus le cas échéant. Plusieurs observateurs avaient montré la difficulté d'un tel mode de refus. D'une part, il était bien difficile de savoir qui croire, lorsque différents « proches » témoignaient différemment. Mais surtout, si les proches et la famille pouvaient témoigner, l'équipe médicale n'était pas légalement dans l'obligation de rechercher ce témoignage. Si le médecin en charge du prélèvement n'avait pas connaissance du refus de la personne, il devait s'assurer que celle-ci n'avait pas consigné son refus dans le registre de l'hôpital prévu à cet effet. Nulle obligation de chercher le témoignage des proches. Cette formulation avait abouti à des situations variables en fonction des équipes. Certaines équipes recherchaient le témoignage des proches, comme dans l'affaire d'Amiens. D'autres, considérant que le consentement présumé était protecteur des familles ne recherchaient pas leur témoignage, ce qui pouvait créer un réel climat de tension : « *Il fallait prélever en souhaitant que personne de la famille ne revienne ... Evidemment ça créait un malaise. On avait l'impression d'être un voleur* » raconte une infirmière[1]. La loi de 1994 précise les modalités du refus de façon plus explicite, en créant un registre national des refus automatisé[2] et en disposant que si le médecin n'a pas connaissance de la volonté du défunt, il doit s'efforcer de recueillir le témoignage de sa famille. Le consentement reste cependant présumé.

1. C. Boileau, *Dans le dédale du don d'organes*, *op. cit.*, p. 55.

2. Ce registre national des refus deviendra effectif par le décret n° 97-704 du 30 mai 1997 relatif au registre national des refus de prélèvements sur une personne décédée d'organes, de tissus et de cellules et modifiant le code de la santé publique, publié au JORF du 3 juin 1997. Il sera opérationnel pour le public le 7 juillet 1998.

## DES LOIS DE 1994 AUX LOIS DE 2004

De nombreuses critiques sont émises à l'encontre des lois de bioéthique très peu de temps après leur promulgation. En ce qui concerne le don d'organes, celles-ci visent plusieurs points problématiques.

Le premier concerne la notion de don sur laquelle insiste le législateur. En effet, dans le cadre du consentement présumé, le don n'est pas premier, c'est la demande d'organe qui est première. La question du législateur – dans un contexte de pénurie d'organes et de diminution des dons – n'était pas tellement « à quelles conditions donner ? », mais « comment et à quelles conditions prendre »[1] ? Dans la loi, le don est donc entendu comme une interdiction de commerce, mais absolument pas comme la décision personnelle « *déterminant l'intervention du médecin sur le corps* »[2]. C'est d'ailleurs le peu de place laissée au donneur potentiel et à sa décision personnelle qui est critiquée dès 1997. Le sociologue Patrick Pharo considère par exemple que le choix du consentement présumé s'inscrit dans une rationalité « *qui cherche à maximiser l'obtention d'un bénéfice dont la valeur n'est pas mise en doute* »[3], au point que les campagnes d'information pour le don d'organes ressemblent assez vite à de la propagande. Or si le cadre dans lequel sont cédés les organes est bien celui du don, alors il importe de rappeler que face à la pénurie, on a le droit de demander mais pas celui d'exiger : si le don est imposé, est-il encore un don ? Au début des années 2000, plusieurs auteurs reprennent ces critiques et dénoncent ce qu'ils nomment « la tyrannie du don ». Cette « tyrannie » concerne autant le donneur que le receveur.

Du côté du donneur, les sociologues Philippe Chavot, Ulrike Felt et Anne Masseran montrent que le choix du don comme cadre organisationnel est problématique sur plusieurs points. D'une part, le consentement présumé crée un fort biais en faveur du don. Se positionner « pour » le don d'organes suppose tacitement que l'individu a l'intention de donner ses organes. En revanche, refuser le don « *impose à la personne d'effectuer une démarche active, soit en s'inscrivant au registre national des refus soit en faisant connaître son refus par d'autres moyens (port d'un document, information des proches)* »[4]. D'autre part, les auteurs notent que les

1. D. Thouvenin, « Don et ou prélèvement d'organes », *op. cit.*, p. 79.

2. *Ibid.*, p. 77.

3. P. Pharo, « Introduction Justice et respect », *Sciences sociales et santé*, vol. 15, n°1, 1997, p. 15.

4. P. Chavot, U. Felt, A. Masseran, « Une crise entre savoir et conscience », *op. cit.*, p. 31.

campagnes en faveur du don réalisées par l'EfG et les associations s'adressent à la générosité du public. Cet argument d'ordre affectif mobilise des valeurs sociales et collectives qui tranchent avec le discours scientifique de la transplantation qui insiste sur une dualité corps/âme et défend une conception mécaniste du corps. Or ce type d'argument peut mener à la culpabilisation de ceux qui ne souhaitent pas être prélevés (considérés alors comme des personnes manquant de générosité et de civisme), ce qui ne constitue sans doute pas le meilleur moyen de restaurer la confiance … D'autant que beaucoup de refus ne s'expliquent pas en termes d'égoïsme mais plutôt en termes de conflits de valeurs :

> Profondément, l'individu sent qu'il ne peut donner son accord à un geste perçu comme mutilant, attentatoire à la mémoire du défunt. Une valeur ne s'explique pas, elle s'impose. Implicitement la dépouille de la personne aimée est revêtue des mêmes attributs qui furent les siens de son vivant [1].

Du côté du receveur le cadre du don peut aussi poser problème.

> L'impossibilité matérielle de restituer, même pour une raison indépendante de la volonté, provoque la culpabilité de ne pouvoir satisfaire à la morale du don, elle engendre le sentiment d'une dette infinie qui retentit sur la vie entière, à la manière d'un blâme ou d'un trop-plein (de gratitude par exemple) à épancher [2].

Et finalement les discours « angéliques » du législateur ou des associations de malades, qui encensent l'entraide et l'altruisme désintéressé, masquent mal la « tyrannie » du don qui oblige le donneur (et/ou ses proches) et endette le receveur [3].

C'est au total la question du sens du don dans le cadre du consentement présumé qui est posée. S'agit-il bien d'un don ? Entre l'anonymat du donataire et du donateur, le biais créé en faveur du don et la gestion centralisée par l'État, il est permis d'en douter. En effet, le don ne se définit pas uniquement par la gratuité, mais aussi par la liberté (on peut librement donner ou non), et enfin par le choix qui est fait de donner (plutôt que d'échanger, de vendre, de prêter, etc.). Selon les sociologues Jacques Godbout et Alain Caillé, le système français du don est donc difficilement définissable comme un don :

1. D. Le Breton, « Les aspects anthropologiques et culturels du corps », *op. cit.*, p. 42.
2. *Ibid.*, p. 44.
3. *Ibid.*, p. 45.

> Le don putatif (…) peut-il être considéré comme un don véritable ? Dans certains cas, pourquoi pas ? Mais pour le plus grand nombre, il est permis d'en douter. Le professeur Christian Cabrol, directeur de France-Transplant, s'émeut de la diminution du nombre des donneurs déclarés, et plaide pour que soit donnée à toute personne qui le désire la possibilité de faire inscrire son refus de donner sur un fichier central (…). Cette proposition, d'apparence libérale, permettrait en fait aux médecins préleveurs de s'opposer plus efficacement qu'aujourd'hui aux réticences des familles. Et qui voudrait se faire enregistrer comme non donneur, autrement dit comme un égoïste certifié par l'État ? Mais si tout le monde est automatiquement donneur, où est le don ? N'est-ce pas justement parce qu'il s'agit de moins en moins de don que le nombre des donneurs spontanés diminue ? »[1].

Selon les auteurs, le principe du don à la française permet en fait l'affirmation de la prééminence de l'État sur tous les autres sujets de droit, ce qui risque de faire peu à peu du prélèvement des organes une sorte d'impôt auquel chacun doit se soumettre après sa mort.

Que l'organisation du prélèvement des organes conduise à remettre en cause l'idée qu'il est fondé sur un don authentique n'est pas le seul point identifié comme problématique par les chercheurs. Certains estiment en effet que cette organisation peut conduire à des pertes d'organes transplantables. Selon la littérature, le premier point « organisationnel » qui peut conduire à la perte d'organes transplantables est la place de la famille. Si la loi de 1994 rend obligatoire la consultation de la famille, celle-ci n'est pas consultée pour donner son avis mais pour transmettre celui du défunt. Cette organisation est source de grandes difficultés pratiques : que faire quand le défunt ne s'est pas prononcé de son vivant ? Dans une société où les familles sont de plus en plus recomposées, monoparentales, etc., *qui* est le mieux à même de transmettre la position du défunt ? Les enfants ? Le conjoint ? Les parents ? La fratrie ? En pratique, le témoignage de *la* famille n'est pas évident à recueillir … D'autant que l'environnement immédiat du défunt est souvent composé d'amis plus que de membres de sa famille[2]. Enfin, la formulation du texte de 1994, si elle éclaircit le rôle de la famille, rend l'application de la loi difficile : le droit au refus devient strictement lié à la personne, et elle seule peut l'exercer durant sa vie. Mais comment faire en pratique ? Peut-on imaginer qu'un médecin passe outre le refus de la famille (qui affirme défendre la volonté du défunt) et prélève ? Dans tous les pays

1. J. T. Godbout, A. Caille, *L'esprit du don*, Paris, La découverte, 1992, p. 130.

2. Conseil D'État, *Les lois de bioéthique : cinq ans après*, Paris, La découverte, 1999, p. 90.

où le consentement est présumé, lorsque la famille s'oppose au prélèvement, et même si le défunt avait une carte de donneur, les équipes ne prélèvent pas[1].

Le second point organisationnel impliqué dans la pénurie est le manque de recours au don entre vivants. Les sociologues Nicolas Herpin et Florence Paterson estiment en effet que le refus des transplanteurs français de recourir aux donneurs vivants a été renforcé dans le droit avec la loi de 1994 (conditions très strictes encadrant le don entre vivants, *pool* de donneurs limité à la famille), et entretient la pénurie en limitant une partie importante des offres potentielles de greffons[2]. D'autres pays ont choisi une position différente. Aux États-Unis, les transplanteurs ont recours au don entre vivants plus souvent, depuis plus longtemps, et de façon beaucoup plus libre puisque les donneurs non apparentés sont autorisés (on parle alors de « bons samaritains »). En Europe, dans les pays scandinaves, « *les prélèvements de rein sur donneur vivant apparenté au receveur s'élèvent à 8,1 par million d'habitants en 1994 (...). En France, le chiffre n'est que de 1,1* »[3]. Selon Herpin et Paterson, cela montre que les pratiques de greffe sont des pratiques sociales qui sont orientées par les valeurs dominantes de la société dans laquelle elles s'inscrivent. La politique française de limitation du don entre vivants est donc un choix de valeurs qui induit une plus grande difficulté à augmenter le nombre des organes disponibles.

Enfin, l'organisation du prélèvement repose dans le cadre de la loi de 1994 sur le principe de la séparation totale entre la décision de prélèvement et la décision de la greffe. Or selon Herpin et Paterson, ce dispositif censé rassurer le public pour favoriser le prélèvement peut aussi avoir pour conséquence de démobiliser les équipes chargées de recenser les cas de mort cérébrale. Celles-ci doivent organiser le prélèvement, mais ne voient pas leurs patients en bénéficier et n'ont pas connaissance de la destination des organes. Et de fait, bien que les deux phases doivent être séparées, la motivation pour la greffe compte dans la pratique des prélèvements : « *84% des prélèvements ont lieu dans le petit nombre de centres hospitaliers où sont conjointement implantées des équipes de transplantation* »[4]. C'est sans doute parce que prélever un organe ne devient un acte salvateur que si

1. Deutsche Stiftung Organtransplantation, *Improving the knowledge and practices* in *organ donation*, Organizacion Nacional de Trasplantes, 2006, p. 82-85.
2. N. Herpin, F. Paterson, « La pénurie et ses causes », *op. cit.*, p. 327.
3. *Ibid.*
4. *Ibid.*, p. 335.

l'équipe qui décide du prélèvement perçoit son action comme la condition *sine qua non* de transplantations ultérieures, ce qui est plus facile si les greffes ont lieu dans le même établissement.

Ces critiques pointent donc plusieurs problèmes organisationnels et appellent une réflexion sur l'organisation du prélèvement et de la greffe. Mais la principale cause identifiée de diminution des dons n'est pas organisationnelle mais plutôt conceptuelle : il s'agit de la difficulté pour le public d'admettre la conception de la mort que suppose le prélèvement des organes.

Dans les années 2000, plusieurs auteurs constatent une progressive réappropriation par le public du débat sur la mort. En effet, les différents scandales qui touchent la médecine (sang contaminé) et plus précisément la médecine des transplantations (affaire d'Amiens) amorcent un débat dans lequel le public se réapproprie peu à peu le processus de la mort et sa définition[1]. On découvre que le consentement présumé au prélèvement *en mort cérébrale* est problématique pour une partie de la population, parce que la transplantation repose sur une vision mécaniste du corps[2] qui n'est pas partagée par tous. Dans cette vision, les organes sont perçus comme interchangeables et le morcellement du corps ne remet pas en question l'intégrité de la personne prélevée. Ici, la mort du cerveau est la mort tout court. Mais beaucoup de réticences au prélèvement s'expliquent par une conception différente du corps et de la mort.

Une des manières de concevoir la mort est « centraliste » : elle postule que la mort se produit et que la « personnalité » disparaît lorsqu'un petit nombre d'organes ou éventuellement un seul (le cœur ou le cerveau) cesse définitivement de fonctionner. Cette conception s'accorde assez bien avec la problématique de la transplantation, qui a largement contribué à ce que « *la "mort" d'une partie unique du corps, le cerveau, soit officiellement reconnue comme la mort de l'individu* »[3]. Mais une autre manière de concevoir la mort coexiste avec la vision « centraliste » de la mort : la conception « intégraliste », pour laquelle la mort ne peut être prononcée que lorsque le processus d'arrêt des fonctions vitales de l'organisme *dans son ensemble* est arrivé à son terme. Cette seconde conception de la mort entre fondamentalement en opposition avec le principe même du prélèvement

1. C. Déchamp-Leroux, « Débats autour de la transplantation d'organes », *Sciences sociales et santé*, vol. 15, n°1, 1997, p. 109.

2. Je me réfère ici à une représentation du corps plus qu'à une théorie philosophique élaborée.

3. N. Herpin, F. Paterson, « La pénurie et ses causes », *op. cit.*, p. 344.

d'organes en situation de mort cérébrale. Et ceux qui partagent cette conception de la mort peuvent craindre que le prélèvement des organes – qui a lieu avant l'arrêt des fonctions vitales de l'organisme – soit en fait la cause de la mort. Selon Herpin et Paterson, cette conception implique une absence de distinction entre le corps de la personne décédée, cette personne elle-même, et ses organes. C'est d'ailleurs ce que défendait la loi avant la possibilité de prélever les organes : le corps était inviolable parce qu'il était la personne. Avoir une conception intégraliste de la mort rend le prélèvement des organes très difficile, comme le montre ce témoignage :

> Mon fils a été tué sur l'autoroute (...) et il avait 22 ans, et nous l'avons donné, je dis bien donné, pour des greffes d'organes. Je l'ai vu partir vivant, respirant avec des machines etc., et puis je ne l'ai plus jamais revu. Je ne sais rien, rien de lui, je l'ai revu dans un cercueil, je ne sais même pas si c'était lui dedans, je ne sais pas s'il est mort. (...) Je ne sais pas si mon fils est toujours vivant. Moi je l'ai vu partir vivant et puis on m'a dit qu'il est mort[1].

Comment accepter le prélèvement des organes si le défunt est considéré comme « vivant » ? Comment ensuite situer la mort de cette personne ? Pour cette mère, son fils a-t-il été tué sur la route ou bien au cours du prélèvement ?

La loi de 1994 ne permettant pas de prendre en compte d'autres conceptions de la mort que la mort cérébrale, elle ne tient pas compte de ceux pour qui la mort cérébrale *n'est pas la mort* et qui refusent le prélèvement pour cette raison. Mais ne pas prendre en compte des refus de prélèvement et ne pas leur accorder de légitimité risque simplement de les renforcer. D'ailleurs, ce refus d'admettre d'autres conceptions est assez typiquement français (ou européen) : certains États américains admettent qu'il existe au moins deux définitions différentes de la mort (cardiaque et cérébrale). Et différents auteurs américains plaident pour que chacun puisse choisir quelle définition de la mort lui convient (mort cardiaque, cérébrale, corticale), et indiquer en fonction s'il sera ou non réanimé, s'il sera ou non donneur d'organe etc. C'est ce qui se fait au New Jersey[2]. En France (et en Europe), les philosophes qui prennent part au débat ont tendance à critiquer ce type de proposition considérant que cela pourrait

1. Témoignage d'une auditrice de France Inter, enregistré lors d'une émission sur les greffes le 23 mars 1994 et retranscrit par les auteurs, dans N. Herpin, F. Paterson, « La pénurie et ses causes », *op. cit.*, p. 351.

2. J.-N. Missa, « L'évolution des critères de la mort ... », *op. cit.*, p. 41.

être une source de confusion pour le public[1]. Mais l'argument récurrent de la « confusion du public » risque de faire oublier que « *lorsque les gens ignorent la science, ce n'est pas simplement parce qu'ils ne la comprennent pas; ils ne la reconnaissent pas, ou ne s'identifient pas avec elle* »[2]. Si l'on admet que le prélèvement suppose un choix de valeurs sur la mort et sur le corps – choix qui suppose de déshumaniser le corps dès que la mort a frappé, pour le rendre disponible – il faut aussi admettre que cette conception de la mort et du corps ne soit pas partagée par tous.

Au final, la loi de 1994 est critiquée sur plusieurs fronts. D'une part parce qu'elle impose le don en risquant de lui faire perdre son sens. D'autre part parce qu'elle ne prend pas en compte les difficultés liées à l'organisation du prélèvement et de la greffe. Enfin parce qu'elle présuppose, pour être appliquée, un consensus social qui n'est pas avéré sur une conception spécifique du corps et de la mort. Ces différents points appellent de nouvelles réponses légales. D'autant que les lois de bioéthique ont été pensées pour être réexaminées régulièrement afin de prendre en compte l'évolution prévisible des pratiques et des techniques médicales. Or les pratiques ont évolué. Dans le domaine de la transplantation, les dons entre vivants progressent et occupent une part de plus en plus importante : la technique et les risques sont mieux maîtrisés, les chirurgiens transplanteurs informent plus volontiers les patients de cette possibilité, et les patients eux-mêmes – mieux informés, réunis en associations, ou encore utilisant l'internet – sont plus demandeurs. Enfin, les congrès médicaux auxquels participent les médecins français regroupent des médecins européens au minimum, et la disparité des pratiques et des lois donne à penser.

## DES LOIS DE 1994 À LA LOI DE 2004 : LE RETOUR DU DON ENTRE VIVANTS

Lorsque la réflexion sur les modifications à apporter aux lois de bioéthique s'engage, quelle est la situation des greffes en Europe ? Deux points de droit sont alors communs à tous les pays européens : l'existence des deux modalités de prélèvement (sur donneur décédé et sur donneur vivant) et la gratuité du don. Aucun pays européen n'autorise les transactions financières entre donneurs et receveurs (don entre vivants), ou entre l'État et les proches (don post-mortem). En dehors de ce point d'accord

1. J.-N. Missa, « L'évolution des critères de la mort … », *op. cit.*, p. 39-40.

2. B. Wynne, « Misunderstanding : social identities and the uptake of science », *Public understanding of science*, vol. 1, 1992, p. 282.

fondamental qui concilie la disponibilité des organes et la non patrimonialité du corps humain, on observe certaines divergences.

En ce qui concerne les dons issus de donneurs décédés, ce sont les modes de consentement au prélèvement qui varient. Certains pays ont recours comme la France à un consentement présumé plus ou moins strict, selon que les proches peuvent ou non s'opposer au prélèvement. Il s'agit de l'Autriche, de la Belgique, de l'Espagne, de la Croatie, de la République Tchèque, de la Hongrie, du Luxembourg, de la Pologne et du Portugal. D'autres ont recours au consentement explicite de la personne décédée, là encore plus ou moins strict selon que les proches peuvent ou non autoriser le prélèvement. Il s'agit du Royaume-Uni, de l'Italie, de l'Allemagne, de la Hollande, de la Suisse et de la Slovénie. En ce qui concerne les dons entre vivants, tous les pays interdisent le commerce d'organe. Mais tous ne limitent pas pour autant le don à la famille restreinte. La Hongrie[1] autorise depuis 1997 les dons d'organes entre vivants quelle que soit la relation entre le donneur et le receveur, tant qu'il n'y a pas de transaction financière entre le donneur et le receveur. La Norvège[2], pays européen qui pratique le plus de transplantations avec donneurs vivants, autorise les dons entre parents proches, consanguins ou époux. La Pologne[3] autorise les dons entre vivants apparentés ou non du moment que le don n'est pas rémunéré. L'Espagne[4] autorise le don entre vivants avec pour restrictions : 1) le fait que les mineurs ne peuvent donner que la moelle osseuse et seulement dans le cadre familial, et 2) sous réserve que le donneur soit informé et conseillé par un médecin dédié. Le Royaume-Uni[5] autorise les dons vivants apparentés et non apparentés à condition qu'un comité vérifie l'information et le degré de liberté du donneur non apparenté. En Allemagne[6] enfin, le lien génétique est généralement exigé mais avec une dérogation possible dans le cas d'une personne «*ayant avec le donneur une relation personnelle*

1. B. Blasszaeur, « Hongrie : éthique du consentement présumé », dans P. Morris (éd.), *Les transplantations*, Strasbourg, Éditions du Conseil de l'Europe, 2003, p. 99-113.

2. A. Hambro Alnaes, « Norvège : influence de certains facteurs culturels », dans Morris. P. (éd.), *Les transplantations*, *op. cit.*, p. 127-139.

3. Z. Szawarski, « Pologne : le problème des coûts », dans P. Morris (éd.), *Les transplantations*, *op. cit.*, p. 141-150.

4. Voir B. Miranda *et al.*, « Espagne : record européen des dons d'organes », dans P. Morris (éd.), *Les transplantations*, *op. cit.*, p. 141-150.

5. S. Mclean, « Royaume-Uni : vers une révision du cadre juridique ? », dans P. Morris (éd.), *Les transplantations*, *op. cit.*, p. 161-173.

6. J.-M. Hentz, « La mort : quelle mort ? Controverses autour du concept de mort cérébrale en Allemagne », dans J.-F. Collange (éd.), *Ethique et transplantations d'organes*, *op. cit.*, p. 149-173.

*particulièrement intime*»[1]. Finalement, pour le don entre vivants, seuls la France et le Portugal imposent un lien biologique entre le donneur et le receveur sans qu'aucune exception soit possible. Par ailleurs, dans le cadre familial, la France interdit le prélèvement des mineurs (sauf pour la moelle osseuse), alors que d'autres pays l'autorisent exceptionnellement: la Belgique, le Danemark, le Luxembourg et la Suède[2].

Ces comparaisons montrent que la loi française est de celles qui facilitent le plus les prélèvements sur donneurs décédés (par le choix d'un consentement présumé avec une faible possibilité d'opposition des proches) et en même temps une des plus restrictives en ce qui concerne le don entre vivants. Or, au vu des pratiques européennes de don entre vivants, l'argument français en faveur de la restriction familiale (à savoir le risque de commercialisation pesant sur le donneur) semble faible: tous les pays européens interdisent la commercialisation sans pour autant restreindre à ce point les possibilités de dons. Pourquoi alors maintenir cette restriction? D'autant que l'évolution de la société et des modes de vie plaide plutôt pour un élargissement du cercle des donneurs potentiels. En effet, dans le cadre de la loi de 1994, les familles «classiques», reconstituées et/ou monoparentales n'avaient pas les mêmes possibilités face au don du vivant: les conjoints des pères et mères, parfois considérés dans la famille comme *le* père ou *la* mère n'étaient pas autorisés à donner, les conjoints d'un couple non plus, bien que les liens affectifs unissant un couple marié depuis longtemps aient pu être beaucoup plus forts qu'un lien fraternel. En bref, l'évolution des mœurs rendait parfois l'application de la loi de 1994 injuste, et plaidait pour que celle-ci soit rediscutée[3].

L'avancée des pratiques a elle aussi incité le législateur français à modifier la loi en particulier pour le don entre vivants (pour le prélèvement sur donneur décédé, la pénurie se poursuivant, la ligne est restée la même). Plusieurs points attestent entre 1994 et 2004 d'une évolution des pratiques, en premier lieu en ce qui concerne la transplantation rénale. La comparaison avec les autres pays montre tout d'abord que certains ont beaucoup plus recours au don entre vivants pour le rein, sans que cela ait de conséquences graves pour les donneurs: en France, 3,4% des reins transplantés en 1996 étaient issus de donneurs vivants, tandis qu'en Norvège le pourcentage était

1. C. Manuel *et al.*, «Principes éthiques et législations comparée en Europe: le cas des transplantations rénales», dans J.-F. Collange (éd.), *Ethique et transplantations d'organes*, *op. cit.*, p. 194-206.

2. *Ibid.*, p. 198.

3. Conseil D'État, *Les lois de bioéthique : cinq ans après*. *op. cit.*, p. 82.

autour de 40%[1] la même année. En 2001, le don entre vivants est devenu la première source de reins aux États-Unis, tandis que seules 4% des transplantations rénales françaises sont issues de dons entre vivants[2]. Les transplanteurs changent leur regard sur le don de reins entre vivants et estiment légitime d'y recourir de nouveau. En 15 ans (entre 1980 et 1995 environ), les risques pour les donneurs et les résultats pour les receveurs ont été bien documentés. En 2003, on estime le risque de mortalité* pour le donneur en dessous de 0,01%[3] pour le prélèvement de rein, et le risque de morbidité* est évalué entre 15 et 20%, avec seulement 5%[4] de complications vraiment importantes. Les résultats pour le receveur sont les mêmes que ceux observés dans le cas des transplantations issues de donneurs décédés.

D'autre part, la pénurie incite à innover. Des prélèvements de foies et de poumons sur donneurs vivants sont tentés. Pour le foie, les premiers recours au don entre vivants datent du début des années 1990. Dès 1989, un programme de transplantation pédiatrique à partir de donneurs vivants adultes est lancé à Chicago. Les résultats pour les receveurs sont les mêmes que dans le cas d'un don issu d'un donneur en mort cérébrale. La première THDV entre adultes est réalisée en « dernier recours » à Chicago en 1991. En 1995, plusieurs équipes de transplantation aux États-Unis, en Europe et en Asie, lancent des programmes de THDV entre adultes en situation élective*. Au début des années 2000, plus de 1500 transplantations hépatiques pédiatriques avec donneurs vivants ont eu lieu dans le monde : elles sont devenues un geste courant[5]. Peu à peu, la THDV entre adultes devient elle aussi une pratique courante. Pour les poumons, les premières transplantations avec donneurs vivants sont réalisées en 1996 aux États-Unis[6], avant de s'étendre peu à peu dans les pays transplanteurs. Cette pratique se développe cependant plus lentement pour des raisons tant pratiques qu'éthiques. En effet, cette technique s'adresse essentiellement à des

1. C. Czternasty, « Le don d'organes en Norvège », *op. cit.*, p. 166.

2. E. Morelon, « Donner un organe de son vivant », *Revue Trimestrielle du centre Laennec*, n°3, 2002 p. 14.

3. E. Morelon, « Donner un organe de son vivant », *op. cit.*, p. 14.

4. M. Broyer, « Respecter le donneur et sa liberté : les précautions à prendre », *Revue trimestrielle du centre Laennec*, n°2, 2003, p. 25.

5. D. Cronin, J.M. Millis, M. Siegler, « Transplantations of liver graft from living donors into adults – too much too soon », *New England Journal of Medicine*, vol. 334 n°21, 2001, p. 1633.

6. J. Navarro *et al.*, « Analyse des résultats : avantages et risques », *Transplantation pulmonaire avec donneurs vivants, quels enjeux aujourd'hui ?* Atelier de réflexion du mardi 23 janvier 2003, Paris, Espace éthique APHP, 2004, p. 15.

patients qui ont besoin d'une greffe bi-pulmonaire. Il est donc nécessaire de prélever deux donneurs pour transplanter un receveur. De plus, les résultats pour les receveurs sont pour l'instant difficiles à évaluer. Après une revue de la littérature, Jean Navarro et ses collaborateurs estiment que le pourcentage de survie à 5 ans est de 58% lorsque le donneur est un donneur décédé, de 50% pour un receveur adulte lorsque le donneur est vivant, et de 78% pour un receveur enfant lorsque le donneur est vivant[1]. Enfin, les complications chez les donneurs sont importantes et encore mal documentées[2]. Les transplanteurs pulmonaires estiment finalement que si cette technique ne constitue pas encore un geste courant, elle est une technique qui pourrait être prometteuse à l'avenir.

Pour permettre à ces nouvelles pratiques de se développer et pour limiter la pénurie des organes, il importe d'assouplir la loi de 1994 et d'augmenter les possibilités de recours au don entre vivants. Finalement, au moment où la réflexion s'engage en vue de la modification des lois de bioéthique, les transplanteurs incitent le législateur à aller dans le sens de l'augmentation des organes disponibles pour les greffes.

Pour les dons issus de donneurs décédés, les transplanteurs français (réunis aux Assises nationales sur la révision des lois de bioéthique qui a eu lieu à Paris le 17 septembre 1998) proposent : que le consentement présumé soit maintenu, avec une possibilité pour chacun de faire connaître son refus sur le Registre national ou sur tout document écrit daté et signé. Que l'Éducation Nationale soit en charge de l'information des enfants, en particulier dans les collèges et les lycées. Que les temps de réanimation et de prélèvement soient reconnus comme des actes de soins. Que les prélèvements sur donneurs à « cœur arrêté » soient autorisés. Qu'une reconnaissance symbolique de la société à l'égard des personnes qui donnent leurs organes soit favorisée[3].

Pour les dons entre vivants, ils proposent qu'ils soient étendus aux autres membres de la famille que ceux de la parenté du premier degré, mais aussi aux donneurs vivants non apparentés mais émotionnellement liés, comme les époux, sous réserve « *d'un contrôle réel et efficace par des experts de toute la procédure concernant le don* »[4].

1. J. Navarro *et al.*, « Analyse des résultats : avantages et risque », *op. cit.*, p. 16.

2. *Ibid.*, p. 16 et 17.

3. G. Benoit, « Prélèvements et transplantations », *Pratiques hospitalières et lois de bioéthique : perspective de révision des lois du 29 juillet 1994*, Paris, Espace éthique / APHP, 1999, p. 125-128.

4. G. Benoit, « Prélèvements et transplantations », *op. cit.*, p. 127.

Puisqu'un réexamen des lois de 1994 était prévu en 1999, d'autres instances se saisissent de la question et émettent des propositions quant aux points que le législateur pourrait modifier. Dès 1998, le Comité Consultatif National d'Ethique (CCNE) émet les propositions suivantes : le maintien du principe du consentement présumé pour le don post-mortem, assorti d'une meilleure information sur les possibilités d'expression du refus ; l'élargissement du cercle des donneurs vivants à d'autres personnes que la famille restreinte, « *dès lors que la condition de lien affectif serait évoquée et établie, sous réserve de vérifier l'authenticité et la sincérité du désir de don, l'absence de commercialisation, ainsi que l'absence de pressions abusives sur le donneur* »[1] ; l'élargissement du prélèvement de moelle osseuse sur les mineurs aux « demi-frères » et « demi-sœurs ».

En 1999, le législateur commande une étude sur les lois de bioéthique et leur application et propose les modifications suivantes pour l'élaboration des nouvelles lois[2]. Pour les prélèvements sur personnes décédées, le législateur propose le maintien du consentement présumé, ainsi que le passage de la notion de « famille » à « proche » pour le recueil du témoignage de l'entourage du défunt. Pour le don entre vivants, le législateur propose l'élargissement du cercle des donneurs potentiels à la famille élargie, c'est-à-dire au-delà de la parenté du premier degré, sans pour autant autoriser les donneurs non apparentés. Cette proposition ouvre le don aux conjoints, concubins et pacsés. Le législateur propose enfin que la moelle osseuse soit sortie du cadre réservé aux organes pour s'inscrire dans le cadre réservé aux tissus.

Médecins, membres du CCNE et législateur semblent donc d'accord, dès le début des années 2000 pour réexaminer la loi et y apporter des modifications importantes. Ces changements concernent essentiellement le don entre vivants. La loi de 1994 était centrée sur le don issu de donneurs décédés et incluait – de façon presque marginale – le don entre vivants. Les propositions de loi tendent à rétablir l'équilibre et à encadrer spécifiquement une pratique devenue courante : le don entre vivants. Une nouvelle loi relative à la bioéthique est promulguée en août 2004. Il s'agit de la loi n°2004-800 du 6 août 2004 relative à la bioéthique[3].

En ce qui concerne les dons entre vivants, la loi de 2004 modifie trois points principaux. En premier lieu elle élargit le cercle des donneurs

1. *Avis n°60 du CCNE : Réexamen des lois de bioéthique,* 2004.

2. Conseil D'État, *Les lois de bioéthique : cinq ans après*, *op. cit.*, p. 73-111.

3. Loi n°2004-800 du 06 août 2004 relative à la bioéthique, publiée au JORF du 07 août 2004.

potentiels. Sont autorisés à donner les pères, mères, conjoints, frères ou sœurs, fils ou filles, grands-parents, oncles ou tantes, cousins germains et cousines germaines ainsi que les conjoints des pères ou mères des receveurs. En second lieu, elle impose que le donneur, informé des risques qu'il encourt et des conséquences éventuelles du prélèvement, exprime son consentement devant le tribunal de grande instance, mais aussi qu'il soit reçu par un comité d'experts qui délivre ou non *in fine* l'autorisation du prélèvement sans motiver sa décision. Enfin, elle change le statut de la moelle osseuse qui devient un tissu et non un organe.

En ce qui concerne le don post-mortem, la loi de 2004 modifie principalement trois points. Elle maintient le principe du consentement présumé, mais clarifie le rôle du témoignage des proches. Elle dispose en effet que « *si le médecin n'a pas directement connaissance de la volonté du défunt, il doit s'efforcer de recueillir auprès des proches l'opposition au don d'organes éventuellement exprimée de son vivant par le défunt* »[1]. Les proches n'ont pas pour rôle d'autoriser ou non le prélèvement mais bien de témoigner de l'avis du défunt lui-même. Elle modifie le champ des personnes à interroger, puisqu'elle ne parle plus de famille mais de « proches ». Cela permet par exemple de consulter une personne « pacsée » avec le défunt. Enfin elle prévoit de créer dans les établissements de santé des lieux de mémoire destinés à l'expression de la reconnaissance aux donneurs[2].

Avec cette nouvelle législation, la France va donc dans le sens d'une augmentation de la disponibilité des organes tant en ce qui concerne le don du vivant que le don post-mortem. Elle suit en cela les recommandations émanant des différentes instances (scientifiques, éthiques et juridiques) ayant pris part aux débats, et va dans le sens d'une harmonisation de ses pratiques avec les pratiques européennes.

Mais ce choix législatif masque mal le climat de tension dans lequel la loi a été proposée et votée, et ne prend pas en considération les préoccupations des acteurs de terrain et les observations des chercheurs en sciences humaines. En effet, leurs préoccupations concernaient toutes le prélèvement des organes et mettaient en cause le principe du consentement présumé en montrant les difficultés qu'il posait pour le public. En augmentant les possibilités de prélèvement sur les personnes vivantes, le législateur répond aux besoins d'organes, mais ne se penche pas sur la question de la balance entre le prélèvement sur cadavres et le prélèvement

1. Loi n°2004-800 du 06 août 2004, *op. cit.*, article L. 1232-1.
2. *Ibid.*, article L. 1233-3.

sur donneurs vivants[1]. Est-il possible d'augmenter l'adhésion du public au prélèvement en situation de mort cérébrale? Faut-il maintenir un consentement présumé qui est une exception au droit? Les donneurs vivants ont-ils vocation à combler un manque d'organes? Le recours au don entre vivants a-t-il d'autres finalités? Sur quels plans questionne-t-il l'éthique au point d'avoir été délaissé par les transplanteurs français tant qu'ils ont pu s'en passer?

C'est dans ce contexte de tension entre le besoin d'organes et la disponibilité effective de ces organes que le recours au don entre vivants pour le foie est rendu possible, au moment même où les débats sur ces pratiques et leur encadrement (éthique et juridique) sont les plus vifs. C'est pourquoi j'ai choisi de consacrer mon travail de terrain à cette pratique spécifique, qui vient selon moi assez rapidement renouveler l'interrogation éthique liée au prélèvement et à la greffe.

1. N. Herpin, F. Paterson, « La pénurie et ses causes », *op. cit.*, p. 331.

CHAPITRE III

# LE DON DE FOIE ENTRE VIVANTS, UNE PRATIQUE QUI REPOSE AVEC FORCE LES PROBLÈMES ÉTHIQUES LIÉS AU PRÉLÈVEMENT ET À LA GREFFE

La transplantation hépatique avec donneur vivant, qui s'est développée en situation de pénurie d'organes, a d'abord été saluée comme une avancée importante car elle a apporté une solution efficace pour les receveurs : les résultats de cette technique sont identiques à ceux des greffes réalisées à partir de greffons cadavériques, soit environ 70% de survie à 5 ans. Elle est une des pratiques qui a incité le législateur à augmenter le cercle des donneurs vivants et a suscité beaucoup d'enthousiasme tant dans le monde médical qu'auprès des patients et de leurs proches. D'ailleurs en France, depuis les années 1990, le recours au donneur vivant est devenu une alternative « standard » à la greffe hépatique issue de donneur décédé. Proposée d'abord pour l'enfant, la pratique s'est rapidement étendue au don entre adultes, avec maintenant un rapport adulte/enfant de 2/1 [1]. Mais après 10 ans de pratique de la THDV, c'est-à-dire vers le début des années 2000, la THDV est passée d'une pratique innovante accueillie avec enthousiasme à une pratique discutée, et au centre des débats sur la greffe.

1. Indications de la transplantation hépatique : conférence de consensus, Lyon, 19 et 20 janvier 2005, Texte des recommandations (version longue), p. 20.

## LA THDV, ASPECTS MÉDICAUX, ORGANISATIONNELS ET CHIRURGICAUX

Pour comprendre en quoi la THDV repose les différents problèmes liés au prélèvement et à la greffe, il importe tout d'abord de comprendre en quoi elle consiste au plan médical et dans quelles situations elle est réalisée. Elle est pratiquée dans trois situations principales.

La situation dite *pédiatrique élective*. C'est dans cette situation que la THDV a été initialement conçue. Elle est alors une solution de secours en cas d'absence de greffon disponible. Le receveur est un enfant (en général assez jeune, 18 mois environ) atteint le plus souvent d'une maladie congénitale (atrésie des voies biliaires* – AVB – en majorité), et le donneur est le plus souvent l'un de ses parents. La situation dite *adulte adulte élective*. La THDV est ici une solution permettant d'éviter une longue attente en liste pour des patients adultes qui risquent de se dégrader mais ne sont pas avancés sur la liste d'attente. Dans ce cas, les indications sont très variées, l'âge des donneurs et receveurs aussi. En effet, « adulte » désigne ici une réalité physiologique et pas un statut précis. Un enfant de 14 ans avec une morphologie d'adulte entre dans le cadre du don entre adultes car il a les besoins d'un adulte. Un parent peut donner à son enfant majeur, ou inversement. Des dons dans la fratrie sont aussi possibles, ou encore entre époux. La situation dite *d'urgence* adulte ou pédiatrique. Dans ce cas, la THDV s'adresse à un receveur dans un état critique (hépatite fulminante* ou rejet aigu du premier greffon) dont le temps de survie est estimé à 48 heures environ et qui se trouve inscrit en super urgence nationale* en raison de son état.

Les prélèvements diffèrent selon que le receveur est un adulte ou un enfant, car le besoin en masse hépatique dépend de la morphologie du receveur.

Dans le cadre du don parental, le donneur est prélevé de 40% de la masse totale du foie. Le chirurgien prélève le lobe gauche du foie qui est le plus petit. On parle ici d'une lobectomie gauche. Lorsque tout se passe bien, la partie droite régénère à hauteur de 90% chez le donneur, et la partie gauche fait de même chez le receveur. La figure ci-dessous représente le prélèvement le plus souvent effectué dans le cadre du don parental : il s'agit d'une lobectomie gauche élargie à une partie du segment IV du foie mais qui n'emporte pas la veine sus-hépatique médiane (certaines lobectomies gauches concernent uniquement les segments II et III)[1].

1. La figure 1 est issue de O. Boillot, « Le don d'un lobe de foie : aspects médicaux et éthiques », *Revue Trimestrielle du Centre Laennec*, n°2, 2003, p. 38.

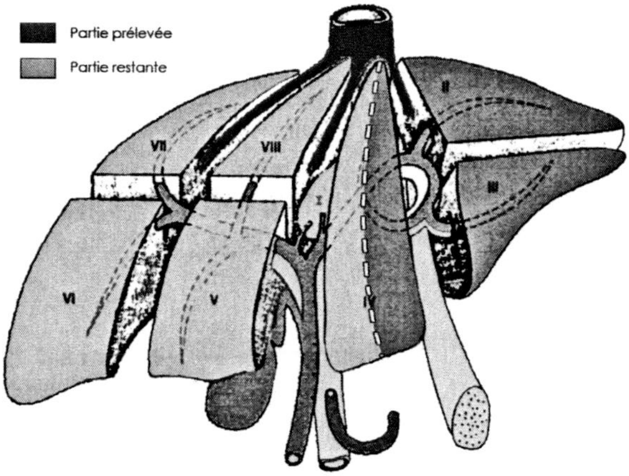


Figure 1 : Parties prélevée et restante
dans le cadre d'un prélèvement pour un receveur pédiatrique.

Dans le cadre du don entre adultes, le donneur se voit prélevé de 60% de la masse totale de son foie. Le chirurgien prélève donc le lobe droit du foie qui est le plus important. Il s'agit de transplanter au receveur une masse suffisamment importante pour que la greffe fonctionne, tout en laissant au donneur suffisamment de masse hépatique pour que le lobe gauche restant puisse régénérer. Dans ce cas, au bout d'un mois environ, le lobe gauche régénère chez le donneur à hauteur de 90% de la masse initiale du foie. Le lobe droit fait de même chez le receveur.

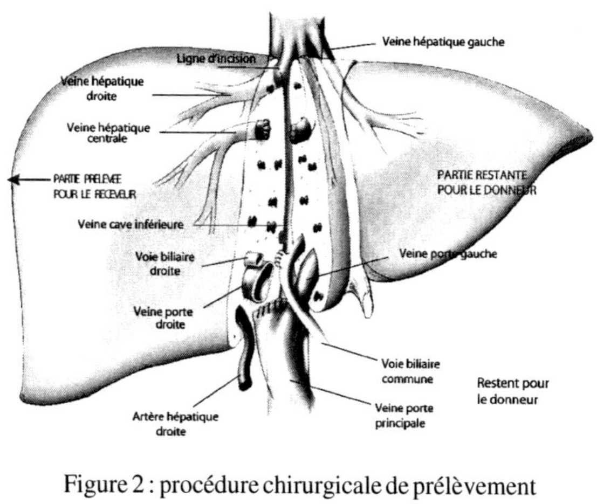


Figure 2 : procédure chirurgicale de prélèvement
dans le cadre d'une THDV entre adultes.

La figure 2 présente une vue du foie du donneur sectionné mais non encore prélevé[1]. Elle distingue la partie à prélever de la partie laissée au donneur. Comme on le voit, la partie qui reste au donneur après le prélèvement est de faible importance, et c'est ce qui augmente le risque de complications. Si la masse restante est insuffisante, il n'est pas sûr que le foie puisse régénérer.

La figure 3 permet de visualiser le greffon transplanté chez le receveur une fois les différentes anastomoses* réalisées.

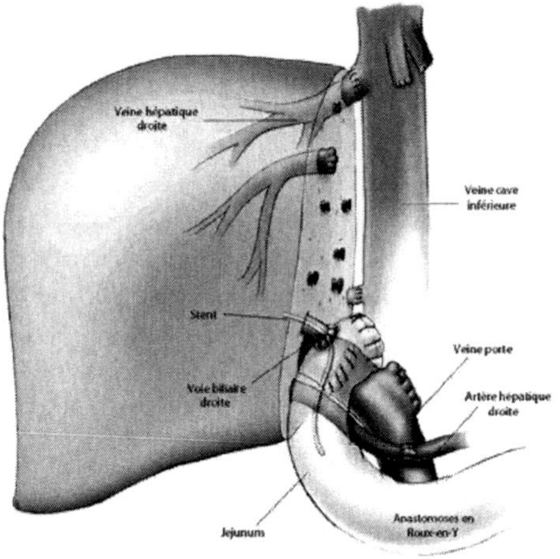


Figure 3 : Procédure chirurgicale de transplantation dans le cadre d'une THDV entre adultes.

Chacune de ces situations comporte des risques et des bénéfices spécifiques.

Dans le cadre du don d'un adulte à un enfant, la technique chirurgicale est celle de la lobectomie gauche. Elle est standardisée (c'est-à-dire réalisée de la même façon dans les différentes équipes) et bien maîtrisée. La mortalité du donneur est faible (estimée à 0.1%), et les indications du receveur sont validées. Le recours aux donneurs vivants permet dans ce cas de diminuer la mortalité sur liste d'attente. Les résultats pour le receveur sont identiques à ceux obtenus avec un greffon de donneur décédé. Le risque de complications pour le donneur est estimé à 10% environ.

1. Les figures 2 et 3 sont issues de J.-F. Trotter *et al.*, « Adult-to-adult transplantation of the right hepatic lobe from a living donor », *New England Journal of Medicine*, vol. 346, n°14, 2002, p. 1080-1082.

Dans le cadre du don entre adultes, la technique chirurgicale est celle de l'hépatectomie droite qui n'est pas encore standardisée dans ce contexte. La mortalité du donneur est estimée entre 0.5 et 1%, donc nettement supérieure à celle de la lobectomie gauche. De plus, les indications des receveurs sont variables d'un centre à l'autre et d'un pays à l'autre[1], et il n'est encore pas possible de chiffrer une éventuelle diminution de la mortalité en liste d'attente. La morbidité pour le donneur est estimée à 27%. Les résultats pour le receveur sont identiques à ceux obtenus avec un greffon de donneur décédé, mais il y a un risque un peu plus élevé chez le receveur de complications, car il faut que le greffon représente 1% de la masse corporelle du receveur sans prélever plus de 70% du volume total du foie du donneur.

Le recours à la THDV présente dans tous les cas certains avantages par rapport à la transplantation hépatique « classique ». D'une part il s'agit d'une chirurgie programmée qui permet de reporter l'intervention en cas de besoin. De plus elle permet une meilleure connaissance du greffon avant le prélèvement, et permet de transplanter des greffons qui n'ont pas souffert (comme en réanimation). Enfin le temps d'ischémie froide* est plus court. Il n'y a en revanche aucune différence en termes de rejet, de compatibilité et d'immunosuppresseurs, c'est-à-dire qu'il n'y a pas de différence en termes de traitement ultérieur du receveur.

## REVUE DE LA LITTÉRATURE FRANÇAISE ET INTERNATIONALE

C'est la revue de la littérature qui permet de voir comment la THDV, initialement vue comme une avancée thérapeutique majeure, est devenue peu à peu une pratique illustrant et renouvelant les questionnements éthiques propres au prélèvement et à la greffe en particulier à partir de donneurs vivants. Pour illustrer cette évolution, j'ai distingué trois périodes dans la littérature française et internationale.

1. Certains proposent par exemple la THDV pour des receveurs atteints de pathologies « auto-infligées », d'autres en urgence, tandis que certaines équipes refusent d'y avoir recours pour ces deux situations. Il n'y a donc pas d'indications types reconnues et admises par toutes les équipes, et pas non plus de critères d'exclusions définissant des indications pour lesquelles la THDV ne doit pas être proposée.

*L'évolution de la littérature entre 1992 et 1999.*

Entre 1992 et 1999, on observe une différence dans la littérature entre la situation française et la situation au plan international. En France, le débat éthique reste longtemps centré sur la mort cérébrale et le prélèvement sur donneur décédé. Nombre d'articles sont consacrés à la révision des lois Caillavet ou de bioéthique, et les critiques sont nombreuses à propos du mode de consentement choisi par le législateur. Par ailleurs beaucoup d'auteurs tentent d'expliquer la diminution des dons post-mortems, et commencent à interroger les rapports que la greffe entretient avec le corps, le don et la mort. Le don entre vivants est peu documenté : la question semble avoir été suffisamment débattue dans les années 1950-60.

Il faut attendre 1995 pour trouver les premiers articles français consacrés au don entre vivants. Ce sont les aspects psychologiques de la greffe qui initient un nouvel intérêt pour les enjeux éthiques du don entre vivants : la psychologue Ghislaine Biodjekian, s'intéresse aux enjeux psychiques du don[1] et évoque le don entre vivants comme une modalité particulière du don d'organes. Les enjeux psychiques qui lui sont spécifiques sont (selon l'auteur) l'évolution de la relation entre donneur et receveur qui peut devenir pathologique, ainsi que la liberté du donneur (qui peut ne pas oser refuser par culpabilité). Marie-Jo Thiel consacre un article au don entre vivants et à ses enjeux proprement éthiques[2] qui sont selon elle 1) la difficulté de réaliser en pratique la balance des risques et des bénéfices ; 2) la difficulté d'attester de la liberté de décision du donneur qui peut subir des pressions ; et 3) l'ambiguïté de la notion de don, qui conduit à oublier les risques pour l'évolution des rapports entre donneur et receveur, qui peuvent tomber dans un sentiment de dette ou de rivalité.

En 1997, la pratique du don entre vivants – moins marginale – commence à être documentée et discutée. L'Établissement français des Greffes publie un rapport sur ce thème, dans lequel les médecins Michel Broyer et Olivier Boillot[3] font le point sur les aspects proprement éthiques du don entre vivants. Selon eux, deux grands principes de l'éthique médicale sont en cause dans cette pratique : celui du *primum non nocere* (d'abord ne pas nuire) et celui du consentement. La non-malfaisance est

1. G. Biodjekian, « Effets psychologiques de la greffe d'organes », *Lumière et vie*, tome XLIV, n°225, 1995, p. 27-40.

2. M.-J. Thiel, « La transplantation d'organe de vif à vif, quand les possibilités techniques interrogent la morale », *Lumière et vie*, tome XLIV, n°225, 1995, p. 41-53.

3. M. Broyer, O. Boillot, *La transplantation d'organes avec donneur vivant, rapport d'étude*, Paris, Établissement français des Greffes, 1997.

surtout transgressée dans le cadre de la THDV où le risque pour le donneur est important. Mais le bénéfice pour le receveur, majeur lui aussi, rend selon les auteurs la pratique légitime. La liberté du donneur peut selon les auteurs être limitée par des pressions de deux types, extérieures (quand l'information donnée ne laisse pas le choix) ou intérieures (psychologiques). Ils estiment donc que l'information doit être donnée en suivant un certain nombre de recommandations : elle doit être objective et neutre, le médecin ne doit pas exiger de positionnement de la part de la famille ou du receveur, et si la famille ne questionne pas le médecin, il doit cesser d'en parler. C'est cette même année qu'un premier article se consacre entièrement à la THDV [1]. Celle-ci est y est encore considérée comme une pratique innovante et prometteuse. L'article fait le point sur la survie du donneur et du receveur et conclut que malgré un risque mortel de 0,2% et morbide de 12% pour le donneur, la THDV présente des avantages indéniables qui justifient que l'on y ait recours : l'intervention peut être programmée, le greffon est de meilleure qualité et a une meilleure survie, enfin la procédure permet de limiter le nombre de décès de receveurs en attente.

En 1993, la THDV pédiatrique est déjà une pratique courante au plan international. On trouve donc plus de données sur le sujet. Dès 1993, la psychologue Larry Goldman [2] documente les suites du don de foie « parental » observées sur 20 couples donneur-receveur : en termes médicaux, elle décrit six cas de petites complications chez les donneurs et deux receveurs décédés. En termes psychologiques, elle décrit deux cas de divorces ainsi que plusieurs difficultés « mineures ».

C'est à partir 1997 que des interrogations d'ordre éthique commencent à être documentées. Le médecin belge Jean-Bernard Otte consacre un article aux enjeux éthiques de la THDV à partir de son expérience auprès de 30 patients [3]. Les enjeux éthiques sont selon lui la balance des risques et des bénéfices ainsi que la liberté du donneur. L'auteur recommande de réaliser trois balances des risques et bénéfices. Une pour le donneur : les risques mortels sont évalués entre 0,5 et 1% et les risques morbides autour 14%, mais le donneur peut tirer un bénéfice psychologique de son geste. Une autre pour le receveur : opération planifiée etc., balancée par le risque de

1. O. Boillot, « Transplantation hépatique à partir de donneur vivant apparenté », *Colloque Greffe et donneur vivant*, Etablissement français des Greffes, 1997, p. 8-15.

2. L. S. Goldman, « Liver transplantations using living donors : preliminary donor psychiatric outcomes », *Psychosomatics*, vol. 34, n°3, 1993, p. 235-240.

3. J. B. Otte, « La transplantation hépatique avec donneur vivant parental : réflexion éthique à la lumière de notre expérience des trente premiers patients », *Médecine Sciences*, vol. 13, 1997, p. 353-357.

difficultés psychologiques en cas de complications pour le donneur. Enfin une balance globale qui lui apparaît, à la lumière de son expérience, favorable au don entre vivants. Pour la liberté du donneur, l'auteur estime que la contrainte interne est inévitable et recommande de ne parler du don entre vivants qu'une seule fois au donneur potentiel puis d'attendre qu'il se manifeste pour lui en reparler, afin de limiter les contraintes externes.

Les préoccupations éthiques concernant le don entre vivants ne sont cependant pas encore centrales au plan international non plus. Un seul autre article y est consacré[1]. La question majeure posée par l'auteur est celle de la responsabilité médicale dans le don entre vivants. Il estime qu'un donneur libre, qui *se sacrifie* pour le bien d'un autre, commet une action admirable. Il estime cependant que le malaise vient de la participation du médecin à cette forme de sacrifice, participation qui suppose un jugement de valeur selon lequel la vie du donneur est moins importante que celle du receveur.

Ce qui est central dans la littérature internationale, c'est en fait la pénurie d'organes et les moyens éthiques d'y remédier. De ce fait, les problèmes sont posés en termes de procuration et d'attribution des organes[2] issus de donneurs vivants ou décédés[3].

*L'année 2000, une année charnière.*

L'année 2000 est une année charnière pour les liens entre la greffe et la bioéthique, comme pour la problématique de la THDV, car c'est cette année que l'on voit apparaître – tant en France qu'au plan international – les premiers ouvrages consacrés intégralement aux enjeux éthiques de la transplantation.

En France il y en a trois. Tous abordent les thèmes de la pénurie d'organes, du don post-mortem et du don entre vivants. Le premier ouvrage comporte trois parties thématiques[4]. La première est consacrée à la pénurie d'organes. La seconde se centre sur les causes des acceptations et des refus de prélèvements dans le don post-mortem. Deux articles sont ensuite

1. C. Elliot, « What's wrong with living heart transplantation? », *in* C. Elliot (ed.), *Bioethics, culture and identity, a philosophical disease*, New York, Routledge, 1999, p. 103-120.

2. J. Saint-Arnaud, « L'égalité d'accès aux soins en situation de rareté », dans J. Saint-Arnaud (éd.), *Enjeux éthiques et technologies biomédicales,* Montréal, Les presses de l'université de Montréal, 1999, p. 165-175.

3. R. Rhodes, « Organ transplantation », *in* H. Kuhse, P. Singer (ed.), *A companion to Bioethics*, USA, Blackwell Publisher, 1998, p. 329-340.

4. R. Carvais, M. Sasportes, *La greffe humaine (in)certitudes éthiques : du don de soi à la tolérance de l'autre*, Paris, P.U.F., 2000.

spécifiquement consacrés au don entre vivants. L'un est consacré aux donneurs de moelle, et pose la question de la liberté des donneurs[1]. Le second étudie les dons de reins entre vivants[2] avant d'aborder les problèmes éthiques posés par la THDV. Michel Broyer – auteur du second article – estime que cette pratique pose des problèmes éthiques supplémentaires à ceux posés par le don de rein. Pour lui, le don entre vivants dans son ensemble met en cause le principe de non malfaisance (le prélèvement est blessant et comporte des risques) et celui du consentement (le donneur potentiel peut subir des pressions externes médicales ou familiales, comme internes, psychologiques). Mais pour la THDV, le risque plus élevé pour le donneur rend la réalisation de la balance des risques et des bénéfices plus difficile. En termes de consentement et de libre choix, la THDV pose aussi un problème supplémentaire lié au fait qu'elle pourrait être évitée si les prélèvements étaient réorganisés et rendaient le partage hépatique* obligatoire. La troisième partie de l'ouvrage se centre sur les normes et les lois qui structurent le don d'organes en France. Outre des articles consacrés aux présentations du cadre légal, deux articles se penchent plus spécifiquement sur la question de la justice dans la procuration et l'attribution des organes, thème resté jusque-là spécifique de la littérature internationale[3].

1. F. Topall-Rabanes, « Cinq positions subjectives chez les donneurs de moelle adultes de la fratrie », dans R. Carvais, M. Sasportes (éd.), *La greffe humaine (in)certitudes éthiques ...*, *op. cit.*, p. 445-485.

2. M. Broyer, « Le paradoxe du don dans les transplantations avec donneurs vivants », dans R. Carvais, M. Sasportes (éd.), *La greffe humaine (in)certitudes éthiques ...*, *op. cit.*, p. 422-444.

3. J.-P. Moatti, « Dons d'organes : un révélateur des arbitrages entre l'efficience et l'équité dans le système de santé », dans R. Carvais, M. Sasportes (éd.), *La greffe humaine (in)certitudes éthiques ...*, *op. cit.*, p. 599-628. S. Bateman-Novaes, « Respect des personnes et éthique de la transplantation », dans R. Carvais, M. Sasportes (éd.), *La greffe humaine (in)certitudes éthiques ...*, *op. cit.*, p. 629-642. L'article de Jean-Paul Moatti examine les différentes solutions permettant d'être équitable dans l'attribution des organes en situation de pénurie. L'auteur estime que pour répondre équitablement à la demande, c'est-à-dire pour pouvoir greffer ceux qui en ont besoin, il faut augmenter le nombre de dons. Il estime que la solution tient dans le fait de considérer que le corps mort appartient à l'État, lequel peut l'utiliser pour la transplantation, ce qui suppose que la possibilité de refus soit marginale. L'auteur semble donc affirmer pour des raisons de justice, la priorité du receveur par rapport au donneur décédé. L'article de Simone Bateman tient une position opposée. L'auteur estime que la situation de pénurie a réduit le débat éthique à l'impératif suivant, qui tient lieu de guide d'action : « *il faut (à tout prix?) créer les conditions permettant de soigner les malades en phase terminale* » (p. 631). Or pour l'auteur, cet impératif cache mal la question du donneur et de la société dans son ensemble, car la justice ne se définit pas uniquement comme la capacité de greffer tous ceux qui en ont besoin. L'auteur montre ensuite que le rapport au corps

Le second ouvrage consacré à l'éthique des transplantations aborde les mêmes thèmes avec une dimension européenne, car il est réalisé en collaboration par des chercheurs (juristes, spécialistes des sciences humaines et sociales, théologiens, médecins) strasbourgeois et allemands[1]. Le don entre vivants est évoqué comme une pratique posant problème au plan éthique en raison en particulier de la difficulté de protéger la liberté du donneur. Le troisième ouvrage[2], est consacré entièrement à la greffe de foie et à ses enjeux psychiques. La THDV y est abordée comme une conséquence de la pénurie de greffons hépatiques. Le problème éthique majeur qu'elle pose est celui de la liberté du donneur et de son consentement.

Enfin, un dossier du journal *Libération* est consacré au don entre vivants[3]. Il fait le point sur le besoin d'organes, présente les avantages et les inconvénients du don entre vivants, avec des témoignages de couples donneurs/receveurs. Un article est consacré au premier décès français d'un donneur de foie.

Au plan international paraît en 2000 un ouvrage majeur : celui du philosophe Robert Veatch, *Transplantation ethics*[4] considéré comme le premier ouvrage philosophique à traiter de façon systématique du don d'organes. Veatch considère que les enjeux éthiques liés à la transplantation d'organes dépendent tous de l'un ou l'autre des trois points suivants : la définition de la mort, l'obtention des organes, l'attribution des organes. Dans la seconde partie, « Organs procurement », Veatch s'intéresse tout d'abord à la situation du don post-mortem, et fait le point sur les différents modèles de procuration des organes qui existent. Dans un second temps, il se centre sur le don entre vivants. Selon lui, deux approches fondent l'acceptabilité éthique du don entre vivants. La première est centrée sur la réalisation de la balance risques/bénéfices, c'est une approche utilitariste, dans laquelle le don est possible si le bien « net » est positif. C'est selon Veatch cette approche qui a autorisé le recours au don entre vivants. La seconde approche est dite « non conséquentialiste » et considère que

instauré par la transplantation est un rapport violent, qui suppose un « dépeçage » et « un morcellement » des corps des donneurs particulièrement difficile à accepter socialement, ce qui peut expliquer pour une part les refus de prélèvements. Enfin, l'auteur montre que la transplantation doit nous interroger sur nos pratiques et ce qu'elles supposent comme conception du corps, du don, mais aussi de la mort.

1. J.-F. Collange, *Ethique et transplantations d'organes*, Paris, Ellipses, 2000.

2. K. Gueniche, *L'énigme de la greffe ...*, *op. cit.*

3. *Libération*, 22/11/2000.

4. R. M. Veatch, *Transplantation Ethics*, Washington, Georgetown University Press, 2000.

l'éthique ne se résume pas à l'équilibre des risques et des bénéfices. Cette approche est basée sur l'autonomie. Elle suppose de décider si les adultes compétents et autonomes ont le droit de disposer librement de leur corps. Dans ce cas, ce qui légitime l'acte ce n'est pas la balance risques bénéfices mais la libre décision du donneur (et du chirurgien). Cette approche n'est cependant possible que si une information claire et complète est procurée aux donneurs potentiels en dehors de toute pression. Pour éviter les pressions externes, il importe que l'équipe puisse déclarer le donneur incompatible s'il ne souhaite pas donner. La question qui reste est celle des offres irrésistibles (ou pressions internes), en particulier dans le cadre intra-familial : un parent est-il libre de refuser de donner à son enfant[1] ?

La même année aux États-Unis, le *Journal of American Medical Association (JAMA)* publie les conclusions et les recommandations de la conférence de consensus de juin 2000 sur le don entre vivants[2]. Les recommandations concernent : 1) le consentement libre et volontaire des donneurs et receveurs qui doit être garanti par la séparation de la prise en charge du receveur et du donneur et par la mise à disposition d'un « avocat » du donneur chargé de l'accompagner dans ses démarches et de l'informer de la possibilité d'invoquer une raison médicale s'il ne souhaite pas donner; 2) les critères médicaux et psychosociaux de sélection des donneurs et receveurs : le receveur doit répondre aux critères standards d'inscription sur liste d'attente, et le donneur doit être psycho-socialement stable pour donner (pas de dépendance à une substance, pas de crise conjugale etc.); 3) l'aspect financier du don : il importe que le donneur n'engage pas de frais lors de sa démarche de don.

L'année 2000 est donc bien l'année de changements importants qui induisent un nouveau regard sur la transplantation et la THDV. Le premier changement amène à considérer la greffe comme une problématique éthique à part entière. Il s'accompagne d'une volonté – exprimée tant en France qu'au plan international – de créer un cadre éthique pour structurer

1. Veatch propose une solution en distinguant une offre « très attractive » d'une offre « irrésistible ». Pour qu'une offre attractive soit critiquable, il faut qu'elle exploite celui à qui elle s'adresse ou qu'elle le contraigne (elle devient alors irrésistible). Par exemple, proposer de recourir au don entre vivants alors que l'on dispose d'un donneur décédé, cela serait éthiquement condamnable car cela obligerait le donneur à être prélevé alors qu'une autre solution existe. Mais si le médecin n'a rien d'autre à proposer, l'offre même très attractive ne peut pas être considérée comme irrésistible. Elle n'est alors pas critiquable en elle même et n'annule pas la décision autonome.

2. The authors for the live organ donor consensus group, *Consensus stratement on the live organ donor*. *JAMA*, vol. 284, n°22, 2000, p. 2919-2926.

les pratiques de transplantation, tant pour le don post-mortem que pour le don entre vivants. Le deuxième changement est en 2000 plus spécifiquement français. La mort d'un donneur dans le cadre de la THDV relance en effet le débat français sur ce qui avait conduit à ne pas pratiquer de greffe rénale entre vivants : le risque pour le donneur. D'une pratique jugée innovante et considérée comme salvatrice, la THDV devient peu à peu, à partir de 2000, une pratique jugée risquée et discutable. Le troisième changement est plus spécifiquement international, et va lui aussi structurer les débats entre 2001 et 2005. Il s'agit de la prise de conscience que le recours aux dons post-mortem et entre vivants (en particulier pour les « nouveaux » organes comme le poumon et le foie) n'a pas résolu le problème de la pénurie. La question de la procuration des organes et de l'innovation en chirurgie de transplantation reste un problème majeur.

C'est selon moi en raison de cette double prise de conscience que c'est la THDV qui cristallise à partir de 2000 les enjeux éthiques du prélèvement et de la greffe. D'une pratique jugée salvatrice et initiée pour répondre au manque d'organes, elle devient une pratique jugée risquée qui ne résout pas le manque d'organes. Elle aurait pu de ce fait être abandonnée. Mais le réel bénéfice pour les receveurs a rendu la discussion plus complexe encore.

*Les années 2001-2005.*

Entre 2001 et 2005, trois tendances se dessinent dans la littérature. La première est plutôt française. Il s'agit du renouvellement du débat autour du prélèvement sur donneur vivant. La deuxième est plutôt internationale. Il s'agit du renouvellement du débat sur le prélèvement dans son ensemble et sur les moyens d'augmenter « éthiquement » le nombre d'organes disponibles. La troisième est partagée, il s'agit de la réflexion commune sur la pratique de la THDV et les problèmes qu'elle pose.

En France, dès 2001, le don entre vivants redevient une préoccupation importante et deux articles[1] se centrent sur les enjeux éthiques de cette pratique, à savoir les risques vitaux pour le donneur (particulièrement pour le don de foie entre adultes, considéré comme le plus dangereux) et le problème de sa liberté de décision. Entre 2002[2] et 2003[1], la tendance se

1. J.-P. Couetil, « Informer sur la possibilité du don vivant : est-ce contraindre ? », *Le courrier de la transplantation*, volume 1, n°2, 2001, p. 61. D. Olivier, « Transplantation hépatique et donneur vivant », *La presse médicale*, vol. 30, n°24, 2001, p. 24-26.

2. Les écrits recensés en 2000 sont : R. Carvais, « De l'éthique en général et de la greffe en particulier », *Res Publica*, Hors série n°1, 2002, p. 26-31. E. Luciolli, O. Soubrane, D. Houssin, « Organisation de la greffe hépatique en France : aspects éthiques et

poursuit, et le don entre vivants devient une problématique presque « classique » de la littérature. Les enjeux sont ceux déjà mis en avant au moment des débats sur le don de rein : il s'agit essentiellement des risques encourus par le donneur et de sa liberté de décision. La THDV est décrite comme la pratique la plus risquée du don entre vifs. Elle est présentée comme une des stratégies visant à limiter la pénurie d'organes. Les problèmes éthiques qu'elle pose ont trait à la non malfaisance (risque chirurgical majeur, mais aussi risque psychologique, et enfin risque somatique constant) et au consentement. Le vocabulaire se rapproche de celui utilisé dans les années 1960 à propos du don entre vivants, et on parle de nouveau de mutilation, certains auteurs se demandant s'il est légitime de « mutiler » le donneur pour le bien du receveur.

Une nouvelle problématique apparaît peu à peu, il s'agit de la justice dans le recours au don entre vivants. Un premier point est parfois évoqué : l'indemnisation des donneurs en cas de complications n'est pas légalement prévue en France, et certains estiment qu'il faut y remédier afin d'éviter que le coût du don ne dépasse ce qui est acceptable pour le donneur[2]. Une autre question apparaît timidement en France, celle du risque de commercialisation des organes que peut induire le don entre vivants. La question principale est cependant de savoir si le don entre vivants qui est limité au cadre familial ne crée pas une injustice pour ceux qui ne peuvent y avoir accès.

En 2004 et 2005 en France, la situation du don entre vivants est moins documentée, et on note un retour d'articles consacrés au don d'organes dans son ensemble, sans doute en raison du réexamen des lois de bioéthique. Anne Fagot-Largeault consacre un article aux problèmes que pose la pénurie d'organes et relance le débat sur la procuration d'organes et ses enjeux, en mettant en cause le choix de ne pas autoriser le travail des

réglementaires », *Médecine et Droit*, n°54, 2002, p. 19-27. E. Morelon « Donner un organe de son vivant », *op. cit.*, M. Gabolde, A.-M. Moulin, « French response to innovation : the return of the living donor *in* organ transplantation », *Innovations* in *Health and Medicine*, Jenny Stanton Editor, 2002, eBook disponible sur http ://www.ebookmail.com/ebook/81319-ebook.htm.

1. Je m'appuie sur les articles suivants : G. Benzadon, « Greffe avec donneur vivant : des avantages au prix de problèmes éthiques », *Le quotidien du médecin*, n°7390, 2003, p. 13-14. P. Vespieren, « Un acte de générosité et de liberté », *Revue Trimestrielle du Centre Laennec*, n°2, 2003, p. 6-9. E. Morelon, « Pourquoi développer la pratique du donneur vivant ? », *Revue trimestrielle du centre Laennec*, n°2, 2003 p. 10-20. M. Broyer, « Respecter le donneur et sa liberté : les précautions à prendre », *Revue trimestrielle du centre Laennec*, n°2, 2003, p. 21-31. O. Boillot, « Le don d'un lobe de foie ... », *op. cit.*, A. Danion-Grillat, « Don, dette et culpabilité », *Revue Trimestrielle du Centre Laennec*, n°2, 2003, p. 49-67.

2. O. Boillot, « Le don d'un lobe de foie ... », *op. cit.*, p. 47.

chercheurs sur les cellules souches[1]. La question des indications de greffes est reposée[2]. La revue *Ethique et Santé* publie un dossier thématique sur la greffe, lequel aborde principalement les enjeux du don post-mortem[3] ainsi que les changements juridiques survenus avec la révision des lois de bioéthique[4].

En 2004, la France tient donc une position paradoxale : tout en ayant replacé la question du don entre vivants – particulièrement pour le foie – au centre de ses préoccupations éthiques, elle a élargi le cercle des donneurs vivants potentiels. Mon hypothèse est que cela tient à deux raisons. L'une déjà évoquée plus haut, est issue de la volonté de proposer une offre plus juste, en particulier au regard des nouveaux types de familles. La seconde tient à la tension provoquée par la prise de conscience de l'année 2000 : la THDV montre que le don entre vivants 1) est risqué, et 2) ne résout pas la pénurie. On peut supposer que le législateur a choisi d'augmenter le recours au don entre vivants dans l'espoir de limiter la pénurie et donc de diminuer la tension. Une pratique risquée mais efficace (au plan quantitatif) est plus justifiée éthiquement qu'une pratique risquée et peu efficace.

Au plan international, entre 2001 et 2005, la littérature se concentre sur deux problématiques. La première concerne la procuration des organes et les moyens d'augmenter éthiquement le nombre de donneurs. Un premier article fait le point en 2001 sur les différentes solutions envisagées[5]. En 2002, deux articles[6] débattent de la solution de la rémunération des donneurs pour augmenter le nombre d'organes disponibles. La même année, le *BMJ* consacre un dossier à la question dans lequel le bioéthicien

1. A. Fagot-Largeault, « La médecine régénératrice », *Raison publique*, n°3, 2004. L'auteur considère que les recherches sur les cellules souches pourraient permettre à plus ou moins long terme de créer des organes et de résoudre les problèmes liés au prélèvement.

2. D. Sicard, « Problèmes éthiques posés par le don d'organes en France », *Les cahiers du CCNE*, n°42, 2005, p. 35-37.

3. S. Romagnoli, « Transplantation cardiaque et image du corps », *Ethique et santé*, vol. 1, n°4, 2004, p. 194-199. B. Tison, « Transplantations, greffes d'organes et tradition hindoue », *Ethique et santé*, *op. cit.*, p. 200-205. M. S. Ben Ammar, « Greffes d'organes et Islam : une quête en climat de réticence », *Ethique et santé*, *op. cit.*, p. 211-215. P. Chemouilli, « La mort invisible ou le problème de la mort cérébrale et des greffes d'organes au Japon », *Ethique et santé*, *op. cit.*, p. 216-222.

4. D. Decamps-Mini, « Prélèvements et greffes d'organes : une activité strictement encadrée », *Ethique et santé*, *op. cit.*, p. 189-193.

5. M. De Vita, M.P. Aulisio, T. May, « Transplantation ethics : Old Questions, New Answers ? », *Cambridge Quarterly of Healthcare Ethics*, n°10, 2001, p. 357-360.

6. C.B. Cohen, « Public Policy and the Sale of Human Organs », *Kennedy institute of ethics journal*, vol. 12, n°1, 2002, p. 47-64. M. B. Gill, R. M. Sade, « Paying for kidneys : the case against prohibition », *Kennedy institute of ethics journal*, vol. 12, n°1, 2002, p. 17-46.

John Harris[1] prend position en faveur de la rémunération. En réponse, dix articles participent à la polémique. Neuf se positionnent contre la rémunération.

Entre 2003 et 2005 les solutions envisagées pour résoudre la pénurie sont au cœur des débats, et différentes propositions sont émises dans la littérature. Un grand nombre de polémiques se lancent autour de chaque nouvelle proposition.

La proposition la plus débattue reste celle de la rémunération des donneurs. En 2003, un numéro spécial du *Journal of Medical Ethics* est consacré à la procuration des organes pour la greffe et aux polémiques qu'elle induit. Quatre articles[2] sont favorables à la rémunération et critiquent les arguments « contre », jugés faibles et insuffisants. Les arguments pour la rémunération des donneurs sont : le besoin d'organes ; l'injustice liée au fait que tous sauf le donneur tirent bénéfice de son geste ; le droit de chacun à décider pour soi-même ; l'existence d'un trafic qui en l'absence de toute régulation est néfaste aux donneurs ; l'absence de contradiction entre une motivation altruiste pour le don et une indemnisation du geste. L'article des éthiciens Joramelon et Cox[3] répond à ces arguments et montre les présupposés philosophiques liés à chacune des deux positions. Pour les auteurs, admettre une rémunération des donneurs d'organes suppose de considérer le corps comme la propriété de l'individu. Considérer le corps comme la personne elle-même implique au contraire de refuser qu'il soit monnayé. L'argumentation des auteurs contre la rémunération les amène cependant à relativiser la pratique de la greffe : ils posent qu'elle est un bien parmi d'autres, et ne doit pas conduire à une incitation trop forte au don (comme le ferait la rémunération). L'article du philosophe Robert Veatch[4] plaide au contraire pour la rémunération des « donneurs », malgré toutes les réticences qu'il éprouve pour cette solution (qui incitera plus les pauvres que les riches à se défaire d'un organe). Son argumentation repose

1. J. Harris, C. Erin, « An ethically defensible market *in* organs », *Bmj*, n°325, 2002, p. 114-115.

2. J. Harris, C. Erin, « An ethical market *in* human organs », *Journal of Medical Ethics*, vol. 29, n°3, 2003, p. 137-138. Salvescu J., « Is the sale of body parts wrong? », *Journal of Medical Ethics*, vol. 29, n°3, 2003, p. 138-139. R. J. Radcliffe, « Commentary. An ethical market *in* human organ »s, *Journal of Medical Ethics*, volume 29, n°3, 2003, p. 139-140. L. D. De Castro, « Commodification and exploitation : arguments *in* favour of compensated organ donation », *Journal of Medical Ethics*, vol. 29, n°3, 2003, p. 142-146.

3. D. Joramelon, P. Cox, « Body Values : The Case against Compensating for Transplant Organs », *Hasting Center Report*, vol. 33, n°1, 2003, p. 27-33.

4. R. M. Veatch, « Why Liberals Should Accept Financial Incentives for Organ Procurement », *Kennedy Institute of Ethics Journal*, vol. 13, n°1,2003, p. 19-36.

sur un « principe de réalité » que l'on peut résumer comme suit. L'auteur considère que la rémunération – si elle est autorisée – va peser sur les plus pauvres, car elle constituera leur meilleure chance d'entrer sur le marché et d'y participer. Elle sera donc injuste. Pendant de longues années, l'auteur a estimé que d'autres solutions devaient être proposées aux plus pauvres afin qu'ils n'aient pas besoin de vendre leurs organes. Mais cela n'a pas été fait. Veatch considère donc que maintenir l'interdit de la vente et priver les plus pauvres de leur seul accès au marché est moralement pire que de les autoriser à vendre un organe en leur garantissant une sécurité sanitaire minimale. Le débat sur la rémunération devient tel que le bioéthicien Peter Herissone-Kelly[1] consacre en 2004 un article à la façon dont ce débat interroge les méthodes bioéthiques. Selon lui, la position des bioéthiciens sur la vente des organes (plutôt favorable à la rémunération) est complètement opposée à celle des médecins et du public (qui sont contre). Un tel écart doit selon l'auteur réinterroger les méthodes de la bioéthique. En 2005 enfin, le théologien J.D. Kunin[2] présente la position de la religion juive sur le don et la vente d'organes. Le don y est autorisé mais pas obligatoire : pour la tradition juive, la vente d'un organe est autorisée si le bénéfice escompté pour le donneur lui-même (la somme d'argent et ce à quoi elle va servir) compense l'atteinte au corps. Un médecin indien, R. R. Kishore[3], plaide pour que la rémunération des organes soit autorisée. Selon lui, le don entre vivants suppose un accord sur deux principes : 1) on peut vivre avec l'organe d'un autre, et 2) on peut blesser le donneur pour le bien du receveur. L'auteur estime que l'argent ne suffit pas à rendre la situation – considérée comme moralement valide dans le don – moralement critiquable.

Une autre proposition est longuement débattue. Il s'agit de celle consistant à repenser le prélèvement post-mortem et à le rendre obligatoire ou systématique (en s'inspirant par exemple des modèles où le consentement est présumé). Les principaux arguments en faveur de cette solution sont liés aux besoins des receveurs et à notre obligation morale de leur porter secours. Ainsi le médecin E. Emson[4] estime qu'il est immoral de

1. P. Herissone-Kelly, « U.K. Bioethics, U.K. Metabioethics : organs sales and the justification of bioethical methods », *Cambridge Quarterly of Healthcare Ethics*, vol. 13, n°3, 2004, p. 226-235.

2. J. D. Kunin, « The search for organs : halalic perspectives on altruistic giving and the selling of organs », *Journal of Medical Ethics*, vol. 31, n°5, 2005, p. 269-272.

3. R. R. Kishore, « Human organs, scarcities, and sale : morality revisited », *Journal of Medical Ethics*, vol. 31, n°6, 2005, p. 338-340.

4. H. E. Emson, « It is immoral to require consent for cadaver organ donation », *Journal of Medical Ethics*, vol. 29, n°3, 2003, p. 125-127.

demander un « consentement au prélèvement ». Les besoins des vivants doivent primer sur les convictions des morts et de leurs proches et l'État doit se charger de prélever les donneurs décédés chaque fois que c'est possible et nécessaire. John Harris[1] argumente lui aussi pour l'obligation du prélèvement et estime que les réticences des « donneurs décédés » et de leurs proches sont faibles en regard des besoins des vivants qui doivent être prioritaires.

Plusieurs autres articles envisagent d'autres solutions plus « marginales » pour augmenter le nombre d'organes. Certains auteurs proposent une incitation au don fondée sur l'obligation morale de « rendre à la société » un bien (le corps) dont chacun a bénéficié toute sa vie[2]. D'autres proposent entre autres d'autoriser en post-mortem les dons dirigés[3]; de prélever des donneurs à « cœur arrêté »[4]; d'autoriser les prisonniers à donner (en échange de remises de peines)[5]; d'ouvrir une possibilité d'échange entre donneurs vivants et décédés[6]; ou encore de mettre en place une « réponse exigée »[7]. D'autres enfin s'interrogent sur le prélèvement des enfants. Mark Sheldon par exemple s'interroge sur le bien fondé des arguments en faveur du prélèvement des enfants : ces arguments sont-ils autre chose qu'une rationalisation destinée à déculpabiliser les médecins et

1. J. Harris, « Organ procurement : dead interests, living needs », *Journal of Medical Ethics*, vol. 29, n°3, 2003, p. 130-134.

2. W. Glannon, « Do the sick have a right to cadaveric organs ? », *Journal of Medical Ethics*, vol. 29, n°3, 2003, p. 153-156. A. Etzioni, « Organ Donation : A Communitarian Approach », *Kennedy Institute of Ethics Journal*, volume 13, n°1, 2003, p. 1-18.

3. T. M. Wilkinson, « What's not wrong with conditional organ donation ? », *Journal of Medical Ethics*, vol. 29, n°3, 2003, p. 163-164.

4. M.D.D. Bell, « Non-heart beating organ donation : old procurement strategy – new ethical problems », *Journal of Medical Ethics*, vol. 29, n°3, 2003, p. 176-181. D. Steinberg, « The Antemortem Use of Heparin *in* Non-Heart-Beating Organ transplantation : A Justification Based on the Paradigm of Altruism », *The Journal of Clinical Ethics*, vol. 14, n°1/2, 2003, p. 18-25.

5. C. E. Bartz, « Operation Blue, ULTRA : DION - The donation Inmate Organ Network », *Kennedy Institute of Ethics Journal*, vol. 13, n°1, 2003, p. 37-44.

6. Par exemple si un receveur dispose d'un proche prêt à donner et pouvant être prélevé mais incompatible, les auteurs proposent que le donneur puisse être prélevé, son organe étant attribué à un receveur de la liste comme un organe issus d'un donneur décédé. En échange, le receveur devient prioritaire sur la liste d'attente. R. L. Friedman, S. Zenios, « Restricting Living-Donor-Cadaver-Donor Exchanges to Ensure that Standard Blood Type O Wait-List Candidates Benefit », *Transplantation*, vol. 78, n°5, 2004, p. 641-646.

7. P. Chouhan, H. Draper, « Modified mandated choice for organ procurement », *Journal of Medical Ethics*, vol. 29, n°3, 2003, p. 157-162.

les proches[1] ? Lin Jansen et Rosalind Ladd sont quant à elles favorables au prélèvement des enfants[2]. Pour Lin Jansen, ce prélèvement est à envisager si l'enfant a un « attachement intime » pour le receveur (que celui-ci soit ou non un membre de sa famille), et si l'un des parents au moins donne son consentement. Pour Rosalind Ladd, le prélèvement d'un enfant est éthiquement fondé si les parents consentent et si l'enfant donne son assentiment volontaire au prélèvement, lequel peut-être déduit d'une relation affective entre l'enfant et le receveur. Leonard Fleck[3] ne prend pas ouvertement position sur la question mais montre que l'ensemble des arguments proposés en faveur du prélèvement des mineurs est plutôt convaincant. Il affirme cependant que – comme tous les arguments en faveur du prélèvement d'organes – ils visent un plus grand bien, qui est l'augmentation du nombre d'organes. Or pour lui, il importe par principe de se méfier de tous les arguments qui visent « un plus grand bien ». Bref, bien qu'aucun accord ne se dessine à l'issue de ces débats, on voit l'importance de la problématique de la pénurie et du prélèvement au plan international.

La seconde problématique à laquelle se consacre la littérature internationale est celle du don entre vivants, abordée essentiellement à travers la THDV. C'est en 2001 que la polémique sur la THDV s'initie réellement : quatre articles y sont consacrés. En dehors d'articles factuels présentant les aspects médicaux et techniques de la THDV[4], deux articles sont centrés sur les enjeux éthiques de la THDV et distinguent la situation du don pédiatrique et celle du don entre adultes[5]. L'article de David Cronin et Marc Siegler marque le début d'une remise en cause importante de la pratique de la THDV. En effet, leur article est une réflexion rétrospective sur la pratique de la THDV entre adultes. Ils estiment que ses résultats sont trop peu documentés pour que l'on poursuive cette pratique sans

1. M. Sheldon, « Guest Editorial », *Cambridge Quarterly of Healthcare Ethics*, vol. 13, n°2, 2004, p. 119-124.

2. L. A. Jansen, « Children organ Donation, Family Autonomy, and Intimate Attachement », *Cambridge Quarterly of Healthcare Ethics*, vol. 13, n°2, 2004, p. 133-142. R. E. Ladd, « The Child as Living Donor : Parental Consent and Child Assent », *Cambridge Quarterly of Healthcare Ethics*, vol. 13, n°2, 2004, p. 143-148.

3. L. M. Fleck, « Children and Organ Donation : Some Cautionary Remarks », *Cambridge Quarterly of Healthcare Ethics*, vol. 13, n°2, 2004, p. 161-166.

4. E. A. Pomfret, J. J. Pomposelli, R. L. Jenkins, « Live donor liver transplantation », *Journal of Hepatology*, n°34, 2001, p. 613-624.

5. P. Majno *et al.*, « Transplantation du foie : pourquoi a-t-on recours au donneur vivant ? », *Médecine et Hygiène*, n°59, 2001, p. 266-272. D. Cronin, J. M. Millis, M. Siegler, « Transplantations of liver graft from living donors into adults – too much too soon », *New England Journal of Medicine,* vol. 334 n°21, 2001, p. 1633-1636.

changements. Selon eux, les risques mortels encourus par le donneur sont sous-évalués en raison du manque de suivi, et ce suivi doit être organisé avant toute chose. Les auteurs affirment aussi que le bénéfice pour le receveur n'est pas aussi important que dans le cadre du don d'un adulte à un enfant, car la masse de foie prélevée sur le donneur est parfois insuffisante pour le receveur. Ils rappellent enfin qu'il n'existe pas d'assurance spécifique qui couvre les risques encourus pas les donneurs, ce qui peut avoir de graves conséquences sur leur vie socio-professionnelle en cas de complication médicale. Ils estiment donc que le passage de l'enfant à l'adulte a été trop rapide et que la THDV entre adultes doit être mieux encadrée.

A partir de la publication de cet article et jusqu'en 2005, une grande partie de la littérature internationale sur la THDV est centrée sur la discussion des risques de cette pratique. Ainsi en 2002, Igal Kam[1] répond à la polémique lancée par Cronin et Siegler et affirme que la balance des risques et des bénéfices est positive dans le cadre de la THDV entre adultes, que cette procédure est devenue une pratique courante au service des malades, et qu'elle doit être maintenue. Il admet cependant l'importance d'un suivi des donneurs et plaide pour que celui-ci s'organise rapidement. Un article destiné au grand public, publié par le *Herald Tribune*[2], explore les risques de la THDV et détaille un cas de complication sévère vécue par un donneur après don d'une partie de son foie à un proche adulte. L'auteur rappelle à cette occasion qu'un donneur est mort précédemment de la même procédure, et conclut que les risques pour les donneurs sont trop peu documentés. Toujours sur les risques de la THDV entre adultes, Trotter et ses collaborateurs présentent les risques et bénéfices du don de foie entre adultes[3]. Ils montrent que le bénéfice pour le receveur est indéniable, bien que la procédure comporte aussi quelques inconvénients (le foie greffé est plus petit, ce qui implique parfois des complications supplémentaires). Pour le donneur, les auteurs estiment le risque mortel à 0,28% après analyse de la littérature. Ils affirment cependant que le manque de suivi rend ce chiffre discutable, et que le taux de mortalité post-THDV est potentiellement supérieur. Ils en concluent que pour donner un cadre éthique à la pratique de la THDV, la société doit déterminer quel est le risque

1. I. Kam, Adult-Adult Right Hepatic Lobe Living Donor Liver Transplantation for Status 2a Patients : Too Little, Too Late, *Liver Transplantation*, 2002, vol. 8, n°4, p. 347-349.

2. D. Grady, « The perils of liver transplant. No one, it appears, is tracking what happens to the donor », *The International Herald Tribune,* 21/03/2002.

3. J. F. Trotter *et al.*, « Adult-to-Adult Transplantation ... », *op. cit.*

acceptable pour le donneur. Et il importe que ce risque soit discuté au plan sociétal car les donneurs, une fois décidés à donner, acceptent plus de risques pour moins de bénéfices que les chirurgiens. Cette demande de détermination du risque acceptable est partagée par beaucoup de participants au débat : Northup et Berg par exemple se demandent quel est le risque au-delà duquel il faut rendre le don impossible[1].

Peu à peu, les différents risques auxquels sont exposés les donneurs sont documentés. On commence à distinguer le risque médical des risques familiaux et financiers[2]. Le risque de pression pesant sur la liberté de décision du donneur est lui aussi mieux compris : on distingue par exemple les donneurs exprimant une ferme volonté de donner des donneurs ambivalents qui donnent par « obligation morale », et on constate que le point déterminant dans la décision est le lien effectif entre donneur et receveur[3]. La connaissance des risques augmentant, la nécessité d'une pratique plus standardisée et mieux encadrée apparaît : plusieurs auteurs plaident pour que seuls les patients répondant aux critères standards de la transplantation hépatique puissent bénéficier du don entre vivants. Certains affirment que les risques pour les donneurs sont plus importants que ceux annoncés : Brown et ses collaborateurs témoignent par exemple de ce que trois donneurs sont devenus des malades en attente de greffe après leur don[4]. Bref : les transplanteurs cherchent à trouver des règles spécifiques de bonnes pratiques[5] adaptées à la situation pédiatrique et à la situation du don entre adultes[6]. Au plan international, on peut donc dire que la prise de conscience des années 2000-2001 a eu d'autres conséquences qu'en France. La conscience de l'insuffisance du recours au don entre vifs a lancé le débat sur d'autres moyens d'augmenter le nombre d'organes disponibles. La THDV est alors envisagée comme un moyen parmi d'autres

1. P. G. Northup, C. L. Berg, « Living donor liver transplantation : the historical and cultural basis of policy decisions and ongoing ethical questions », *Journal of Health Policy*, vol. 72, 2004, p. 175-185.

2. M. Karliova *et al.*, « Living Related Liver Transplantation from the View of the Donor : A 1-Year Follow-Up Survey », *Transplantation*, vol. 73, n°11, 2002, p. 1799-1804.

3. M. Walter *et al.*, « Willingness to donate : an interview before liver transplantation », *Journal of Medical Ethics*, vol. 30, n°6, 2004, p. 544-550.

4. R. S. Brown *et al.*, « A survey of Liver transplantation from Living Adult Donors *in* the United States », *The New England Journal of Medicine,* n°348, 2003, p. 818-825.

5. D. C. Cronin, M. Siegler, « Ethical Issues *in* Living Donor Transplantation », *Transplantation Proceeding*, n°35, 2003, p. 904-905.

6. B. Eghtesad, A. B. Jain, J. J. Fung, « Living Donor Liver Transplantation : Ethics and Safety », *Transplantation Proceeding*, n°35, 2003, p. 51-52.

permettant de répondre au besoin d'organes, et les risques qu'elle comporte deviennent majeurs dans la réflexion.

La THDV est donc bien une des pratiques (si ce n'est *la* pratique) qui ont relancé les débats liés à la transplantation en général. La France s'est concentrée plutôt sur la pratique du don entre vivants *dans son ensemble,* problématique qui lui était familière, tandis qu'au plan international la réflexion s'est poursuivie sur *l'approvisionnement en organes* dont le don entre vivants est une modalité. Mais la THDV est aussi une pratique qui a unifié les interrogations françaises et internationales. En effet, si elle relance des polémiques déjà existantes, elle pose aussi des problèmes qui lui sont propres et sur lesquels l'ensemble des pays transplanteurs s'accordent. En témoigne le colloque international qui a eu lieu en 2004 à Paris sur les enjeux éthiques des THDV. Les Actes du colloque reprennent les trois grands moments de la réflexion, et témoignent de préoccupations partagées. La première partie présente l'état de la réflexion sur les enjeux éthiques des THDV aux États-Unis, la deuxième présente l'état de la réflexion en Asie, et la troisième l'état de la réflexion en Europe.

Pour ce qui concerne la réflexion aux États-Unis: David Cronin[1] rappelle les risques élevés de la THDV entre adultes et estime que le principe de non-malfaisance y est transgressé. Il estime donc qu'il faut avant tout s'assurer des bénéfices potentiels (en ayant recours à des équipes très expérimentées) et protéger l'autonomie du donneur. L'ethnologue Megan Crowlee[2] présente les résultats d'une étude rétrospective réalisée auprès de 15 donneurs de foie à un an du don. Les résultats montrent que les donneurs vivants connaissent des complications médicales, financières et parfois familiales dont ils n'osent pas rendre compte, car ils se considèrent comme des « non patients » (ils ne sont *pas malades*). D'autre part, les résultats montrent que les donneurs ne bénéficient d'aucun suivi à long terme. L'auteur considère que cela a trois conséquences au plan éthique: 1) La prise en charge échoue à donner les informations pertinentes aux futurs donneurs en raison de l'absence de suivi. 2) Les donneurs ne sont pas assez épaulés et informés au moment de leur prise de décision, ce qui doit faire douter du caractère libre et éclairé de celle-ci. 3) Le statut de « non patient » dans lequel se trouvent les donneurs leur est préjudiciable et doit

1. D. Cronin, « Le point de vue d'un chirurgien », *Colloque Enjeux éthiques des transplantations hépatiques avec donneur vivant*, Actes, Paris, 2004, p. 9-13.

2. M. Crowley-Matoka, « Les donneurs vivants en tant que non-patients : une perspective anthropologique », *Colloque Enjeux éthiques des transplantations hépatiques avec donneur vivant*, Actes, Paris, 2004, p. 21-30.

être modifié : après le don, ils *sont* des patients. Pour cela, l'auteur insiste sur la nécessité de séparer les équipes des donneurs et receveurs.

Sur la situation en Asie, le chirurgien Sheung-Tat Fan[1] estime que le recours aux donneurs vivants est éthiquement justifié par l'absence d'alternative car il n'y a pas de prélèvement sur donneur décédé au Japon. Il estime cependant que cela pose un problème éthique, car le donneur encourt des risques importants, et qu'il est soumis à une forte pression sociale et familiale l'incitant à donner. Il montre que le don a aussi des conséquences qui peuvent être négatives sur les relations ultérieures entre le donneur et le receveur. Il estime enfin que des données doivent être recueillies sur les suites à long terme du don, afin de garantir une information complète et un consentement le plus « éclairé possible ».

Sur la situation en Europe, Frédéric Gauthier[2] – transplanteur pédiatrique – estime que deux points font particulièrement problème dans la THDV. Le premier tient à la difficulté de donner l'information sur le don entre vivants sans contraindre les donneurs potentiels (ici les parents). Le second tient à l'organisation des prélèvements sur les donneurs décédés, dont les pédiatres estiment qu'elle est injuste. En effet, selon eux, en augmentant la partition des foies, le recours au don entre vivant serait très rare pour les enfants. Olivier Soubrane[3] distingue pour sa part la situation du don pédiatrique et celle du don entre adultes, qu'il considère comme plus risqué et plus problématique éthiquement. Pour poursuivre cette pratique de façon plus « éthique », l'auteur recommande de définir les indications pour le receveur, d'éviter les décisions en urgence, et enfin de séparer les équipes en charge des donneurs et receveurs. Véronique Fournier[4] – directrice du Centre d'Ethique Clinique de l'hôpital Cochin – fait le point sur une année de collaboration avec le service de chirurgie digestive de l'hôpital. Au cours de ce travail commun, 19 donneurs ont été rencontrés avant le don par le Centre, afin de « tester » la liberté de leur décision. La conclusion de l'auteur est que la THDV crée un « malaise éthique »

1. S.T. Fan, « Le point de vue d'un chirurgien transplanteur », *Colloque Enjeux éthiques des transplantations hépatiques avec donneur vivant*, Actes, Paris, 2004, p. 33-41.

2. F. Gauthier, « Le point de vue d'un chirurgien transplanteur pédiatrique français », *Colloque Enjeux éthiques des transplantations hépatiques avec donneur vivant*, Actes, Paris, 2004, p. 53-57.

3. O. Soubrane, V. Gateau, « Le point de vue d'un chirurgien transplanteur adulte français », *Colloque Enjeux éthiques des transplantations hépatiques avec donneur vivant*, Actes, Paris, 2004, p. 58-63.

4. V. Fournier, « Du côté des donneurs : un point de vue éthique », *Colloque Enjeux éthiques des transplantations hépatiques avec donneur vivant*, Actes, Paris, 2004, p. 64-69.

d'abord parce que le consentement des donneurs semble peu éclairé, ensuite parce qu'il n'y a pas en France de séparation des équipes prenant en charge donneur et receveur, et enfin parce que la situation de la THDV semble révéler un quiproquo entre donneurs et soignants. Le quiproquo est le suivant : pour les donneurs, si la médecine propose le don, c'est qu'elle n'y voit pas de problème. Pour les chirurgiens au contraire, la THDV est une pratique discutable qui ne peut se fonder que sur le consentement du donneur.

Ce colloque témoigne de ce que les préoccupations de tous ceux qui ont recours à la THDV se rencontrent sur un certain nombre de points que l'on peut résumer comme suit.

## LES ENJEUX ÉTHIQUES DES THDV

La première ligne de questions concerne le principe de non-malfaisance qui correspond à l'obligation d'éviter de faire du mal ou *primum non nocere*. Dans le prélèvement d'organe sur une personne vivante et saine, ce principe est nécessairement transgressé. L'importance des risques encourus par le donneur de foie, ainsi que l'importance des bénéfices pour le receveur, rendent le point particulièrement aigu.

La question principale est celle du conflit entre l'obligation de ne pas nuire et l'obligation de faire le bien médicalement, c'est-à-dire de soigner en mesurant soigneusement la balance des risques et des bénéfices : comment évaluer l'équilibre entre le risque pesant sur le donneur et le bénéfice pour le receveur ? Le fait de « sauver » un proche doit-il être considéré comme un bénéfice pour le donneur ? Plusieurs études suggèrent que les donneurs voient leur score « d'estime de soi » augmenter après le don. Mais ce bénéfice est-il systématique ? Comment les liens unissant donneurs et receveurs se modifient-ils suite à la greffe – particulièrement dans le cas où le don a lieu au sein de la famille « restreinte »[1] ? Doit-il y avoir une appréciation différenciée des risques et des bénéfices selon que l'on considère le donneur (et dans ce cas quel est le bénéfice et comment le mesurer *a priori ?)*, le receveur (y a-t-il un risque spécifique dans le don entre adultes, comme le laissent entendre certains auteurs ?) ou, globalement, la collectivité ? Les donneurs sont le plus souvent eux-mêmes demandeurs : convient-il de faire droit à leur demande et sur quelles bases (le respect de leur autonomie, l'utilité sociale ...) ?

1. Situation la plus fréquente en France, qui était la seule autorisée jusqu'en 2004.

Le second point identifié comme éthiquement problématique dans la littérature concerne le consentement «libre et éclairé» du donneur. Le respect de l'autonomie impose de respecter la compétence à décider et les choix des personnes. Le consentement «libre et éclairé» est la garantie légale que l'autonomie du donneur a été respectée. La littérature témoigne de la difficulté qu'il y a à obtenir un tel consentement dans le cas des THDV. En ce qui concerne le caractère éclairé du consentement: le donneur potentiel subit un choc psychologique important, puisqu'il est confronté à l'annonce de la mort possible d'un proche, suivie d'une information sur la possibilité de sa propre mort en cas de prélèvement. La nouvelle est souvent un choc, et *a posteriori* certains donneurs s'étonnent: «*Je pensais en avoir pour une ou deux semaines, et ça fait deux ans que je suis là*» raconte une maman. A quoi a-t-elle consenti? Dans des cas si difficiles, le consentement est-il ou non éclairé? En ce qui concerne le caractère libre: Le donneur a-t-il une alternative? Peut-il refuser? Comment évaluer les différentes pressions pouvant interférer dans la décision du donneur (pression psychologique, sociale, familiale, médicale, financière, etc.)?

La THDV pose enfin un problème de justice, et ce sur plusieurs points. Elle pose d'abord problème en termes de répartition des ressources rares. En effet, on admet que le recours au donneur vivant est essentiellement motivé et justifié par la situation de pénurie d'organes. De ce fait on peut s'interroger: la possibilité de recourir au donneur vivant est-elle un bénéfice pour tous – puisqu'elle libère des places en liste d'attente? Est-elle au contraire injuste parce qu'il s'agit d'une possibilité réservée à certaines personnes, et pas à d'autres? De plus il s'agit d'un don dirigé, ce qui est interdit pour les donneurs décédés. Cela est-il juste, ou bien doit-on admettre les dons dirigés en post-mortem afin de rétablir la justice? Cette pratique pose aussi la question des indications et de la «sélection» des receveurs. Qui reçoit? Sur quels critères? Enfin la THDV pose question en termes de justice sociale: dans le cadre français, le don est gratuit. On a vu que la gratuité du don est un point largement discuté au plan international. Cela est-il juste parce que cette disposition protège la société d'un éventuel trafic d'organes? Cela est-il injuste car le donneur, seul acteur à assumer les risques, est aussi le seul à ne pas tirer de bénéfice de son geste? De plus, l'interdiction de la commercialisation est un point essentiel du droit, mais l'existence ou l'absence de transaction financière entre donneurs et receveurs est difficile à attester en pratique. Existe-t-il de telles transactions en France?

## CONCLUSION

Cette première partie se proposait de montrer – à travers l'étude des questions posées au fil de l'histoire des greffes – que la transplantation hépatique avec donneurs vivants venait poursuivre et renouveler un certain nombre de questionnements éthiques et philosophiques. J'ai montré que la THDV est une solution médicale efficace pour soigner les malades atteints de pathologies hépatiques autrement incurables dans une situation de manque d'organes, mais que de ce fait même, elle partage avec la transplantation dans son ensemble les problèmes éthiques et philosophiques liés aux prélèvements des organes. Si l'ensemble des acteurs de la greffe s'accorde sur le fait que le prélèvement est justifié car il permet à des malades de poursuivre leur vie et de le faire dans de meilleures conditions, celui-ci reste vécu par beaucoup comme une pratique transgressive. Dans le cas du donneur décédé, le prélèvement met en cause les conceptions habituellement admises de la mort, du respect de l'intégrité du corps et du consentement. Dans le cas du donneur vivant, le prélèvement met en doute la conception habituelle du consentement libre et éclairé, du respect de la non malfaisance (le *primum non nocere*) et du respect de la justice qui consiste à ne pas faire peser un risque sur une population si les bénéfices vont à une autre population. Bien évidemment, ces questionnements renvoient au final aux mêmes questions que celles posées par le prélèvement sur donneur décédé : comment respecter l'intégrité d'un corps que l'on « morcelle » ? Comment respecter l'autonomie de celui qui donne ? C'est néanmoins sur les aspects éthiques spécifiques que j'ai structuré la deuxième partie de mon travail de recherche – qui consiste en une enquête de terrain réalisée auprès des différents acteurs de la THDV – dans le double but d'intégrer leurs témoignages et avis à la réflexion éthique sur la THDV, et de mieux comprendre les questions philosophiques liées au prélèvement des organes.

Deuxième partie

# ENQUÊTE DE TERRAIN

# INTRODUCTION

L'objet de cette seconde partie est de rendre compte des résultats de l'enquête de terrain et de montrer comment ils permettent d'enrichir le débat sur les enjeux éthiques de la THDV mais aussi comment ils peuvent renouveler le questionnement philosophique autour du prélèvement et de la greffe. Comme je l'ai expliqué en introduction, le choix pour le philosophe bioéthicien d'interroger directement le terrain n'est pas sans conséquence, puisque cette démarche est souvent considérée en France comme « impropre » pour le philosophe. C'est pourquoi il m'a semblé important avant toute chose de justifier mon choix pour l'enquête de terrain et d'en montrer la portée philosophique. Ce choix inhabituel en philosophie (pour lequel de ce fait aucune méthode spécifique n'est disponible) impose aussi de préciser comment j'ai construit ce travail et comment je l'ai situé au plan théorique et méthodologique. C'est en effet à ces conditions seulement que les résultats de l'enquête peuvent être intégrés à la réflexion éthique, car c'est à ces conditions seulement qu'il est possible de les comprendre et de les utiliser dans les limites qui sont les leurs. C'est pourquoi le premier temps de cette seconde partie se consacre à l'explication des positionnements philosophiques et méthodologiques auxquels je me suis référée pour construire et analyser mon travail de terrain. Dans un deuxième temps, je présente un résumé des principaux résultats de l'enquête. En effet, si mon travail de thèse présentait les résultats exhaustifs de l'enquête, le but n'est pas ici de détailler les résultats et la méthode, mais plutôt de montrer *comment* il est possible pour le philosophe de questionner le terrain et comment ces résultats peuvent être utiles à la réflexion éthique. Dans un troisième temps enfin je discute les principaux résultats de l'enquête afin d'en montrer les limites méthodologiques et pratiques, mais aussi de faire ressortir leur portée proprement philosophique : ils questionnent les concepts philosophiques de la liberté, du corps et du don.

CHAPITRE PREMIER

# ENJEUX MÉTHODOLOGIQUES ET PHILOSOPHIQUES DE L'ENQUÊTE DE TERRAIN

## L'ENQUÊTE DE TERRAIN : POSITIONNEMENT PHILOSOPHIQUE

Questionner le terrain, cela suppose d'abord pour le philosophe – comme pour tout chercheur en sciences humaines et sociales – de formuler ses questions de façon opérationnelle. Il est difficile par exemple d'interroger le terrain en se questionnant sur le corps « en général » dans les pratiques de greffes « en général » : qui interroger ? Comment formuler les questions ? C'est cette nécessaire « opérationnalité » du terrain qui m'a conduite à formuler mes hypothèses de travail et mes questions à l'aide des quatre principes de l'éthique médicale proposés par Beauchamp et Childress [1]. Ces principes sont les suivants : la bienfaisance qui est l'obligation de faire le bien médicalement, c'est-à-dire de soigner en mesurant les soins prodigués à proportion du risque encouru par le malade ; la non-malfaisance qui correspond à l'obligation d'éviter de faire du mal, ou *primum non nocere,* « d'abord ne pas nuire » ; le respect de l'autonomie qui impose de respecter la compétence à décider et les choix des personnes autonomes ; la justice qui impose l'équité dans la distribution des risques et des bénéfices. Les philosophes et chercheurs qui se réfèrent à ces principes et s'en aident pour formuler et résoudre les interrogations éthiques en médecine forment ce que l'on appelle le courant « principliste ».

1. T. L. Beauchamp, « The "Four-principles" Approach », *in* T. L. Beauchamp, J. F. Childress (ed.), *Principles of Biomedical Ethics*, New York, Oxford University Press, 1989, p. 3-12. Ces auteurs sont à l'origine de ce que l'on appelle le principlisme en bioéthique.

Ce choix relève bien d'un positionnement philosophique, dans la mesure où le principlisme fait débat au sein de la philosophie contemporaine. Certains auteurs doutent par exemple de l'universalité des principes retenus et montrent qu'ils sont fortement marqués culturellement : dans une culture bouddhiste ils semblent peu pertinents[1]. Sans aller jusqu'à la culture bouddhiste, Peter Herissone-Kelly note que la pensée européenne s'est peu approprié les principes de Beauchamp et Childress[2] en raison de leur ancrage dans la pensée américaine. D'ailleurs certains en Europe proposent de formuler les interrogations en bioéthique autour d'autres principes : l'*autonomie*, la *dignité*, l'*intégrité* et la *vulnérabilité*[3]. Pour d'autres comme Robert Veatch, même si l'on admet qu'un certain nombre de principes peuvent donner les lignes de bonnes actions et de bonnes décisions, on ne voit pas pourquoi ces principes seraient seulement quatre[4]. Et en effet, en fonction des différents domaines de la biomédecine concernés, différents principes sont évoqués dans les débats. Ainsi lorsqu'il s'agit de l'éthique de la recherche, le principe de *vérité* est souvent évoqué. Pourquoi alors se contenter des quatre principes de Beauchamp et Childress ? Enfin, et c'est la critique majeure adressée au principlisme, celui-ci ne procure pas de théorie morale permettant de choisir quel principe doit primer sur les autres (donc il ne fournit pas *vraiment* de guide d'action). De ce fait, le principlisme devient trop facilement selon ses détracteurs une « *checklist* » de principes vagues et abstraits, à laquelle ses défenseurs adhèrent aveuglément. C'est par exemple l'avis de John Harris[5], pour qui le principlisme conduit à utiliser les principes comme une « *checklist* » et à ne pas réfléchir moralement. Ce qui revient finalement à décider non sur la base d'une réflexion morale, mais en fonction de nos préférences. Or nos préférences sont souvent (surtout pour les philosophes) dictées par la théorie morale à laquelle nous adhérons, que celle-ci soit ou non explicitée. Par exemple, quels que soient les cas, un néo-kantien aura plutôt tendance à faire primer le principe d'autonomie et un utilitariste celui

1. R. E. Florida, « Buddhism and the Four Principles », *in* R. Gillon (ed.), *Principles of Healthcare Ethics*, Chichecter, John Wiley and Sons, 1996, p. 105-106.

2. P. Herissone-Kelly, « The principlist approach to bioethics and its stormy journey overseas », *in* M. Häyry, T. Takala (ed.), *Scratching the surface of bioethics*, Amsterdam, Éditions Rodopi, 2003, p. 65-76.

3. J. Dahl Rendtorff, P. Kemp, *Basic Ethical Principles* in *European Bioethics and Biolaw* – vol. I : *Autonomy, Dignity, Integrity, and Vulnerability*, Copenhagen and Barcelona, 2000.

4. R. M. Veatch, « The foundations of bioethics », *Bioethics*, vol. 13, n°3-4, 1999, p. 215.

5. J. Harris, « Not all babies should be kept alive as long as possible », *in* R. Gillon (ed.), *Principles of Healthcare ethics*, Chichecter, John Wiley and Sons, 1996, p. 319.

de justice. Se contenter du principlisme, c'est donc se priver de la connaissance de ces théories et de leurs implications.

J'ai malgré ces réserves, choisi de formuler les enjeux éthiques posés par la THDV autour des quatre principes. Ce choix s'explique d'abord par leur aspect opératoire : ils sont tout à fait adaptés à la formulation des problématiques éthiques en médecine. Ce choix s'explique aussi parce que la revue de la littérature française et internationale sur le sujet m'a convaincue que beaucoup d'auteurs utilisent eux-mêmes ces différents principes pour formuler les interrogations éthiques soulevées par la THDV. Il s'explique enfin par la spécificité de mon travail d'enquête qui souhaitait documenter les positions des donneurs, receveurs et professionnels de santé participant au don de foie entre vivants. Or malgré les différentes critiques adressées au principlisme, beaucoup d'auteurs – en particulier le philosophe bioéthicien Raanan Gillon[1] – s'accordent pour dire qu'il permet 1) aux professionnels de santé de s'approprier une méthode de réflexion éthique, et 2) au grand public d'aborder les multiples questionnements suscités par l'avancée des pratiques biomédicales. Il m'a donc semblé que formuler les interrogations éthiques autour des quatre principes de Beauchamp et Childress était 1) consistant avec les données de la littérature et 2) pertinent pour interroger les acteurs dont je souhaitais documenter les positions.

Pour résumer, on peut dire que j'ai considéré que ces principes étaient certes discutables et non universels, mais restaient les plus pertinents pour mon objectif. J'ai cependant estimé nécessaire, pour ne pas tomber sous la critique de John Harris, et ne pas pratiquer une éthique « à l'emporte-pièce » basée sur une « *checklist* », de clarifier la théorie morale d'arrière-plan à laquelle je me réfère.

La clarification d'une théorie morale de référence m'a semblé particulièrement importante dans le contexte de la bioéthique française pour laquelle le choix d'une pensée conséquentialiste est fréquemment assimilé à une théorie utilitariste « masquée », à laquelle on oppose volontiers une pensée déontologique censée garantir *a priori* la moralité des décisions. Or la réalisation d'une enquête suppose clairement un intérêt pour les conséquences des décisions concernant le don entre vivants. De plus, la théorie morale d'arrière-plan à laquelle le chercheur adhère a une importance en bioéthique, car elle a des conséquences pratiques. Ce choix a tout d'abord parfois des conséquences sur le type d'informations et

1. R. Gillon, « The Four Principles Revisited – a Reappraisal », *in* R. Gillon (ed.), *Principles of Healthcare ethics*, Chichecter, John Wiley and Sons, 1996, p. 320.

d'arguments jugés pertinents pour décider au cas par cas. Par exemple le relativisme moral (aussi appelé relativisme méta-éthique par certains auteurs [1]) permet de déterminer *ce qu'il faut faire* en se référant à ce que *la majorité d'une société* donnée estime qu'il faut faire (ce qu'un kantien refusera absolument). Ensuite, lorsqu'en pratique il est impossible de trancher entre deux solutions (ou deux principes), c'est vers une théorie morale nous permettant de hiérarchiser les diverses solutions que nous nous tournons [2]. Mais le déontologisme, l'utilitarisme et le relativisme ne sont pas les seules théories morales auxquelles il est possible de se référer.

Je me situe pour ma part dans une tradition de pensée *sceptique*. Le scepticisme philosophique peut être considéré comme une philosophie morale (et non comme une *théorie*) parce qu'il pose la question du *bien vivre* (préoccupation majeure dans la philosophie morale grecque). Mais s'il me semble particulièrement pertinent en bioéthique, c'est surtout parce qu'il est un mouvement philosophique qui se développe dans des moments d'incertitude, de trouble ou de chaos, et qui pose la question de l'action dans l'incertitude. Or les avancées bio-médicales nous confrontent bien à la nécessité de décider et d'agir dans une situation d'incertitude tant en ce qui concerne la valeur morale de nos décisions qu'en ce qui concerne leurs conséquences possibles. Selon moi, dans ce contexte la pensée sceptique est une pensée riche qui permet d'aboutir à une vraie tolérance, laquelle est nécessaire à la bioéthique.

Si l'on s'en tient à la pratique « montanienne » du scepticisme philosophique, la lecture des *Essais* nous enseigne plusieurs choses. La première est la nécessité de pratiquer le doute, et « *d'essayer notre jugement* ». Bien que Montaigne n'affirme rien, ce qu'il montre et fait partager à qui suit le cheminement de sa pensée, c'est bien plus que la nécessité du doute. C'est la découverte que la vie est multiple, qu'elle est mouvement, et que nous n'avons « *aucune communication à l'être* » [3] c'est-à-dire aucune certitude. Par exemple, alors que l'époque de Montaigne est presque unanime à condamner les cannibales du Nouveau Monde, lui-

1. E. Garrard, S. Wilkinson, « Does bioethics need a moral theory ? », *in* M. Häyry, T. Takala (ed.), *Scratching the surface of bioethics*, Amsterdam, Éditions Rodopi, 2003, p. 35-44.

2. A ce propos, voir E. Garrard, S. Wilkinson, « Does bioethics need a moral theory ? », *op. cit.*

3. « *Nous n'avons aucune communication à l'estre, par ce que toute humaine nature est toujours au milieu entre le naistre et le mourir, ne baillant de soy qu'une obscure apparence et ombre, et une incertaine et debile opinion* », M. Montaigne, *Les Essais*, livre II chapitre XII, Paris, Le club français du livre, 1952, p. 653.

même « essaye son jugement » et critique le dogmatisme ambiant. Il dit alors, à propos des cannibales et du procès qui leur est fait, que leurs pratiques sont certes condamnables, mais pas plus que celles de ses contemporains qui (pendant les luttes liées à la réforme) ont été capables de se torturer vivants et de s'entretuer, et que « *chacun appelle barbarie ce qui n'est pas de son usage* »[1]. Dans un monde de croyances et de pratiques différentes, il ne faut donc pas être trop rapide à juger. Cependant, n'avoir aucune communication à l'être, cela ne signifie pas que nous ne devons pas avoir de croyance ni que nous ne devons pas agir. Cela signifie que nous n'avons aucun critère universel qui nous permette d'affirmer avec certitude la véracité d'une religion, ou d'affirmer que telle tradition est la meilleure. Dans un monde où tout est mouvement, la vie comme la pensée, il faut être soi-même tolérant, accepter le mouvement, c'est-à-dire accepter les différentes pensées et jugements des autres, comme nous acceptons que nos propres pensées évoluent.

Bien évidemment, une telle vision du scepticisme aboutit souvent à une accusation de relativisme moral : si toutes les valeurs « se valent », si aucun critère n'est fiable, alors « chacun peut faire comme il l'entend », et aux autres d'être tolérants ! C'est une des critiques faites au scepticisme comme au mouvement bioéthique. Mais – et c'est là la force du scepticisme et de la bioéthique considérée comme une pratique procédurale et communicationnelle – la pensée sceptique et tolérante n'est pas synonyme de relativisme, parce qu'elle s'oppose à toute forme d'intolérance et de dogmatisme. Tout dogme rigide s'oppose à la vie et à la tolérance et doit être combattu avec vigueur par le doute (pensée sceptique), ou par l'exclusion du dialogue rationnel[2] (bioéthique).

De ce choix d'une pensée sceptique, j'ai d'abord gardé la volonté d'essayer mon jugement. Essayer son jugement, cela peut se faire dans le cadre d'une recherche *et* par la revue de la littérature, *et* par une recherche empirique. C'est une pratique philosophique qui admet des arguments et

1. M. Montaigne, *Les Essais*, livre premier chapitre XXXI, *op. cit.*, p. 229.

2. Voir à ce propos Tristram Engelhardt pour qui l'éthique est une façon de résoudre les controverses autrement que par la force, c'est-à-dire par le biais d'un accord librement consenti qui peut s'établir ou bien sur des prémisses morales partagées ou bien sur des procédures de négociation du conflit. Dans cette éthique du respect mutuel, la résolution de conflit prend la forme d'une négociation par le dialogue (et la rationalité) qui doit aboutir à un accord collectif sur les critères de rectitude morale. Celui qui refuse le dialogue et y oppose un comportement irrationnel doit être laissé seul : il s'exclut lui-même de la résolution du conflit. Voir H. T. Engelhardt, *The Foundations of bioethics*, New York, Oxford University Press, 1986.

des méthodes non seulement déontologistes, mais aussi conséquentialistes. Ensuite, j'ai choisi d'assumer mes jugements et prises de positions normatives quant aux enjeux éthiques de la THDV. En effet, une fois admis que son jugement n'a pas valeur de vérité et ne peut prétendre s'imposer dogmatiquement à ceux qui ne le partagent pas, il est tout à fait possible pour un sceptique de prendre position dans un débat et d'agir en fonction de ses convictions. Certains grands sceptiques étaient d'ailleurs des citoyens respectés qui participaient activement à la vie sociale[1].

Cette volonté de prendre position clairement au plan normatif est importante pour la pratique bioéthique où les positions des uns et des autres participent à la vie sociale et juridique. Comme le montre la philosophe Tuija Takala[2], les bioéthiciens servent souvent de conseil pour le législateur et leurs raisonnements et jugements ont un impact sur la vie publique. Malgré cela, l'auteur remarque que beaucoup de « philosophes bioéthiciens » affirment qu'ils ne souhaiteraient pas que leurs idées « soient érigées en lois », qu'elles ne sont « que leurs vues morales privées » etc. En un mot, ces philosophes refusent de se positionner clairement au plan normatif, et se retranchent derrière des préférences privées. Selon Tuija Takala, ce comportement est dérangeant, car s'il est vrai que les décisions prises en bioéthique ont un impact sur le monde réel, cela ne doit pas empêcher le philosophe de se positionner clairement, au contraire. L'auteur estime qu'une position claire et argumentée sera testée et évaluée par d'autres au cours des débats, ce qui lui donne une certaine légitimité, même si cela ne l'élève pas au rang de vérité. D'ailleurs comme le demande l'auteur : si les philosophes refusent de se positionner en tant que philosophes, alors pourquoi participer au débat bioéthique ? Selon l'auteur, le philosophe qui participe à la réflexion bioéthique ne doit pas se positionner en fonction de ses vues privées, mais doit bel et bien faire l'effort de se positionner en argumentant sa position de philosophe. C'est cette forme de participation aux débats qui selon Takala permettra à la bioéthique de s'engager dans une discussion continuelle où, pas à pas, argument après argument, concept après concept, on voit se dessiner des solutions éthiquement acceptables.

Je partage cet avis, et j'estime que la pensée sceptique permet au philosophe qui a « essayé son jugement » de prendre position clairement

1. Pyrrhon jouissait de la considération de ses concitoyens, et accepta à leur demande la charge de grand prêtre, Montaigne était maire de Bordeaux, et assuma sa charge dans le contexte particulièrement difficile de la Réforme.

2. T. Takala, « The role of sense and sensibility *in* bioethics », *in* M. Häyry, T. Takala (ed.), *Scratching the surface of bioethics*, Amsterdam, Éditions Rodopi, 2003, p. 29-33.

dans un débat argumenté, en admettant que cette position n'a pas le privilège de la vérité, ce qui autorise à discuter les autres positions pour aboutir à une solution (au moins au cas par cas).

## POSITIONNEMENT MÉTHODOLOGIQUE

Une fois ma position philosophique clarifiée, il me fallait déterminer un positionnement méthodologique me permettant d'interroger le terrain. En l'absence de méthode philosophique spécifique, cela revenait d'une part à m'assurer que l'enquête respecterait les règles éthiques de la recherche en sciences humaines, et d'autre part à choisir, au sein des différentes sciences humaines, celle qui me permettrait le mieux de structurer l'enquête au plan méthodologique. M'assurer que l'enquête respecterait bien les règles éthiques de la recherche en sciences humaines n'a pas été simple, car la recherche en sciences humaines a été relativement peu encadrée dans ses aspects proprement éthiques, ceux-ci étant laissés aux divers codes de déontologie : la psychologie dispose d'un code de déontologie[1], la sociologie d'un code d'éthique[2] etc., mais on ne trouve que peu de données sur les lignes directrices communes à l'ensemble des sciences humaines. En 1993 cependant, le CCNE s'est penché sur la question de l'éthique de la recherche sur l'être humain dans les sciences du comportement, et plus largement dans les sciences humaines. L'étude de la question a donné lieu à la publication d'un avis sur l'éthique de la recherche dans les sciences du comportement humain[3].

L'avis du CCNE pose tout d'abord que les investigations réalisées sur l'être humain en vue du développement des connaissances dans les disciplines que l'on nomme « sciences humaines » sont restées dans une situation juridique floue, et estime qu'il importe d'élaborer le cadre éthique et juridique dans lequel notre société souhaite que les investigations expérimentales sur les conduites humaines soient effectuées[4].

Les auteurs considèrent d'emblée que

1. *Code de déontologie des psychologues*, signé par l'Association des Enseignants de Psychologie des Universités (AEPU), l'Association Nationale des Organisations de Psychologues (ANOP), la Société Française de Psychologie (SFP) le 22 mars 1996.

2. *Code d'éthique de l'Association Internationale de Sociologie* approuvé par le Comité Exécutif en 2001.

3. *Avis n° 38 du CCNE : Avis sur l'éthique de la recherche dans les sciences du comportement humain,* 1993.

4. *Avis n° 38 du CCNE, op. cit.*, p. 4.

> les grands principes éthiques qui guident la recherche sur l'être humain (appelés par la National Commission américaine : principe de justice, de bienfaisance, de respect de l'autonomie des personnes), ainsi que les règles qui en découlent (règle d'équité, de non-discrimination, règle de minimisation des risques et d'optimisation des bénéfices, règle de consentement), sont les mêmes, qu'il s'agisse de recherche biomédicale, ou de recherche comportementale[1].

Ils ajoutent que la procédure qui consiste avant la réalisation d'une recherche sur l'homme, à soumettre le protocole de cette recherche à l'examen d'un comité indépendant, doit s'appliquer aussi aux recherches en sciences humaines. Ils proposent donc de créer des comités spécifiques chargés d'évaluer les aspects scientifiques et éthiques des recherches en sciences humaines. Selon cet avis, les exigences éthiques liées à la recherche empirique en sciences humaines peuvent se formuler autour de quatre points.

La règle générale dans les recherches en sciences humaines doit être le consentement libre et éclairé de la personne qui accepte de participer (premier point). Le chercheur doit informer le participant de l'objectif de la recherche; de sa méthodologie et de sa durée; des bénéfices attendus ainsi que des contraintes et des risques prévisibles; de l'avis de l'instance extérieure qui a jugé le protocole; de la possibilité de se retirer de la recherche à tout moment[2]. Le chercheur doit bien évidemment aussi s'abstenir de toute pression sur le sujet, ou de toute incitation forte. Les problèmes posés par le consentement des personnes participant à des recherches en sciences sociales concernent essentiellement la légitimité de construire un plan d'expérience sur la tromperie[3]. En effet, des chercheurs en psychologie sociale ont montré que certaines expériences ne peuvent être faites qu'en cachant au participant le but réel de la recherche, qui, s'il est connu, change le comportement que le chercheur souhaite observer. L'avis du CCNE ne nie pas qu'il y ait parfois une réelle nécessité de tromperie. Il tente en revanche de limiter les situations dans lesquelles le recours à celle-ci est nécessaire, et d'en limiter les effets, par exemple en

1. *Avis n° 38 du CCNE, op. cit.*, p. 4.
2. *Ibid.*, p. 5.
3. Débat initié par les expériences de Milgram sur la soumission à l'autorité. Milgram, sous prétexte de tester le lien entre apprentissage et douleur (but supposé de l'expérience), amenait les participants à infliger des chocs électriques douloureux à un sujet (en réalité un complice qui simulait la douleur) afin d'augmenter ses capacités d'apprentissage. Milgram testait en réalité (but réel de l'expérience) la soumission à l'autorité des sujets qui n'osaient pas remettre en cause l'autorité du chercheur (en blouse blanche).

exigeant qu'il soit vérifié que les aspects cachés aux sujets ne soient pas susceptibles de menacer leur sécurité ou leur dignité, ou encore en imposant que les personnes qui se prêtent à l'expérience soient informées que certains aspects leur sont cachés.

Concernant la sécurité des personnes qui se prêtent à la recherche en sciences humaines (deuxième point), la règle générale est la suivante : la recherche peut avoir lieu « *à la condition d'un bilan risques-avantages acceptable, c'est-à-dire avantage certain pour la communauté, risque nul ou minime pour l'individu* »[1]. Pour les recherches en sciences humaines, les risques auxquels le chercheur doit être particulièrement attentif sont les risques psychologiques liés aux conséquences possibles de certaines expériences, ce qui exige de ne pas faire d'expérience humiliante, dégradante ou traumatisante.

Du point de vue de l'équité (troisième point), le problème central de la recherche en sciences humaines est celui du risque de discrimination, que celle-ci soit liée au protocole de recherche lui-même ou aux résultats de la recherche et à la manière dont ils seront compris et utilisés. Par exemple, une recherche démontrant une différence entre la population française « générale » et la population française « d'origine nord-africaine » sur certains tests de quotients intellectuels présente un fort risque d'être discriminatoire. La difficulté est de concilier la recherche sur les traits discriminants permettant de documenter les situations étudiées, avec l'impératif de non-discrimination. Les auteurs recommandent pour cela que les risques de discrimination soient identifiés et mis en balance avec l'intérêt collectif d'obtenir le résultat cherché.

Les auteurs recommandent enfin d'appliquer à la recherche en sciences humaines la même exigence de scientificité que celle appliquée à la recherche biomédicale (quatrième point), car il est maintenant admis que ce qui n'est pas scientifique n'est pas éthique. La proposition de l'avis est donc de créer des « comités d'éthique de la recherche en sciences humaines », qui pourraient être élaborés dans les institutions qui font de la recherche comportementale sur des sujets humains, comme le CNRS et les universités[2]. Les dossiers soumis à ces instances extérieures devraient fournir au minimum : les objectifs et hypothèses de la recherche ; la population visée et les modes de recrutement ; la méthodologie ; les dispositions d'anonymisation et de stockage des données ; l'évaluation des risques et

1. *Avis n° 38 du CCNE*, *op. cit.*, p. 5.
2. *Ibid.*, p. 12.

bénéfices de la recherche proposée, et enfin l'information procurée aux personnes se prêtant à la recherche[1].

Le respect de ces différents principes est essentiellement garanti – pour le chercheur en sciences humaines comme pour le chercheur en médecine – par le choix de la méthodologie de la recherche. Or celle-ci est en grande partie déterminée par les hypothèses et les objectifs de la recherche. C'est pourquoi il me faut présenter les objectifs et hypothèse de l'enquête que j'ai menée. L'enquête visait les interrogations éthiques liées à la pratique des THDV (liberté du consentement du donneur, réalisation de la balance des risques et des bénéfices, problème de la justice dans le recours au don entre vivants). Sa particularité résidait dans la volonté d'intégrer au questionnement éthique les points de vue des différents acteurs de la THDV.

Son hypothèse centrale était :

1) Que la connaissance des suites vécues par les acteurs de la greffe (chirurgiens, donneurs, receveurs) est utile à l'amélioration des dispositifs de prise de décision en matière de THDV, autant qu'au développement de la réflexion éthique sur la THDV.

2) Que la décision des acteurs concernés est le fait d'acteurs rationnels, capables de délibération éthique et dont les façons de juger et d'arbitrer entre des valeurs contraires présentent un intérêt pour la réflexion éthique appliquée à la THDV.

3) Que les rationalités à l'œuvre dans les modes de délibération et décision sont hétérogènes, liées à des positions et à des stratégies d'acteurs dont la coordination ne va pas de soi.

4) Que cette coordination est le produit de négociations implicites dont les termes restent à explorer.

L'objectif principal de cette enquête était de contribuer à l'amélioration des processus de délibération médicale et éthique sur l'opportunité du don et l'information des donneurs dans la THDV. Les objectifs spécifiques de l'enquête étaient :

1) De documenter à travers une enquête de terrain le vécu des acteurs de la THDV (équipe médicale, donneurs, receveurs) pour la période post-greffe à un an de distance du don pour ce qui concerne les donneurs et receveurs.

2) D'identifier en particulier comment les donneurs et receveurs gèrent le don et ses suites médicales et relationnelles.

1. *Avis n° 38 du CCNE, op. cit.*, p. 12.

3) De mettre en évidence : a) les rationalités à l'œuvre dans les modes de délibération et de décision des acteurs, b) les stratégies d'acteurs, c) les termes de la « négociation » (implicite) à travers laquelle ils se coordonnent pour rendre possible le don et la greffe.

Pour atteindre ces différents objectifs, j'ai choisi d'utiliser la méthode de recherche sociologique. Il m'a en effet semblé que la sociologie était la mieux à même de documenter les points qui m'intéressaient, et ce pour plusieurs raisons. D'abord parce que la sociologie expérimente peu. Son intérêt pour le champ social fait qu'elle documente et interroge les phénomènes sociaux, mais crée peu de situations d'expérimentation ou d'expérience visant à étudier un comportement provoqué. Or nos objectifs étaient clairement de documenter et non d'expérimenter certaines situations (auquel cas la psychologie sociale aurait été plus indiquée). Ensuite parce que l'éthique de la recherche en sociologie permet de structurer une enquête qui respecte les exigences éthiques devant, selon le CCNE, être celles de toute recherche en sciences humaines. En effet, le code de déontologie des sociologues préconise que les sociologues soient conscients de l'impact que leurs suppositions et hypothèses peuvent avoir sur la société, et reconnaissent le caractère relatif et provisionnel des résultats de leurs recherches. Il demande aussi que les sociologues révèlent leurs méthodes de recherches, respectent l'anonymat des sujets de la recherche et obtienne leur consentement avant toute recherche[1]. Il est en outre indiqué que les sociologues dont les recherches peuvent être d'un intérêt public doivent en diffuser les résultats, et veiller aux « *dangers dérivés des déformations, simplifications, et manipulations de leur propre matériel de recherche, qui peuvent avoir lieu dans le processus de communication (aussi bien individuelle que de masse)* »[2].

Il m'a donc semblé que réaliser une enquête de terrain en utilisant les méthodes de la sociologie permettait de respecter les exigences éthiques évoquées plus haut : en termes de sécurité, la balance des risques et des bénéfices y est plus facile à réaliser car la documentation est moins risquée pour le sujet (notamment en termes psychologiques) que l'expérimentation. En termes d'autonomie et de consentement, les méthodes sont claires et exigent le consentement préalable du sujet ainsi que le respect de son anonymat. En termes de justice, la préoccupation du chercheur pour les conséquences de la recherche et l'attention portée aux modes de

1. *Code d'éthique de l'Association Internationale de Sociologie*, *op. cit.*, p. 1, 2, 3.
2. *Ibid.*, p. 3.

communication des résultats permet de limiter les risques de discrimination. Enfin, il m'a semblé que la démarche sociologique partageait certains aspects de la démarche sceptique que je revendique. L'affirmation de la relativité des résultats et le refus de les ériger en vérités, ou encore le refus de se positionner en expert hors de son domaine d'expertise tout en admettant la possibilité de participer au débat public, m'ont semblé être des positions tout à fait en accord avec le choix d'une position sceptique.

Le dernier point qu'il me fallait remplir concernait l'exigence de scientificité, ce qui supposait de soumettre le protocole d'enquête à un comité ou à une instance extérieure. Les comités spécifiques n'ayant finalement pas été créés, j'ai soumis le protocole d'enquête successivement : au comité scientifique de l'Établissement français des Greffes (instance étatique), à celui de l'Association SOS hépatites (représentants de malades du foie), et à celui de la Fondation des Treilles (fondation de mécénat pour les lettres, les arts et les sciences). Chacune de ces instances extérieures a jugé l'intérêt scientifique de la recherche suffisamment grand et les risques pour les participants suffisamment mineurs pour valider la recherche et la financer.

Toujours dans le but de respecter l'exigence de scientificité, il importait de détailler la méthode spécifique d'enquête en référence à la théorie sociologique à laquelle elle se référait, car les résultats d'une enquête de terrain sont toujours dépendants de la théorie dans laquelle les hypothèses et objectifs ont été déterminés.

## MÉTHODOLOGIE DE L'ENQUÊTE SUR LES ENJEUX ÉTHIQUES DES THDV

L'enquête s'inscrivait dans le cadre théorique de la sociologie des organisations. La sociologie des organisations est un courant de travaux et de recherches qui porte sur les processus de coordination entre des ensembles d'acteurs individuels et/ou institutionnels, ces acteurs étant liés, en situation, par des interdépendances de stratégies autour de problèmes ou d'intérêts communs. Cette sociologie a été en particulier développée par Crozier et Friedberg[1], lesquels centrent leur théorie et leurs travaux sur la notion de pouvoir des acteurs, chaque processus de coordination étant de ce fait considéré comme un construit *politique*. Certains auteurs ont cependant montré que d'autres enjeux que les enjeux de pouvoirs peuvent

1. M. Crozier, E. Friedberg, *L'acteur et le système*, Paris, Seuil, 1997.

trouver place dans le cadre de la sociologie des organisations[1]. Des études réalisées dans le monde médical ont en particulier montré l'importance de la dimension *normative* lorsqu'il s'agit d'étudier une organisation médicale[2]. Dans l'espace d'action de l'expérimentation sur l'être humain par exemple, les acteurs se réfèrent en permanence à des obligations éthiques, juridiques ou déontologiques. La moralité de l'action, sa conformité à des normes du juste et du bien, est vécue par les acteurs comme un enjeu à part entière. Le système est alors considéré comme un *construit moral ou normatif*.

Considérant ces deux points, j'ai décidé d'utiliser les théories de la sociologie des organisations, en particulier les théories sur les stratégies d'acteurs[3], tout en postulant que le point central était ici la *normalité des pratiques des acteurs* – la normalité étant entendue spécifiquement comme synonyme de *bon* ou de *juste* – plutôt que les relations de pouvoirs qui les liaient. La notion de stratégie d'acteur doit donc s'entendre ici comme *la façon qu'a un acteur de faire et en même temps de rendre normale à ses yeux comme aux yeux des autres sa façon de faire*. Si cette définition est adaptée à ma recherche dans sa particularité normative, il n'en reste pas moins qu'elle admet les postulats sur lesquels Crozier et Friedberg basent leur définition des stratégies d'acteurs. Ces points sont les suivants : 1) l'acteur n'a que rarement des objectifs clairs et encore moins des projets cohérents. 2) Pourtant son comportement est actif. S'il est toujours contraint et limité, il n'est jamais directement déterminé. 3) C'est un comportement qui a toujours un sens et qui est rationnel par rapport à des opportunités, au contexte, et au comportement des autres acteurs. 4) C'est un comportement qui a toujours deux aspects, un aspect offensif dans la saisie d'opportunités, et un aspect défensif qui consiste dans le maintien d'une marge de liberté. 5) Il n'y a donc pas de comportement irrationnel, et il est possible à l'analyste de découvrir des régularités qui n'ont de sens que par rapport à une stratégie (*qui est le fondement inféré des régularités de comportement observées*). Une telle stratégie n'est nullement synonyme de volonté, pas plus qu'elle n'est nécessairement consciente.

1. Voir F. Chazel, « L'action organisée et l'analyse sociologique contemporaine », *Sociologie du travail*, n° 1, 1994, p. 85-94.

2. Voir P. Amiel, A. Fagot-Largeault, *Enquête sur les pratiques et les conceptions de l'information et du recueil du consentement dans l'expérimentation sur l'être humain*, (Convention MIRE n° 15-97), Paris, Mission Recherche (ministère de l'emploi et de la solidarité ; direction de la recherche, des études, de l'évaluation et des statistiques), 2000.

3. M. Crozier, E. Friedberg, *L'acteur et le système*, *op. cit.*, p. 55-57.

La réalisation des THDV pouvait alors être lue comme relevant d'un « système d'action concret » dans lequel des visées stratégiques différentes ainsi que les acteurs qui les réalisaient se concurrençaient et se coordonnaient. Equipe médicale, donneurs et receveurs, en situation, ne concevaient pas dans les mêmes termes l'objectif commun qui était la prise en charge du receveur en attente de greffe. Leurs « répertoires d'actions » étaient différents, ils n'avaient ni les mêmes objectifs ni les mêmes stratégies, et se coordonnaient pourtant dans la décision qui conduisait finalement au prélèvement et à la greffe.

Cette approche s'est concrétisée dans un style de recherche propre [1] qui présentait les caractéristiques suivantes : réalisation d'enquête descriptive des situations organisationnelles concrètes; démarche prudente de montée en généralité des résultats et des raisonnements fondée sur la comparaison. La démarche d'une telle enquête était *qualitative*, c'est-à-dire qu'elle ne visait pas à dénombrer mais d'abord à comprendre et à documenter. La recherche qualitative est typiquement le préalable typologique à des études ultérieures de quantification des phénomènes identifiés. Le fait qu'elle ne vise pas directement à compter ne signifie pas pour autant que la démarche qualitative ne comptabilise pas, ou encore qu'elle est purement interprétative. Elle s'appuie sur des données empiriques et elle procède à des comptages précis. La différence est que le comptage des réponses, dans ce cadre, n'a pas vocation à fournir une mesure généralisable.

L'enquête a utilisé les méthodes classiques de l'enquête qualitative : observation « *in situ* », et réalisation d'entretiens semi-directifs. Elle s'est organisée en cinq « terrains ». Un premier terrain « exploratoire » au cours duquel je me suis d'abord installée dans le service de chirurgie digestive de l'hôpital Cochin pour une période d'observation participante (méthode qui permet au chercheur de se familiariser avec le monde étudié et de disposer d'un « matériau de clarification » des situations décrites). J'ai ensuite effectué une période d'observation dans le service d'hépatologie pédiatrique du Kremlin Bicêtre (même méthode). J'ai enfin réalisé quelques entretiens avec certains acteurs de la THDV afin de rédiger un guide d'entretien plus pertinent que le guide initial. La méthode utilisée était alors celle de l'entretien semi-directif. Venaient ensuite trois terrains correspondant respectivement aux trois acteurs de la situation : les professionnels, les donneurs et les receveurs. Ici la méthode retenue était celle de l'entretien

1. Sur l'utilisation de ce style de recherche, voir P. Amiel, *Ethnométhodologie appliquée : éléments de sociologie praxéologique*, Paris, Presses du Lema/Université Paris VIII, 2002.

semi-directif, sur la base des différents guides (un par type d'acteur concerné) élaborés lors du premier terrain. Un cinquième terrain enfin correspondait à l'interrogation par entretiens semi-directifs de grands témoins ou d'experts pour enrichir les données recueillies au contact de points de vue informés.

La méthode de recueil des données était celle – classique – de l'enquête par entretiens semi-dirigés : les entretiens étaient conduits sur la base du guide initial ou du guide retravaillé. Ils étaient planifiés sur rendez-vous (ou rendez-vous téléphonique) pour 40 minutes environ. Ils étaient enregistrés avec l'accord oral explicite du répondant, puis retranscrits intégralement. L'anonymat des réponses était garanti aux répondants.

L'analyse était basée sur la retranscription des entretiens qui étaient anonymisés au fur et à mesure de la retranscription. Afin de préserver l'anonymat des participants, tous les noms propres ont été retirés du présent texte : les prénoms éventuellement utilisés sont donc tous fictifs, les noms de villes aussi ainsi qu'une grande partie des noms de lieux (« Paris » n'a pas été modifié : toutes les équipes étant parisiennes ce nom n'est pas discriminant).

« *Le propre de la pensée qualitative, c'est la souplesse et la multiplicité des analyses menées dans le même temps* »[1]. Décrire avec précision le déroulement chronologique de l'analyse réalisée est partiellement impropre : certaines analyses sont tentées, puis abandonnées pour être ensuite reprises au fil de la découverte des données. On peut cependant décrire schématiquement l'analyse réalisée comme suit. La méthode d'analyse utilisée était principalement *thématique :* chaque entretien était analysé en profondeur en ayant recours à des grilles de thèmes mises au point dynamiquement au fil de l'analyse. Le guide d'entretien fournissait le point de départ, puis les variables transversales aux entretiens s'imposaient progressivement. Cette démarche d'analyse était interprétative, mais des niveaux de garantie de fiabilité étaient ménagés. En particulier : des entretiens entre le chercheur et les membres du comité scientifique ont été organisés régulièrement (au moins 3 avec chaque membre sur l'ensemble de la durée de l'étude) afin de discuter des différentes démarches d'analyse. Il était rendu raison *a posteriori* de la stratégie d'analyse. L'accès aux matériaux

1. P. Paille, A. Muchielli, *L'analyse qualitative en sciences humaines et sociales*, Paris, Armand Colin, 2003, p. 65.

primaires (retranscriptions) et aux analyses intermédiaires était ménagé aux fins de vérifications ou de recherches ultérieures[1].

L'analyse du terrain « acteurs » a donc été faite sur la base d'une analyse thématique (ou de contenu) des entretiens d'abord « acteur par acteur ». Celle-ci contenait plusieurs étapes, qui constituaient au fil du travail d'analyse, une stratégie adaptée aux objectifs et hypothèses de l'enquête :

Au sein de chaque groupe, l'analyse thématique initiale permettait de dessiner pour chaque individu une trame de récit, dont on tirait peu à peu, par comparaison inter-individuelle, un « récit » de ce que c'est qu'être en situation de « professionnel », de « donneur » ou de « receveur ». Il s'agissait d'un récit correspondant à ce que l'on appelle un idéal-type. Un idéal-type est un concept sociologique qui permet de construire des modèles de l'action des acteurs observés (ici interrogés). Cet idéal-type est construit à partir de descriptions de situations (ici les discours des entretiens), dont le chercheur extrait peu à peu des cas et situations leurs caractéristiques les plus « typiques ». Aucun des parcours individuels ne correspond donc *exactement* au récit présenté. Toujours au sein de chaque groupe, une analyse « orientée variable » était ensuite réalisée, dans le but de décrire plus finement les modèles de l'action des acteurs. On pouvait alors distinguer dans chaque groupe plusieurs modèles idéaux-types. Cette seconde analyse interindividuelle permettait d'éviter que le modèle type ne corresponde plus du tout aux parcours individuels et permettait un rapprochement avec chaque parcours individuel. C'est cette seconde analyse qui permettait de formuler des stratégies d'acteurs, lesquelles donnaient une description des rationalités propres de chaque acteur. De là, une analyse comparative intergroupes (ou interacteurs) permettait de documenter la stratégie globale – commune à tous les acteurs – par la mise en évidence des points de rencontres et d'interactions rendant possible les THDV. Des hypothèses sur les lieux de quiproquos et de désaccord possibles étaient alors formulées. Enfin, l'analyse du terrain « grands témoins » (thématique puis comparative) permettait d'enrichir la discussion en particulier sur la question des conceptions du don qui coexistaient sur le terrain.

1. Un CD-Rom contenant l'ensemble du texte des entretiens ainsi que les analyses successives est disponible à L'Agence de la Biomédecine afin que des recherches ultérieures et/ou des vérifications puissent être entreprises. Celles-ci ne pourront être envisagées qu'à la condition que l'anonymat des répondants soit maintenu.

CHAPITRE II

# PRINCIPAUX RÉSULTATS D'ENQUÊTE

Si mon travail de thèse détaillait les résultats de l'enquête menée, en rapport avec ses hypothèses, choix méthodologiques et objectifs spécifiques, ce n'est pas l'objet ici. Ce chapitre se consacre plus simplement à la mise en perspective des principaux résultats de l'enquête de terrain, afin de permettre à chacun de comprendre les préoccupations et modes de délibération typiques des acteurs de la THDV et de permettre la mise en évidence de leurs stratégies propres. Il retrace pour cela dans les grandes lignes les résultats de l'analyse thématique, de l'analyse orientée variable et de la comparaison intergroupe.

## RÉSULTATS « PROFESSIONNELS »

L'enquête auprès des professionnels a été conduite pour l'essentiel entre septembre 2004 et janvier 2005, sur la base d'un guide d'entretien spécifique qui interrogeait les professionnels sur leur rôle dans la prise en charge des donneurs ou receveurs; la décision de l'équipe; les avantages et inconvénients du don de foie entre vivants; les enjeux éthiques liés à cette pratique; la comparaison entre la situation de don entre adultes ou d'un parent à son enfant. Ils étaient aussi invités à témoigner sur leur ressenti à propos des donneurs et receveurs. Enfin leur avis sur l'ensemble de cette démarche de don leur était demandé.

29 entretiens au total ont été conduits auprès de professionnels de 3 structures : le service de chirurgie digestive de l'hôpital Cochin (Paris), le service de chirurgie viscérale de l'hôpital Beaujon (Paris) et les services d'hépatologie et de chirurgie pédiatriques de l'hôpital du Kremlin-Bicêtre

(le Kremlin-Bicêtre). Les propos des participants ont été recueillis sous promesse d'anonymat. Tous les participants ont été recrutés sur la base du volontariat : après avoir pris connaissance de l'enquête (présentée succinctement dans chaque équipe), il leur était proposé d'y participer. 29 ont participé, et 27 entretiens ont été analysés. Sur ces 29 professionnels, 13 étaient de l'hôpital Cochin, 6 étaient de l'hôpital Beaujon (ces deux équipes sont dites « adultes » car elles s'occupent des donneurs et des receveurs adultes), et 8 étaient de l'hôpital du Kremlin Bicêtre (équipe dite « pédiatrique » qui prend en charge uniquement les receveurs enfants).

Une première analyse thématique des discours a permis de mettre en évidence les préoccupations majeures des professionnels adultes pour tout ce qui touche à la THDV : les distinctions qu'ils jugent importantes, les difficultés qu'ils identifient pour le donneur, les dilemmes éthiques auxquels ils sont confrontés et la façon qu'ils ont d'arbitrer entre des valeurs différentes.

La première préoccupation des professionnels adultes est de bien distinguer les différentes situations dans lesquelles le recours au don entre vivants est possible : le don dit « parental » dans lequel un parent donne une partie de son foie à son jeune enfant, et le don dit « adulte adulte » ou « entre adultes » dans lequel un membre d'une famille donne une partie de son foie à un autre membre adulte de sa famille. La spécificité des professionnels adultes est qu'ils ont un avis très favorable au don d'un parent à son enfant tandis qu'ils sont assez réservés sur le don entre adultes. Selon eux, le don d'un parent à un jeune enfant est « évident » ou « naturel », ne serait-ce que parce que cette greffe offre un avenir à l'enfant (ce qui n'est pas toujours le cas pour une personne plus âgée) et permet selon eux de déculpabiliser les parents qui se sentent en général coupables de la maladie congénitale dont souffre leur enfant. De plus cette situation leur semble peu dangereuse dans la mesure où son organisation est bien structurée et où les techniques de prélèvement et de greffe sont standardisées. En ce qui concerne les dons entre adultes, les soignants « adultes » pensent en général que cela pose plus de problèmes, en particulier lorsqu'il s'agit du don d'un enfant à son parent. Ainsi ils sont réticents face à l'attitude de certains parents receveurs qui acceptent « trop facilement » de mettre en danger la vie du donneur – ici leur enfant. Les professionnels « adultes » estiment que les risques sont plus importants, que les pratiques sont moins structurées, et que c'est « moins naturel » de donner pour son parent que pour son enfant.

Directement après la distinction des deux situations de recours au don entre vivants vient la préoccupation pour la liberté du donneur. Si certains professionnels pensent que le donneur est libre (ce qui autorise le prélèvement), la même proportion ou presque pense que le donneur n'est pas *vraiment* libre, c'est-à-dire qu'il subit des pressions qui orientent sa décision, que ces pressions soient familiales, médicales, psychologiques ou morales. Lorsqu'ils considèrent que le donneur n'est pas vraiment libre de se décider, les professionnels ont l'impression d'exercer sur lui une forte pression dès lors qu'ils proposent le recours au don entre vivants. Impression d'autant plus forte que les professionnels se sentent eux-mêmes contraints de proposer le recours au don entre vivants en raison de la pénurie d'organes.

Viennent ensuite les deux préoccupations qui découlent directement de la préoccupation pour la liberté du donneur : l'information à délivrer aux donneurs et receveurs potentiels, et les dilemmes éthiques suscités par la pratique de la THDV. Dans la mesure où il est difficile de greffer les malades en attente en situation de pénurie d'organes, les professionnels considèrent qu'il est de leur devoir d'informer les patients de l'existence de deux possibilités de greffe, l'une à partir d'un donneur décédé (aussi appelé « anonyme »), l'autre à partir d'un donneur vivant (ou « familial »). Certains professionnels adultes considèrent néanmoins que l'information sur le don entre vivants peut constituer une première forme de pression sur le donneur potentiel. De ce fait, ils n'informent pas directement les donneurs potentiels mais le receveur, à qui ils donnent une première information « neutre, claire et loyale », sur les deux possibilités. Ils attendent ensuite de voir si le receveur ou la famille sont intéressés par la possibilité du donneur vivant. Si la famille ou le receveur ne manifestent pas d'intérêt pour le donneur vivant, les professionnels n'abordent plus le sujet, à moins que le receveur soit en danger de mort, particulièrement quand il s'agit d'un enfant. Si au contraire la famille ou le receveur manifestent un intérêt pour le don entre vivants, les professionnels donnent plus d'informations. En particulier, ils donnent une information « claire, loyale et simple » sur les risques pour le donneur en termes de mortalité et de morbidité et indiquent les avantages et inconvénients de cette technique pour le receveur. Le sentiment qu'informer suffit parfois à faire peser des pressions psychologiques familiales ou médicales sur le donneur oriente la perception des dilemmes éthiques auxquels se trouvent confrontés les professionnels. En effet, plus le donneur est perçu comme étant « en situation de contrainte », et plus la responsabilité des soignants qui le prennent en charge est importante. Les principaux dilemmes éthiques concernent donc les risques pour la santé du donneur – à court et à long terme – en lien avec le problème de la liberté du donneur : ce donneur est-il suffisamment libre de se décider compte tenu des risques qu'il encourt ? Le danger de mort qui pèse sur le receveur vient accroître le dilemme : puisque ce malade risque de mourir s'il n'est pas greffé, convient-il de refuser le recours au don entre vivants lorsque le donneur ne présente pas de problèmes médicaux, qu'il donne son consentement, mais que l'équipe ne peut affirmer qu'il est entièrement libre au plan psychique ? Doit-on privilégier la considération pour le malade en situation de danger immédiat ou pour son proche potentiellement en danger s'il est prélevé ?

Confrontés à ces dilemmes éthiques difficiles, les professionnels doivent néanmoins prendre au cas par cas la décision de prélever ou non ce donneur pour ce receveur. Ils examinent à chaque fois différents points et identifient des arguments – médicaux ou non – en faveur ou contre le recours à la THDV. Les principaux arguments médicaux en faveur de la THDV sont la pénurie d'organes (s'ils disposent d'un organe, la question ne se pose pas ou très rarement), l'indication perçue comme bonne (c'est-à-dire correspondant à l'indication standard de la transplantation hépatique), et le fait que le donneur ne présente pas de risques supplémentaires. Les arguments médicaux contre le recours à la THDV sont les risques encourus par le donneur. Les professionnels adultes évoquent aussi d'autres arguments en faveur ou contre la THDV. Les autres arguments en faveur de la THDV sont l'aspect « naturel » du don de parent à enfant, la forte motivation du donneur et le consensus de l'équipe sur ce cas particulier. Les autres arguments contre le recours à la THDV sont l'absence de consensus de l'équipe, des relations conflictuelles entre donneur et receveur, une attitude trop « demandeuse » du receveur, et enfin un « *mauvais feeling* ».

Lorsqu'ils prennent la décision de recourir ou non à la THDV, les professionnels s'interrogent en général sur la décision du donneur lui-même. Leur perception de cette décision peut en effet influencer leur propre décision. La majorité des professionnels adultes considère que le donneur ne prend pas une décision réfléchie mais spontanée, instinctive, sans conscience des risques encourus, par peur pour le receveur. La majorité pense donc que les donneurs prennent une décision contrainte par l'impossibilité psychique ou morale de refuser.

Finalement, avant d'exprimer leur avis général sur la THDV, les professionnels ont tendance à en résumer les principaux avantages et inconvénients. Pour les professionnels adultes, les avantages sont surtout en termes de technique – ils estiment que la technique est bonne – et dans le fait que c'est un « beau geste » de donner. Selon eux, les inconvénients de la THDV sont essentiellement les risques médicaux pour les donneurs et receveurs, problème renforcé par le manque de suivi spécifique des donneurs dont les professionnels savent qu'ils vivent des complications médicales et psychologiques sans pouvoir en mesurer l'ampleur. Au total, l'avis des soignants adultes est plutôt mitigé en ce qui concerne le don vivant entre adultes, mais favorable s'il s'agit d'un don parental.

Cette mise en perspective des préoccupations et des modes de décision des professionnels adultes est bien entendu résumée et partielle, mais son intérêt est de mettre en lumière la tension autour de laquelle se constitue et s'organise le recours au don entre vivants pour les professionnels adultes. Cette tension est celle qui implique de choisir entre deux nécessités ressenties comme contraires : la nécessité de greffer les receveurs en situation de pénurie, et la nécessité de ne pas blesser plus que nécessaire le donneur, perçu comme un « futur patient » en bonne santé, mais dont la compréhension des risques et le degré de liberté sont sujets à caution. De ce fait, les professionnels adultes sont dans un monde de grande responsabilité. Ils tentent de limiter les contraintes qui peuvent peser sur le donneur par différents moyens, en particulier organisationnels (par exemple : tentative d'intégrer un tiers neutre à la décision, tentatives de séparation des équipes prenant en charge donneurs et receveurs). Ces différentes préoccupations les amènent à concentrer leurs efforts organisationnels sur les moments de l'information et de la décision.

On peut donc dire que la stratégie des soignants adultes, – *c'est-à-dire leur façon de faire et de « rendre normale à leurs yeux comme à ceux des autres » leur façon de faire* – est la suivante : ils rendent le prélèvement sur donneur vivant « normal », au sens de protocolisé.

Cette stratégie leur permet d'une part de diminuer les risques qu'ils perçoivent pour le donneur, par la standardisation progressive des techniques et des « situations types » dans lesquelles on peut proposer le don entre vivants. D'autre part, elle leur permet de passer d'une responsabilité individuelle à une responsabilité collective : la décision n'est plus prise dans le colloque singulier d'un médecin et de son patient (qui n'est ici pas *encore* un patient), mais au sein d'une réunion médicale, dans laquelle chaque équipe intègre au moins un psychologue, et à laquelle les deux équipes intègrent le point de vue d'un tiers perçu comme « neutre ».

Si les récits des pédiatres sont la plupart du temps en accord avec les récits des professionnels adultes, certains points les distinguent suffisamment pour supposer que leur stratégie est différente. Une seconde analyse « orientée variable » a permis d'identifier ces différents points qui sont la conception de la liberté du donneur, les différences en fonction du lien de parenté entre donneur et receveur, les avantages et inconvénients de la THDV et la pénurie.

Tout comme les professionnels adultes, les pédiatres distinguent initialement les deux situations dans lesquelles le recours au don entre vivants est possible. Ils s'expriment cependant presque uniquement sur le don « parental » qui est celui qu'ils connaissent. Sur ce point, les pédiatres se distinguent nettement des professionnels adultes car aucun d'entre eux ne trouve que donner pour un enfant soit plus « naturel » ou « normal » que pour un adulte. D'autre part, contrairement aux professionnels adultes, ils considèrent que le don parental peut être plus problématique que le don entre adultes d'abord parce que les suites familiales sont souvent complexes (le donneur va se trouver face à un enfant qui grandit et s'oppose à ses parents), et d'autre part parce que les parents (qui se sentent la plupart du temps coupables de la maladie congénitale de leur enfant) sont initialement – selon les pédiatres – moins libres de refuser le don que les autres donneurs. La liberté du donneur est donc une préoccupation majeure pour les pédiatres, mais elle se structure différemment que chez les professionnels adultes. Leur spécificité se situe plus particulièrement sur deux aspects du discours. D'une part, tandis que les professionnels adultes sont inquiets de la qualité du *consentement* du donneur (est-il vraiment libre d'accepter, a-t-il compris les conséquences possibles de son geste ?) les pédiatres sont attentifs à la liberté *de refus* du donneur. Leur préoccupation est donc de garantir cette liberté (initialement plus menacée que celle des autres donneurs) par un comportement spécifique dans les pratiques d'information et d'accompagnement des parents : ne pas pousser les parents au don, proposer d'autres solutions. D'autre part les pédiatres considèrent que les pressions qui pèsent sur la décision du donneur sont spécifiquement familiales ou morales mais pas médicales. Ces deux points de vue sont cohérents entre eux : en effet, s'ils estiment être garants par leurs attitudes de la liberté du donneur, ils considèrent qu'ils ne font pas peser de pression sur celui-ci.

Une autre spécificité des pédiatres est qu'ils raisonnent plus que les professionnels adultes en termes d'évaluation médicale des risques et des bénéfices qu'en termes de dilemmes éthiques. Pour les pédiatres en effet, il y a peu de différences entre le don issu de donneur « décédé » et le don parental, simplement parce que les résultats sont les mêmes pour l'enfant. Les techniques sont différentes et sont perçues comme ayant chacune des avantages et inconvénients qu'il faut mesurer. Les avantages du don parental sont la qualité du greffon, la possibilité de programmer l'intervention ainsi que la diminution du temps d'attente. Les inconvénients sont la complexité de la chirurgie pour le receveur et les suites familiales complexes.

Enfin, le dernier point de divergence important entre les pédiatres et les adultes interrogés porte sur la conception de la pénurie. Selon les professionnels adultes, elle est un justificatif du recours au donneur vivant, tandis que pour les pédiatres, la pénurie est un phénomène relatif pour lequel il existe d'autres solutions que le don entre vivants (par exemple systématiser le partage des foies issus de donneurs décédés pour en greffer une partie à un enfant et l'autre à un adulte).

Les différences observées dans les discours des pédiatres par rapport à ceux des professionnels adultes s'expliquent sans doute par les différences effectives de situations. En effet, les pédiatres sont en charge d'un jeune enfant atteint le plus souvent d'une maladie chronique. De ce fait – contrairement aux professionnels adultes – ils sont en charge du receveur potentiel, mais accompagnent aussi les donneurs potentiels (les parents) : il y a donc plus de temps pour informer de la possibilité du don intra familial, plus de temps de réflexion pour le donneur, et plus de temps de discussion entre le donneur potentiel et l'équipe. Cela peut expliquer que les pédiatres se sentent garants de la liberté du donneur potentiel et le voient finalement plus volontiers libre (de refuser) que les soignants adultes. De plus, entre le partage des foies, la priorité pédiatrique et le recours au donneur vivant, les décès d'enfants en liste d'attente sont extrêmement rares, voire inexistants. La pénurie est donc effectivement un phénomène plus relatif en pédiatrie qu'en chirurgie adulte. D'autre part, les pédiatres n'évaluent pas médicalement la possibilité du prélèvement chez le donneur, mais uniquement les risques et bénéfices pour le receveur : l'évaluation du donneur potentiel est réalisée par une équipe adulte. Cela explique que les pédiatres soient plus enclins à considérer les avantages et inconvénients médicaux des THDV que ses aspects éthiques, ceux-ci concernant plus le donneur que le receveur. Cela explique aussi qu'ils soient moins sensibles aux risques encourus par les donneurs puisque les risques d'un prélèvement pour un enfant sont effectivement moins importants que ceux d'un prélèvement pour un adulte. Enfin, les pédiatres suivent l'enfant et sa famille à long terme, car l'enfant greffé passe après la greffe d'une maladie chronique à une autre maladie chronique (la nécessité d'un traitement immunosuppresseur a des conséquences sur la santé et la qualité de vie). Cela explique sans doute l'insistance des pédiatres sur les suites conjugales, parentales et familiales des THDV, souvent moins bien perçues par les soignants adultes qui perdent plus facilement de vue le donneur.

Ce que met en lumière cette analyse spécifique du discours des pédiatres, c'est que le « monde » des pédiatres se structure et s'organise lui aussi autour d'une tension entre deux nécessités difficiles à concilier. La première est de « sauver la vie » d'un enfant dont ils ont la charge, dans une situation de pénurie certes relative mais qui reste contraignante et qui les incite à envisager le donneur vivant comme une technique dont on peut comparer les avantages et inconvénients, d'autant plus que les donneurs sont évalués ailleurs. La seconde est la nécessité de ne pas accentuer un traumatisme familial déjà important en raison de la maladie afin de permettre à terme à l'enfant une vie « normale ». Les pédiatres se trouvent en fait dans un monde de responsabilité à long terme. Leurs efforts ne se situent donc pas dans l'augmentation de la liberté du donneur, mais plus spécifiquement dans la mise en place d'un accompagnement tant médical que « familial » tout au long de la maladie.

On peut donc dire que la stratégie des soignants pédiatres, – *c'est-à-dire leur façon de faire et de « rendre normale à leurs yeux comme à ceux des autres » leur façon de faire* – est la suivante : ils rendent le prélèvement sur donneur vivant « normal », au sens de « moins traumatisant possible » pour l'enfant et sa famille. Connaissant les difficultés familiales et médicales que peut induire la THDV, ils structurent leurs efforts autour d'alternatives techniques (telles que le foie partagé) pour diminuer le recours au donneur vivant. Cependant leur stratégie consiste avant tout à soigner l'enfant dont ils ont la charge. Quand le besoin se fait sentir, ils ont recours au don entre vivants comme à un autre traitement : le don entre vivants est « normal » pour les pédiatres quand il « sauve l'enfant ».

L'analyse « orientée variable » permet de mettre en évidence l'existence de stratégies différentes selon que les professionnels s'occupent principalement des enfants receveurs ou des adultes, donneurs comme receveurs. Il est intéressant de noter que les professionnels adultes, qui sont en charge du prélèvement et assument les risques pour le donneur sont très préoccupés de la décision de celui-ci ainsi que de l'aspect « protocolisé » et négocié de la décision. Les pédiatres en revanche se trouvent presque en position de « receveurs » : ils représentent un enfant malade et se sentent garants de sa santé et de sa survie. Ils ne se préoccupent donc pas de la même façon du donneur et de son choix, mais restent attentifs aux conséquences à long terme du don, car cela joue sur la qualité de vie de l'enfant. C'est finalement la rencontre de ces deux stratégies qui aboutit à la décision commune de prélever ou non un parent pour greffer son enfant.

## RÉSULTATS « DONNEURS »

L'enquête auprès des donneurs a été conduite entre décembre 2003 et janvier 2005 sur la base d'un guide d'entretien spécifique, auprès de donneurs ayant été prélevés depuis un an au mois à la date de l'entretien. Ils étaient interrogés sur l'information qu'ils avaient reçue, leur décision, l'intervention et ses suites, et enfin sur leur avis sur la THDV. 20 entretiens au total ont été conduits avec des donneurs issus de deux équipes, celle de l'hôpital Cochin et celle de l'hôpital Beaujon. Les propos des interlocuteurs ont été recueillis sous promesse d'anonymat.

Le service de chirurgie de l'hôpital Cochin a proposé 26 donneurs, ce qui correspondait à l'ensemble des donneurs prélevés depuis un an ou plus dans le service (sauf un exclu de l'enquête par le service avec lequel il est en conflit). 20 ont pu être contactés et 12 ont participé. Le mode de recrutement était donc exhaustif. Le service de chirurgie de l'hôpital Beaujon en a proposé 12 sans préciser à l'enquêteur le mode de recrutement choisi. 10 ont pu être contactés et 8 ont participé. Le temps moyen entre la date du prélèvement et la date de l'entretien était de 2 ans et 3 mois, avec un minimum de 4 mois et un maximum de 9 ans et 9 mois.

Le premier objectif de l'enquête était de documenter le vécu des acteurs de la THDV pour la période post-greffe. De ce fait, les résultats présentent avant tout les suites médicales décrites par les donneurs et les receveurs. Il faut à ce propos préciser que la véracité médicale de ces descriptions n'a pas été vérifiée, ni dans les dossiers médicaux ni auprès des médecins, car le but était de décrire ce que les donneurs et receveurs eux-mêmes estimaient vivre en termes de suites et de complications. Puisque les récits des donneurs et receveurs comprennent des informations sur la santé des deux « patients », il faut distinguer les suites telles qu'elles sont décrites par les donneurs ou les receveurs.

Selon les donneurs eux-mêmes, 4 donneurs dont 2 parentaux décrivent des petites complications (laparotomie* au lieu coelioscopie*, hématome*, épanchement pleural*, pneumo thorax* avec réanimation pendant 5 jours). 3 donneurs adultes décrivent des grosses complications (lésion des voies biliaires, épanchement pleural et collection biliaire*, pontage artériel* et pleurésie purulente*). 13 donneurs déclarent aller bien, dont 2 précisent qu'ils ne peuvent plus boire d'alcool (1 adulte, 1 pédiatrique). Selon les receveurs (dont les donneurs n'avaient pas été interrogés), 1 donneur a eu une grosse complication (5 semaines de réanimation avec complications pulmonaires) et 3 donneurs vont bien.

Au total donc, sur les 24 donneurs dont le parcours était décrit, 8 ont (ou ont eu) des complications suite au don et 16 vont bien, ce qui correspond à un tiers de complications déclarées.

Contrairement aux médecins qui étaient interrogés sur des pratiques professionnelles, les donneurs étaient interrogés sur une période de leur vie, à l'aide de la méthode du « récit de vie ». Il m'a donc semblé légitime de présenter leurs parcours selon l'ordre chronologique tout en mettant en lumière au sein de ce parcours les préoccupations typiques des donneurs adultes et parentaux. La première analyse (thématique) s'est centrée sur le parcours commun aux donneurs adultes et pédiatriques, tandis que l'analyse orientée variable a permis de distinguer des stratégies spécifiques aux deux situations.

Premiers pas du donneur dans le monde du don entre vivant, l'information sur la possibilité du prélèvement et les risques que cela comporte. Ici les situations diffèrent dès le départ entre donneurs adultes et parentaux, puisque la plupart des donneurs parentaux ont reçu une information par un chirurgien ou un médecin qui leur est dédié (c'est-à-dire qui ne s'occupe pas du receveur), tandis que beaucoup de donneurs adultes ont reçu une information par le médecin en charge du receveur. L'information reçue initialement varie donc elle aussi. Lorsque c'est un médecin dédié qui donne l'information, celle-ci porte sur la façon dont le prélèvement et la greffe vont s'organiser, et sur les risques encourus par les donneurs. Lorsque l'information est donnée par le médecin en charge du receveur, elle porte essentiellement sur la pénurie et les avantages du don entre vivants. Quoi qu'il en soit de ces différences, les donneurs considèrent en majorité qu'ils ont été bien informés, même si quelques donneurs adultes trouvent l'information sur les complications et la douleur post-opératoire insuffisante.

Après l'information, vient le temps de la décision de donner ou non, décision prise après une évaluation des risques et des bénéfices du prélèvement qui conduit les donneurs à arbitrer entre différentes valeurs. Selon les donneurs, les arguments médicaux en faveur du prélèvement sont : la pénurie qui leur fait craindre pour la vie de leur proche ou de leur enfant; leur compatibilité avec le receveur qui leur semble augurer d'un meilleur résultat pour la greffe (il s'agit parfois d'une *meilleure* compatibilité quand il y a plusieurs donneurs potentiels); et enfin le sentiment qu'il est possible que les suites soient meilleures (en termes de rejet) pour le receveur. Les arguments médicaux contre le prélèvement sont selon les donneurs : le risque vital pour eux-mêmes; le risque vital pour le receveur dont ils savent qu'il peut décéder au décours de l'opération; et enfin le risque de rejet (parfois considéré comme un refus de la part du receveur). D'autres arguments – des arguments personnels – en faveur ou contre le recours à la THDV sont évoqués par les donneurs. Ceux-ci diffèrent pour les donneurs adultes et parentaux. Pour les donneurs adultes, les arguments personnels en faveur du don sont l'aspect « évident » ou « normal » de ce geste, son impact bénéfique pour la famille dans son ensemble et la confiance dans l'équipe médicale qui les prend en charge. Les arguments personnels contre le recours à la THDV sont le refus du receveur (qui a parfois mis du temps à accepter le don), l'isolement et la charge des enfants (qui rendent l'organisation du prélèvement difficile), et enfin le refus de la famille et ou de l'entourage qui vivent parfois mal de passer d'un proche malade et hospitalisé à deux. Pour les donneurs parentaux, le principal argument personnel pour donner est le « ras-le-bol de la situation » (c'est-à-dire des hospitalisations répétées de l'enfant etc.), l'aspect « évident » ou « normal » du geste, et enfin la volonté d'être en paix avec eux-mêmes ou leur conscience. L'argument personnel principal contre le recours à la THDV est la peur de l'intervention chirurgicale dont ils savent qu'elle n'est pas sans risque.

Cette mise en perspective des préoccupations et modes de décision des donneurs est là encore résumée et partielle, mais son intérêt est de mettre en évidence l'ensemble des arguments pris en considération par les donneurs pour finalement décider de donner, c'est-à-dire trancher entre différentes valeurs légitimes les unes comme les autres. Par exemple, les donneurs adultes doivent parfois choisir entre les soins portés à leurs propres enfants et l'inquiétude légitime pour la vie d'un proche (frère, mère ...). Qui doivent-ils privilégier ? A qui va d'abord leur « obligation morale » ? Les donneurs parentaux doivent arbitrer entre les risques qu'ils sont prêts à prendre pour eux-mêmes et le devoir d'assistance qu'ils ont vis-à-vis de leur enfant. Par exemple, un parent doit-il prendre le risque de mourir ou de vivre des complications importantes pour « sauver » sont enfant (alors que celui-ci se trouvera orphelin de père ou de mère s'il décède, ou bien que l'équilibre familial sera très perturbé par des complications éventuelles) ?

Une fois que la décision de donner est prise, les donneurs sont prélevés. Ils considèrent en général que l'opération s'est bien passée et que la prise en charge est bien organisée. Pourtant cinq donneurs adultes sur dix ont vécu des complications pendant ou au décours du prélèvement. Lorsque le prélèvement est effectué, ils se sentent en général soulagés au plan psychique. En revanche ils décrivent des douleurs importantes qui durent le plus souvent quelques jours mais peuvent durer plusieurs mois. Par ailleurs certains donneurs éprouvent des difficultés psychiques (angoisse, dépression etc.) après le prélèvement et souhaiteraient un soutien psychologique plus important. L'hospitalisation est plutôt bien vécue par les donneurs du moins jusqu'à leur sortie, même s'ils décrivent un sentiment étrange entre le fait d'être malade et en même temps non malade, ainsi qu'une relation particulière à leur corps « prélevé », parfois décrit comme une réserve d'organes.

Au moment de la sortie, certains donneurs adultes ont le sentiment d'être « mis à la porte », que leur sortie est trop rapide et mal préparée ce qui occasionne aussi des difficultés administratives : difficultés à se faire rembourser les soins, problèmes d'assurances etc. Aucun donneur parental ne décrit de telles difficultés.

Après le don, les donneurs vivent un certain nombre de changements psychiques, familiaux, conjugaux et « socio professionnels » plus ou moins importants. Le changement psychique le plus évident pour les donneurs adultes tient dans la satisfaction de voir son proche aller mieux. Pour les donneurs parentaux, les choses sont moins simples puisque la moitié environ des donneurs estime que le don a permis une nouvelle vie et se sent très soulagée tandis que l'autre moitié considère que le don n'a pas eu l'effet attendu et qu'il a simplement changé des contraintes (régime, hospitalisations) en contraintes différentes (traitement, bilans etc.). Au plan familial, les donneurs adultes décrivent plutôt une amélioration des liens familiaux même si une famille a été brisée par le don, au point que donneur, receveur et autres membres de la famille ne se voient plus. Au plan professionnel, donneurs adultes et parentaux décrivent des situations de soutien, mais cinq donneurs adultes décrivent des difficultés importantes avec leur employeur ou bien pour la reprise de leur travail. Ces difficultés professionnelles créent une différence importante entre la situation des donneurs adultes ou parentaux. En effet, les donneurs adultes ayant vécu des complications professionnelles vivent aussi des difficultés financières : durée de remboursement des soins excessive, pertes de salaire ou d'emploi etc., au point que certains considèrent qu'il faut prévoir une indemnisation pour le donneur. En revanche aucun donneur parental ne décrit ce type de complication

Les donneurs interrogés vont en général tout à fait bien au moment de l'entretien (mis à part les 2 donneurs ayant eu de grosses complications qui ne peuvent pas travailler au moment de l'entretien). Certains décrivent cependant des petites séquelles comme des douleurs sur la cicatrice ou une impossibilité de boire de l'alcool.

Au total, les donneurs adultes et parentaux restent plutôt favorables au don entre vivants et seraient prêts à recommencer. Ils sont en général satisfaits d'avoir donné et ils n'ont pas de revendications médicales à formuler. Les points problématiques concernent essentiellement les aspects autres que médicaux.

Trois points importants sont mis en lumière par cette analyse. D'abord les donneurs se décrivent dans l'ensemble conscients des risques au moment où ils prennent la décision et se sentent prêts à les assumer, au point qu'ils ne se plaignent pas des complications médicales dont ils affirment qu'ils étaient prévenus. La liberté de leur décision ne fait donc pas problème pour eux : ils estiment avoir pris leur décision librement et en connaissance de cause. Ensuite ils ne se considèrent pas comme des malades, ils pensent que leur décision est normale, et que « n'importe qui aurait fait pareil ». Enfin leurs situations varient après le don selon qu'ils ont donné à un adulte ou à un enfant (selon qu'ils vivent ou non des complications et selon l'état de santé de leur enfant), ce qui les rapproche étant essentiellement la période pré-don. Il m'a alors semblé que les suites vécues par les donneurs adultes ou parentaux étaient des variables qui permettaient de mettre en évidence les stratégies propres à chacun des types de donneurs.

Lors de l'analyse des discours des donneurs adultes, deux groupes se distinguaient selon que les donneurs décrivaient ou non des complications suite au don. Un premier groupe de cinq donneurs vivait des complications médicales, que celles-ci soient évaluées comme « petites » ou « importantes ». Un second groupe de cinq donneurs ne vivait pas de complications médicales. En simplifiant l'analyse thématique (c'est-à-dire en éliminant les nuances et en accentuant la position la plus marquée du donneur), il est apparu que ces deux groupes se répartissaient différemment sur certains thèmes importants. En faisant varier les suites pour le donneur, les corrélations suivantes apparaissaient.

Le fait d'avoir vécu des complications médicales était corrélé pour les donneurs au fait d'avoir donné en raison de la compatibilité avec le receveur; au fait d'aborder spontanément les douleurs liées au prélèvement; à des changements dans la vie du donneur; à des difficultés financières et professionnelles et à des problèmes d'assurance et de remboursement; à une attente de reconnaissance juridique et psychologique du donneur vivant; et enfin à un avis réservé sur le don entre vivants. Le fait de ne pas avoir de complications médicales était corrélé pour les donneurs au fait d'avoir donné en raison de la pénurie; à l'absence de changement important dans la vie du donneur; à un soutien dans la vie professionnelle; à une absence relative de difficultés financières et enfin à un avis positif sur le don entre vivants. Bien sûr ces « corrélations » n'ont aucune valeur statistique et doivent être uniquement considérées comme des corrélations *observées :* il s'agit d'une comparaison sur 2 groupes très restreints (5 personnes dans chaque groupe), ce qui ne permet pas de conclure à un lien quelconque de causalité. Cependant, elles permettent de mettre en lumière la position particulière des donneurs adultes : ceux-ci semblent avoir pris une décision d'ordre médical alors qu'ils étaient en bonne santé. A la suite de cette décision, ils se trouvent dans une situation inédite et inattendue : malades et sans aucune reconnaissance de leur maladie. D'autre part, en cas de complication (même minime), ce que découvrent les donneurs ce sont les suites sociales – c'est-à-dire professionnelles et financières – qui découlent de leur nouvelle situation. Celles-ci n'étaient pas du tout dans leurs préoccupations avant le don, et ils se sentent « abandonnés » face à ces problèmes.

Mon hypothèse est alors que les donneurs adultes sont dans la position spécifique suivante : bien souvent, ils ne vivent pas avec le proche à qui ils décident de donner une partie de leur foie. Ils sont prêts à assumer les risques médicaux du prélèvement, mais attendent au minimum que le don ne modifie pas leur qualité de vie. Cela ne signifie pas qu'ils ne sont pas prêts à assumer les risques pour eux qu'ils ont bien compris, (même s'ils n'en prennent complètement conscience qu'en cas de complication). Ce n'est cependant pas la même chose d'assumer une complication dont la possibilité a été précisée et d'en assumer les conséquences financières et administratives dont la survenue probable n'a été ni évoquée, ni *a fortiori* planifiée.

Leur stratégie – *c'est-à-dire leur façon de faire et de « rendre normale à leurs yeux comme à ceux des autres » leur façon de faire* – peut donc se décrire comme suit : les donneurs adultes décident librement (d'après une balance risques bénéfices médicale et personnelle) de donner un organe à leur proche. Ils sont prêts à assumer les risques de l'intervention dans l'attente d'un bénéfice médical pour leur proche. Ils le font aussi à la condition (implicite) que le don n'ait pas pour eux-mêmes de conséquences autres que médicales. Le don est donc « normal » pour les donneurs adultes quand en plus d'améliorer la santé de leur proche, l'atteinte qu'ils subissent eux-mêmes ne dépasse pas celle dont on les a prévenus.

Si les donneurs adultes se distinguaient en fonction des suites qu'ils vivent pour eux-mêmes, ce qui variait dans les discours des donneurs parentaux c'était l'état de santé de leur enfant après le don. Un premier groupe de cinq donneurs considérait que l'état de santé de leur enfant s'était amélioré au point qu'ils vivaient une « nouvelle vie ». Un second groupe de quatre donneurs considérait que leur enfant était passé d'une maladie chronique à une autre maladie chronique (il manquait un donneur non classé puisque son enfant était décédé). En simplifiant l'analyse thématique, il est apparu que ces deux groupes se répartissaient différemment sur certains thèmes importants.

Les suites pour le receveur, lorsqu'elles étaient vécues comme des contraintes, étaient corrélées avec un prélèvement ayant donné lieu à des petites séquelles ou complications et ayant généré beaucoup d'angoisse ; à une perception plus négative de l'hospitalisation ; à un sentiment de fierté suite au don ; à des difficultés conjugales ; à peu de soutien dans la vie professionnelle. Les suites du receveur lorsqu'elles étaient vécues comme « une nouvelle vie » étaient corrélées avec un prélèvement sans complication et une hospitalisation bien vécue malgré un manque de soutien psychologique et un sentiment d'angoisse ; à des difficultés dans la cellule parentale qui semblaient plutôt s'améliorer après le don ; à un soutien dans la vie professionnelle. Ces « corrélations » n'ont là encore aucune valeur statistique, et ne peuvent être considérées que comme des corrélations observées. Cependant, l'étude de cette variable montre qu'il existe bien (en tout cas dans notre population de donneurs pédiatriques) deux types de parcours que l'on peut mettre en évidence par les suites vécues par l'enfant, et qu'en dehors des aspects médicaux du don, ce qui est « lié » aux différences dans les « suites pour l'enfant » ce sont les aspects conjugaux et professionnels. En ajoutant l'existence de parcours différents liés aux « suites des receveurs » à l'observation, il me semble possible d'expliquer la particularité des donneurs pédiatriques : contrairement aux donneurs adultes, ils vivent au quotidien avec un enfant malade avant le don, ce qui joue sur leur travail, leur vie de couple, et leur vie familiale. De ce fait, leur stratégie spécifique peut être décrite comme suit : les donneurs pédiatriques décident en connaissance de cause (d'après une balance risques/bénéfices médicale et personnelle) de donner un organe à leur enfant. Ils sont prêts à assumer les risques de l'intervention dans l'attente d'un bénéfice pour lui – entendu au double sens de « vie sauve » pour l'enfant et de « qualité de vie améliorée » pour l'ensemble de la famille. Pour les donneurs pédiatriques, le don est donc « normal » quand il sauve l'enfant et améliore sa qualité de vie, ce qui a pour conséquence une amélioration de la situation familiale.

L'analyse orientée variable permet d'affiner la description de la stratégie des donneurs adultes comme pédiatriques. Les uns comme les autres prennent une décision médicale dont les conséquences implicitement attendues ne se résument pas au bénéfice médical pour le receveur. Ces conséquences incluent des considérations sur leur qualité de vie sociale, personnelle, et familiale, dont ils attendent au minimum qu'elle ne se détériore pas et au mieux qu'elle s'améliore.

## RÉSULTATS « RECEVEURS »

L'enquête auprès des receveurs a été conduite entre décembre 2004 et janvier 2005, sur la base du second guide d'entretiens « donneurs » qui questionnait les receveurs sur l'information qu'ils avaient reçue, leur décision de recourir à la THDV, l'intervention et ses suites. Enfin leur avis sur cette pratique leur était demandé. J'ai conduit 10 entretiens au total, avec des receveurs issus de deux équipes, celle de l'hôpital Cochin et celle de l'hôpital Beaujon. Les propos des participants ont été recueillis sous promesse d'anonymat.

Le mode de recrutement retenu lors de la planification de l'enquête consistait à interroger les receveurs par le biais des donneurs interrogés. Etaient exclus de l'enquête les receveurs pédiatriques. Sur 20 donneurs interrogés, 10 avaient pour receveurs des adultes. Les receveurs ont donc d'abord été recrutés par les donneurs. Par ce biais de recrutement, seuls 6 receveurs ont pu être contactés. 3 donneurs ont refusé de communiquer leurs coordonnées, et 1 receveur a refusé l'entretien. La population initiale de receveurs était trop petite pour réaliser une analyse qualitative pertinente. Pour l'augmenter, il a donc fallu recontacter les deux équipes prenant en charge des receveurs adultes. L'une n'avait pas d'autre receveur adulte susceptible d'être contacté. L'autre a en revanche proposé 5 nouveaux receveurs, dont les donneurs n'avaient pas été contactés. 4 ont accepté de participer. Au total, 10 receveurs adultes ont pu être interrogés. Le temps moyen entre la transplantation et l'entretien était de 2 ans et demi environ (moyenne 31 mois, extrêmes 11 et 51 mois). Tous les liens de parentés autorisés entre le donneur et le receveur par la loi de 1994 étaient représentés : trois receveurs adultes avaient reçu un lobe hépatique de leurs parents, quatre avaient reçu d'un membre de leur fratrie, deux de leur conjoint et un de son enfant.

Le premier objectif de l'enquête était de documenter le vécu des acteurs de la THDV pour la période post-greffe. De ce fait, les résultats présentent d'abord les suites médicales décrites par les receveurs et donneurs interrogés. Pour les receveurs comme pour les donneurs, la véracité médicale de ces descriptions n'a jamais été vérifiée.

Selon les receveurs adultes interrogés, 3 receveurs décrivent une reprise de la maladie initiale (1 a été re-transplanté dans les jours qui ont suivi l'intervention, 1 attend une nouvelle transplantation en raison de complications biliaires importantes, 1 est en chimiothérapie). 5 receveurs vont bien, et 2 vont bien mais ont eu de grosses complications (passage en réanimation, problèmes de cordes vocales, perte de poids très importante etc.).

Selon les donneurs adultes interrogés, 1 receveur est en rechute (cancéreuse) et est hospitalisé (raison pour laquelle le donneur refuse de communiquer ses coordonnées) 1 est perdu de vue par le donneur qui ne sait pas où le joindre, 1 ne va pas bien psychologiquement, ce qui explique le refus du donneur de communiquer ses coordonnées. Enfin 1 receveur va bien, mais refuse lui-même l'entretien.

Au total, sur 14 receveurs adultes dont le parcours était décrit, 4 sont en reprise de la maladie initiale (dont 1 a été re-transplanté et 1 est en attente de greffe), 8 vont bien, 1 va mal psychologiquement, 1 est perdu de vue.

Selon les donneurs parentaux interrogés, 5 receveurs vont bien, 2 vivent des complications avec hospitalisations, 1 est en reprise de la maladie initiale, 1 est décédé, 1 est décrit comme allant et mieux et moins bien.

Au total donc, sur 24 receveurs dont l'état a été documenté, 11 vont bien ; 5 sont en reprise de la maladie initiale ; 4 présentent des complications ; 1 n'est pas bien psychologiquement ; 1 est perdu de vue ; 1 est décédé ; 1 est « non classable ».

Les receveurs étaient (comme les donneurs) interrogés sur une période de leur vie, à travers la méthode du récit de vie. Il m'a donc là encore semblé légitime de présenter leurs parcours selon l'ordre chronologique. Ici en revanche seul le parcours des receveurs adultes est analysé puisque les receveurs « enfants » n'étaient pas inclus dans l'enquête. Le nombre d'entretien était assez faible et ne permettait pas d'affiner autant l'analyse que pour les donneurs ou professionnels. La première analyse (thématique) mettait donc en évidence les préoccupations typiques des receveurs et faisait ressortir leur stratégie, tandis que la seconde analyse (orientée variable) permettait uniquement de faire l'hypothèse de l'existence de parcours et de stratégies différentes.

Contrairement aux donneurs qui découvraient en général le monde de l'hôpital brutalement et « indirectement », les receveurs étaient pour la plupart malades depuis longtemps lorsque se posait la question de la greffe. Ils ont néanmoins tous commencé leur récit avec émotion en évoquant le moment où la nécessité de la greffe avait été abordée pour la première fois et l'information qu'ils avaient reçue à ce moment-là. Les receveurs étaient d'abord informés de la nécessité de la greffe pour leur propre survie (information qui provoquait un stress et une émotion très importants). Ils recevaient alors une information sur les deux possibilités de greffe : à partir d'un donneur en mort cérébrale ou d'un donneur vivant familial. On leur parlait ensuite de la pénurie et de l'urgence dans laquelle ils étaient, puis on leur présentait les avantages et inconvénients du don entre vivants (pour eux comme pour le donneur). Ensuite, 3 schémas étaient possibles : soit le donneur potentiel avait déjà connaissance de cette possibilité et il s'informait des démarches à accomplir ou des aspects pratiques de l'opération; soit le receveur informait lui-même le ou les donneurs potentiels; soit c'était la famille qui s'informait et proposait un ou plusieurs donneurs.

C'est à partir de ce moment-là – la possibilité avait été évoquée et un ou plusieurs donneurs se proposaient – que les receveurs prenaient la décision de recourir ou non au don entre vivants. Ce moment était un moment de tension pour beaucoup de receveurs qui devaient faire face à un conflit de valeurs important qui consistait à mettre en balance leur propre survie avec le risque de blesser un membre de leur famille. Leur décision reposait sur la mise en balance de différents arguments médicaux et personnels. Les arguments médicaux en faveur du donneur vivant étaient l'urgence pour eux d'être transplantés sous peine de décéder, à quoi s'ajoutait la durée d'attente en liste vécue comme une « absence » de donneur décédé. Cette situation créait un sentiment de contrainte chez les receveurs qui estimaient n'avoir pas d'autre choix au plan médical. Les arguments personnels en faveur de la THDV étaient le fait que le donneur se propose ou qu'il insiste pour donner; l'insistance de la famille qui souhaitait voir le receveur recourir au don entre vivants; et enfin le choix de ce donneur spécifique plutôt que d'un autre dans la famille (ce donneur était accepté, un autre ne l'aurait peut-être pas été). Les arguments médicaux contre le recours au donneur vivant étaient les risques pour le donneur et les risques spécifiques pour le receveur lui-même. Les arguments personnels contre le recours à la THDV étaient d'abord la charge de famille du donneur qui avait des enfants, et ensuite l'âge du donneur, considéré comme trop jeune ou trop vieux. L'utilité de cette analyse des différents arguments évoqués par les receveurs en faveur ou contre le don est de montrer le champ des préoccupations qui sont les leurs au moment où ils prennent peu à peu la décision de *faire* – décision qui revient à trancher entre des valeurs légitimes et en contradiction au moment de la décision. Accepter, cela revient-il à se servir de son proche comme d'un moyen quitte à le blesser voire à le tuer ? Mais refuser (au risque de mourir) le don d'un proche qui souhaite être prélevé, n'est-ce pas aussi le risque de faire peser sur ce proche le poids d'un désaveu indicible (je préfère mourir qu'accepter) ? Dilemmes d'autant plus difficiles que souvent le temps presse.

Une fois la décision prise d'avoir recours au don d'un proche, les receveurs étaient transplantés. L'intervention se passait relativement bien, même si certains évoquaient des douleurs post-opératoires assez importantes. Lorsqu'ils parlaient du donneur et de son prélèvement, certains estimaient que celui-ci avait souffert et certains parlaient de ses complications. Mais la moitié des receveurs disait simplement que le donneur allait bien. Ce n'était en fait pas l'intervention en elle-même dont ils parlaient, mais surtout des changements qu'elle avait apportés.

Ces changements concernaient leur santé, mais aussi la vie de famille et leurs rapports avec le donneur. Pour eux-mêmes ils disaient être beaucoup mieux physiquement et moralement, même si trois étaient en reprise de la maladie initiale. Au plan familial, ils décrivaient tous une amélioration des relations familiales et conjugales. Dans un cas en revanche, le don avait provoqué l'éclatement de la famille dont les membres ne se voyaient plus que rarement et jamais tous ensemble. Les receveurs évoquaient aussi un rapprochement avec le donneur, changement qui semblait important pour eux. Enfin, les receveurs utilisaient des métaphores spécifiques pour parler de leur nouvel organe. Ils disaient presque tous ou bien avoir conscience de vivre avec le foie du receveur, ou bien avoir vécu une seconde naissance. Après la greffe enfin, environ la moitié des receveurs exprimait spontanément et clairement un sentiment de reconnaissance vis-à-vis du donneur.

Au final, les receveurs adultes avaient un avis plutôt mitigé sur le recours à la THDV : s'ils en étaient très satisfaits pour eux-mêmes, ils étaient plus réservés pour les donneurs et certains avaient même tendance à accentuer *a posteriori* les risques pour le donneur.

Que conclure de ce parcours du receveur ? Qu'est-ce qui leur est typique ? Ce qui les caractérise est selon moi qu'ils sont les seuls à être « malades ». Ce qu'ils décrivent en général, c'est en effet la découverte brutale de leur mort possible – balancée uniquement par la possibilité d'une greffe dont on leur annonce qu'elle sera difficile à réaliser en dehors du don d'un proche. De ce fait il semble que le recours au donneur vivant n'est pas – au moment de la décision – un choix pour les receveurs mais bien le « dernier traitement » ou la « dernière chance ». C'est cette position particulière qui peut selon moi expliquer l'avis plutôt mitigé exprimé par les receveurs : une fois la THDV réalisée, les risques et les conséquences possibles du prélèvement leur apparaissent plus distinctement. Même si au moment de la décision ils se décrivent comme plutôt conscients des risques auxquels le donneur va se trouver exposé, ce n'est qu'après qu'ils leur apparaissent clairement.

La stratégie des receveurs – *c'est-à-dire leur façon de faire et de « rendre normale à leurs yeux comme à ceux des autres » leur façon de faire* – peut donc se formuler comme ainsi : ils sont placés par leur maladie dans une telle situation de besoin que cela peut s'apparenter à une « absence de choix ». De ce fait, le recours au don entre vivants est « normal » s'il leur « sauve la vie », ce qui rend la décision *nécessaire* (surtout lorsque le donneur insiste lui-même pour donner) et permet de diminuer leur responsabilité en cas de complication médicale pour le donneur ou en cas de complication familiale.

Pour affiner la description de la stratégie des receveurs, j'ai tenté de faire varier les différents parcours de receveurs, afin de voir si des variations apparaissaient corrélativement dans certains thèmes importants des entretiens. Pour les receveurs, je ne disposais pas d'hypothèse particulière permettant d'utiliser *a priori* une variable. La méthode initialement proposée consistait à documenter le plus de situations possibles en particulier en ce qui concernait les liens de parenté entre le donneur et le receveur. Mais sur un nombre si restreint de receveurs, ce critère n'était pas utilisable comme variable. J'ai donc cherché lors de cette seconde analyse une *variable interne au discours des receveurs*, c'est-à-dire un thème dans lequel on pouvait distinguer assez nettement deux positions différentes. Pour tester l'existence de deux parcours au moins, j'ai alors retenu la variable « formulation spontanée et claire d'une reconnaissance (ou gratitude) pour le donneur ». Cette variable permettait en effet de distinguer 2 groupes assez homogènes en nombre de receveurs.

Un premier groupe de cinq receveurs exprimait spontanément et clairement une reconnaissance pour le donneur. Un second groupe de quatre donneurs n'exprimait pas spontanément de reconnaissance pour le donneur. Un receveur exprimait une reconnaissance « ambivalente » pour le donneur (non classé). En simplifiant l'analyse thématique, on pouvait observer que selon cette variable, deux parcours pouvaient se dessiner. Le fait d'exprimer une gratitude était corrélé avec le sentiment d'avoir reçu une information neutre; le fait qu'un donneur s'informe et se propose spontanément; le sentiment d'aller mieux et que le donneur récupère vite; la conscience de vivre avec l'organe du donneur; un rapprochement avec le donneur; un avis sur le don positif pour le receveur et mitigé pour le donneur. Le fait de ne pas exprimer spontanément de gratitude pour le donneur était corrélé avec le sentiment d'avoir reçu une information intégrant des données sur la pénurie; le fait d'avoir eu à informer le donneur et plus ou moins à lui demander d'être donneur; le fait de vivre certaines complications.; le sentiment de vivre avec un organe moins susceptible d'être rejeté; un rapprochement familial; un avis sur le don mitigé pour le receveur comme pour le donneur.

Une fois encore l'analyse « orientée variable » ne permet pas d'établir des corrélations statistiques : aucun lien de causalité ne peut être établi en fonction de la variable « reconnaissance exprimée ». Cependant cette variable montre un certain nombre de corrélations *observables* selon le groupe, qui permettent, à défaut de distinguer deux stratégies différentes, de formuler un certain nombre d'hypothèses, en particulier en ce qui concerne le sentiment de contrainte du receveur et l'évolution des liens avec le donneur. Si la stratégie des receveurs consiste bien à recourir au don entre vivant parce que cela est nécessaire à leur survie, alors il faut faire l'hypothèse que plus le receveur se sentira contraint, plus il aura recours à la THDV et moins il exprimera de reconnaissance pour le donneur (s'il n'y a pas de choix, de quoi être reconnaissant ?). De ce fait mon hypothèse est que plus l'information sera donnée tôt au receveur, plus il aura le temps d'une décision qui s'apparente à un choix, et plus les liens avec le donneur se développeront après le don : lorsqu'il s'agit d'un choix fait en conscience, comment ne pas reconnaître l'importance du geste du donneur ?

## COMPARAISON DES DIFFÉRENTES CONCEPTIONS DU DON

Si l'enquête souhaitait documenter les suites vécues par les donneurs et les receveurs ainsi que les stratégies à l'œuvre dans la délibération et la décision de faire, elle souhaitait aussi documenter les conceptions hétérogènes du don auxquelles se référaient les acteurs, afin de comprendre quel accord fondait leur décision commune et quels étaient les désaccords qui subsistaient. Il s'agissait en fait de savoir :

Comment les différentes conceptions du don se conciliaient pour déboucher *in fine* sur la greffe.

S'il existait ou non des compensations pécuniaires directes ou indirectes dans les relations effectives entre donneur et receveur.

Comment en particulier la question de la gratuité du don et de la non rémunération du donneur était posée par les acteurs.

Comment les différentes conceptions du don se coordonnaient pour aboutir à la greffe, cela revenait en fait à mettre en évidence la stratégie commune à tous les acteurs et qui autorisait chacun à décider avec tous de recourir au don entre vivants. L'analyse acteur par acteur montrait la coexistence de cinq stratégies dans la population interrogée. On avait alors :

La stratégie des pédiatres, qui se trouvaient en quelque sorte en position de receveur (ou « d'avocat » du receveur) et pour laquelle le don était normal[1] s'il sauvait l'enfant et ne traumatisait pas plus que nécessaire la vie familiale. La stratégie des receveurs dans laquelle le don était normal s'il

1. Rappelons ce terme doit ici être compris dans son acception éthique. Le don est normal, c'est à dire qu'il correspond à ce qui doit être, qu'il est juste ou bon.

leur sauvait la vie. En vis-à-vis direct se trouvaient les stratégies des donneurs. La stratégie des donneurs pédiatriques pour lesquels le don était normal s'il sauvait le receveur et améliorait la vie de la famille. La stratégie des donneurs adultes pour lesquels le don était normal s'il soignait le receveur et ne portait pas atteinte à leur propre vie sociale. Au centre de ces stratégies différentes se trouvaient les professionnels adultes qui prélevaient le donneur et à qui appartenait de ce fait la décision finale. Leur stratégie rendait donc le don normal s'il s'inscrivait dans une démarche protocolisée et était issu d'une décision collective.

Quels étaient selon les différents acteurs le ou les points d'accord indiscutables ? Le premier point d'accord entre les acteurs différents était en fait clairement la situation médicale du receveur : donneur, receveur, soignant adulte ou pédiatre, tout le monde s'accordait à dire que le receveur avait *besoin* de la greffe et qu'il risquait de ne pas y avoir accès en raison du peu d'organes disponibles. Le second point d'accord entre tous les acteurs concernait les risques médicaux pour le donneur. En effet, donneurs et receveurs ont tous estimé avoir été informés des risques et des bénéfices médicaux du prélèvement et de la greffe tant pour le donneur que pour le receveur. La stratégie commune, celle qui permettait la réalisation de la THDV et qui rendait « normal » le prélèvement sur donneur vivant aux yeux de l'ensemble des acteurs pouvait donc être formulée ainsi : pour l'ensemble des acteurs, le prélèvement est « normal » s'il permet de soigner le receveur dans une situation de pénurie, et ce même au prix d'un risque vital – reconnu comme tel – pour le donneur.

Là où les acteurs se coordonnaient sur des bases différentes (on est alors dans une zone de quiproquo), c'est lorsqu'il s'agitait des conséquences attendues du don et donc de l'information. Lors de l'analyse des discours des donneurs, j'ai montré qu'ils attendaient principalement du don un bénéfice pour la santé du receveur, qu'ils connaissaient les risques et bénéfice de leur geste, et qu'ils considéraient avoir pris leur décision librement, c'est-à-dire en l'absence de toute contrainte externe. Certains évoquaient cependant des contraintes internes du type de l'obligation morale rendant impossible un refus en raison du décès probable du receveur. Or ce sentiment de contrainte était beaucoup plus accentué chez les *receveurs* qui étaient nombreux à dire qu'ils n'avaient pas eu le choix.

Compte tenu du fait que dans le cas d'un don entre adultes, c'est souvent le receveur lui-même qui informe le donneur de la possibilité d'être prélevé, il me semble que le premier point de quiproquo possible concerne l'information fournie non au donneur mais au receveur. En effet, c'est en fonction de l'information reçue en particulier sur la pénurie, les autres possibilités de greffe et le temps de survie estimé que vont se déterminer les choix et les attentes du receveur, en même temps que l'information qu'il va transmettre lui-même à son entourage et en particulier au donneur potentiel. Comment le donneur peut-il se sentir libre si le receveur se sent tellement contraint? J'ai aussi montré que les conséquences attendues du don pour les donneurs concernent implicitement leur vie sociale: les donneurs adultes attendent au minimum que celle-ci ne soit pas détériorée, et les donneurs pédiatriques attendent au minimum une amélioration de la vie familiale. Il me semble donc que le second point de quiproquo concerne l'information donnée aux donneurs potentiels et retenue par eux. Sur ce point, il s'avère que les soignants adultes ont des préoccupations en accord avec les attentes des donneurs adultes. En effet, leur préoccupation pour les risques encourus par le donneur est aussi orientée vers les suites vécues par les donneurs, et leurs efforts dans la mise en place d'un suivi à long terme des donneurs participe de cette préoccupation. Les soignants pédiatres ont aussi des préoccupations en accord avec les attentes des donneurs pédiatriques : ils sont fortement préoccupés des conséquences familiales du don et c'est ce qui explique leur réticence à y recourir. Mais ces préoccupations justifiées et qui se fondent sur la réalité des suites vécues par les donneurs ne se retrouvent ni dans la description que font les professionnels de l'information qu'ils donnent, ni dans les descriptions que les donneurs ont de l'information qu'ils ont reçue. Ce point est d'ailleurs évident dans les discours des donneurs adultes : les critiques qu'ils émettent sur l'information qu'ils ont reçue concernent la douleur, et les complications mais surtout les suites professionnelles et sociales du don dont ils n'avaient pas été prévenus.

La sociologie des organisations a pour spécificité d'être orientée vers l'action. L'identification des zones d'accord et de quiproquos entre les différents acteurs a donc dans ce cadre précis un sens pratique autant que théorique. En ce qui concerne le don d'un lobe de foie entre vivants, les premiers points d'action possibles sont l'information des receveurs et des donneurs. Sur ce point, certaines dispositions pourraient être prises, et en particulier en ce qui concerne les receveurs. Il me semble souhaitable qu'un « protocole d'information » soit élaboré afin de faire en sorte que tous les receveurs potentiels soient informés de la possibilité du don entre vivants au début de leur parcours de futur greffé, ce qui pourrait limiter les situations de « non choix » en permettant aux receveurs de se « réapproprier » le choix en des termes personnels et pas seulement médicaux. En ce qui concerne les donneurs, une information intégrant les enjeux financiers, professionnels et familiaux du don entre vivant permettrait sans doute une décision plus éclairée, tout en incitant les donneurs à se préparer de façon plus appropriée sur le plan financier et professionnel.

## En pratique : gratuité ou transactions financières ?

En plus des différentes conceptions du don d'une partie de soi à un proche, l'enquête souhaitait documenter les différentes conceptions du don « en lui-même », ce qui revenait à tester l'existence de compensations financières du don après le prélèvement et à voir comment donneurs, receveurs et professionnels comprenaient la nécessaire gratuité du geste. La loi interdisant les transactions financières entre donneurs et receveurs, il était impossible d'interroger les différents acteurs directement sur ce point. De ce fait, un des points abordés dans le guide d'entretien concernait les aspects financiers du don, avec un questionnement du type : « Et financièrement, comment ça s'est passé pour vous ? / Comment ça s'est organisé pour vous ? »

Plusieurs types de réponses étaient alors fournies : des réponses factuelles sur les situations vécues par les donneurs et des réponses personnelles exprimant un avis sur une possible « rémunération » ou « indemnisation » des donneurs. L'analyse de ces réponses met en lumière certains points importants. Le premier point important est qu'une partie des donneurs adultes (environ la moitié), a été confrontée à des problèmes financiers. Ce point a déjà été évoqué. Mais ce qui est plus intéressant ici, c'est que l'avis des donneurs – quand ils en émettent un – est plutôt défavorable à la rémunération du donneur, tandis qu'ils sont nombreux à demander des aides financières. Il me semble en fait que les donneurs font d'eux-mêmes une nette distinction entre l'indemnisation et la rémunération : ils expliquent souvent n'avoir pas donné pour de l'argent et seraient choqués qu'on leur en propose. Mais ils se sentent déstabilisés au plan professionnel et financier et pensent souvent qu'une forme d'assurance, de « caisse spécifique » devrait exister pour leur éviter d'avoir à s'endetter ou à perdre de l'argent après le don. En bref, s'ils ne souhaitent absolument pas gagner d'argent par leur geste, ils considèrent injuste d'en perdre. Ce qui illustre le mieux cette distinction et le refus de toute « rémunération du don » est le témoignage d'une jeune femme qui a donné un lobe hépatique à sa sœur et dont la famille a tenté ensuite de la « remercier » en lui faisant certains présents coûteux. Elle s'est sentie « achetée » et ne souhaite plus revoir les membres de sa famille. Son don n'a selon elle pas été compris comme un don. Il est probable qu'une indemnisation à la hauteur de la perte d'argent subie et proposée par l'hôpital n'aurait pas eu le même effet. Les donneurs ne me semblent donc pas en attente d'une rémunération, mais bien d'une indemnisation en cas de problème, et au minimum d'une information préalable sur le sujet leur permettant de prendre leurs dispositions. Une donneuse a dû par exemple recourir à un emprunt pour couvrir ses pertes financières et estime qu'elle aurait fait cet emprunt plus tôt et de façon moins précipitée si elle avait su que cela lui serait nécessaire. Et de fait, les aspects financiers peuvent être très problématiques : un donneur s'est trouvé en situation de surendettement après avoir donné un lobe hépatique à son père, d'autres ont mis des mois à se faire rembourser différents soins ou transports liés au prélèvement.

Finalement, ces résultats montrent que les donneurs interrogés ont bien le *sentiment de donner* et ne souhaitent pas voir entrer directement en ligne de compte des aspects financiers. Ils auraient dans ce cas le sentiment de ne plus donner, mais d'être achetés, or ce n'est pas ce qu'ils souhaitent. On peut donc dire que les donneurs interrogés ont bien fait un don – entendu au sens de la gratuité : il n'y a eu dans notre étude qu'un seul cas de « transaction financière », et seulement après le don. En revanche, les donneurs distinguent très bien l'indemnisation de la rémunération et estiment avoir le droit à une prise en charge adaptée afin de ne pas subir de pertes financières.

Le second point intéressant était que les receveurs n'abordaient pas spontanément les questions d'ordre financier ou professionnel, ni pour eux ni pour le donneur, et avaient même tendance à éluder ce point s'ils étaient questionnés sur le sujet. Cela peut selon moi s'expliquer assez simplement. En ce qui les concerne, les receveurs sont en général depuis longtemps en arrêt de travail et pris en charge par l'assurance maladie. De plus, face à l'enjeu qui est de survivre, la question financière semble tout à fait dérisoire. Qu'ils ne se préoccupent pas des aspects professionnels et financiers pour le donneur peut sembler plus étonnant. Cependant cela peut aussi s'expliquer simplement. En effet, puisque les receveurs sont pris en charge par l'assurance maladie et qu'on les informe qu'il en sera de même pour les donneurs, ils peuvent considérer la question réglée. Ce d'autant plus que les donneurs refusent le plus souvent de leur parler de leur situation financière afin de ne pas créer de doute sur le sens de leur geste (si je lui dis que cela va maintenant mal au plan financier, va-t-il penser que je lui demande de l'argent ?).

Si les receveurs ne se sont pas exprimés sur les aspects financiers de la THDV, les professionnels l'ont fait assez spontanément lorsqu'ils abordaient la liberté du donneur potentiel et les pressions potentielles qui pouvaient peser sur sa décision. Lorsqu'ils abordaient ce point, ils étaient interrogés et incités à poursuivre. Les questions étaient du type : « Et est-ce que vous pensez qu'il existe des pressions financières? », ou encore, lorsque le sujet était abordé spontanément : « Est-ce que vous pensez que cela existe? », « Qu'en pensez vous? ».

Là encore, on pouvait distinguer des réponses factuelles sur l'existence ou non de transactions financières entre donneurs et receveurs, et des réponses personnelles qui exprimaient un avis sur ces tractations indépendamment de leur existence. L'analyse de ces réponses montre d'abord que les professionnels sont très partagés en ce qui concerne l'existence de transactions financières entre donneurs et receveurs. Une partie estime que c'est possible ou que c'est déjà arrivé, et une partie équivalente estime que cela n'existe pas en France, à l'heure actuelle. Ce premier résultat est en accord avec les témoignages recueillis auprès des donneurs. Il laisse en effet entendre que des transactions financières sont possibles. Il laisse cependant entendre aussi que les transactions financières évoquées sont très rares, et qu'en règle générale il n'y en a pas. Cela semble bien aller dans le sens des témoignages des donneurs, puisque seul un sur vingt estime avoir été confronté à une situation de transaction financière intra-familiale. Le point sur lequel professionnels et donneurs diffèrent de façon importante, c'est sur la question de la rémunération et de l'indemnisation des donneurs. En effet, la plupart des professionnels interrogés condamnent une éventuelle rémunération des donneurs, et cette condamnation concerne tout ce qui ferait rentrer de l'argent en ligne de compte dans le don. En bref, les professionnels ne distinguent que très peu l'indemnisation et la rémunération, et pour eux quelle que soit la forme, l'introduction d'argent change la valeur du geste. L'un des professionnels interrogés considère d'ailleurs que certains donneurs tentent de se procurer de l'argent de façon illégitime après le don, en demandant des arrêts de travail ou des remboursements injustifiés. Deux autres professionnels pensent au contraire qu'il faudrait mieux indemniser les donneurs car ils vivent des difficultés financières. Mais sur 27 personnes interrogées, cela fait peu. Le point central pour les professionnels n'est en fait pas le risque que le donneur puisse gagner de l'argent avec son geste. Ce qui explique selon moi leur réticence à envisager aussi bien une indemnisation qu'une rémunération des donneurs c'est le risque que les enjeux financiers représentent une contrainte ou *a minima* un biais qui vienne modifier la décision de donner ou non un organe.

Il y a donc ici un premier point d'accord avec les donneurs : le don est bien perçu par les soignants et par les donneurs comme un don, entendu au sens de la gratuité. S'il existe parfois des transactions financières entre donneurs et receveurs, cela reste très rare. Mais un point de désaccord – un lieu de quiproquo possible – se dégage aussi de l'analyse : professionnels et donneurs ont des conceptions différentes des conséquences possibles d'une indemnisation légale des donneurs. Pour les uns, l'argent « dénature » le don, tandis que pour les autres, l'indemnisation permet de ne pas payer (au sens propre) les conséquences financières (parfois lourdes) du don. La question qui se pose est alors de savoir dans quelle mesure l'argent sous une forme ou une autre diminue ou annule la liberté du donneur, et détruit ou non la notion même de don.

Afin de voir comment cette question se posait et pouvait se résoudre dans le cas du don de foie entre vivants, j'ai intégré à l'analyse la position des experts interrogés. Tous avaient une grande connaissance soit de la THDV soit de la transplantation dans son ensemble, mais ne prenaient pas ou plus en charge des donneurs ou receveurs. Ils ont été interrogés sur l'existence possible de transactions financières entre donneurs et receveurs et sur les conséquences de ce type d'échange. L'analyse de leurs réponses montre d'abord que la majorité des experts pense qu'il existe de fait des transactions financières entre donneurs et receveurs, ce qui les distingue des donneurs et des professionnels interrogés. Ensuite les experts semblent partagés en ce qui concerne la rémunération, puisqu'un tiers y est plutôt favorable, un tiers plutôt défavorable, et qu'un dernier tiers considère que ce n'est pas une question pertinente. Ce qui spécifie le discours des experts, c'est en fait le type d'arguments qu'ils utilisent. En effet, les quelques soignants favorables à une introduction d'argent dans les dons entre vivants n'étaient favorables qu'à une indemnisation, et ce au nom d'arguments pragmatiques. Les experts en revanche parlent plutôt de rémunération, et utilisent plutôt des arguments de principe visant à montrer que l'argent n'est pas par principe mauvais en médecine. L'argent crée selon eux une autre situation, dont on ne peut pas dire qu'elle est meilleure ou pire que la situation de la gratuité, mais simplement qu'il s'agit d'une situation différente à envisager en elle-même. D'ailleurs, aucun expert ne considère que l'argent ferait peser une contrainte sur la décision du donneur.

L'étude de ces différents discours (donneurs, professionnels et experts) permet finalement de proposer certaines explications pour rendre compte des différentes conceptions de la gratuité et de l'argent dans le don entre vivants. Comment expliquer par exemple l'amalgame que font les professionnels et les experts à propos de l'introduction de l'argent dans le don entre vivants ? Aucun des deux groupes ne fait en effet de distinction marquée entre rémunération et indemnisation. Cet amalgame est probablement lié pour les professionnels à la crainte d'une diminution de la liberté du donneur en cas d'entrée d'argent dans le processus de don entre vivants. Pour les experts, cet amalgame entre les deux modes de gestion de l'argent peut s'expliquer par la généralité du discours : le raisonnement se fait essentiellement sur des principes. Quoi qu'il en soit, pour les professionnels comme pour les experts, indemnisation et rémunération participent du même mouvement et ont les mêmes conséquences pratiques. En revanche, les donneurs distinguent clairement l'indemnisation de la rémunération, et considèrent qu'elles n'ont pas du tout les mêmes conséquences. Selon eux, la rémunération annulerait le don, tandis que l'indemnisation permettrait de limiter les conséquences d'un don effectif et non rémunéré. Cette position s'explique bien entendu par les situations vécues par les donneurs que nous avons vues plus haut. Mais comment ces différentes positions peuvent-elles éclairer au final la question de la gratuité et de l'argent dans le cadre du don entre vivants ? D'abord, en montrant que les conséquences probables de l'introduction d'argent dans la pratique de la THDV ne sont ni simples à prévoir ni nécessairement néfastes. En effet, les discours des experts montrent que la crainte de la diminution de la liberté du donneur n'est pas nécessairement fondée, et que l'on peut aussi imaginer des effets positifs à l'entrée d'argent dans la pratique du don entre vivants (par exemple il peut être plus facile de refuser un don indemnisé qu'un don qui repose sur l'obligation morale). Ensuite en montrant l'importance pour les donneurs d'une prise en compte de leurs difficultés et d'une réflexion sur l'indemnisation du préjudice subi. Enfin en montrant que tous les acteurs s'accordent sur un point majeur : la rémunération change la nature du don qui devient dès lors un échange.

S'il importait d'étudier les positions de tous les acteurs interrogés sur la gratuité du don c'était afin de mieux comprendre ce qui était ou non central pour les uns et les autres. L'analyse des données permet selon moi d'ouvrir le débat sur la notion de don et de discuter de la relativité de la gratuité dans cette notion. En effet, si les professionnels considèrent la gratuité comme une condition nécessaire de la THDV, les experts relativisent cette position et admettent que le don se définit autrement que par la simple gratuité. Mais plus important, les donneurs montrent par leurs témoignages que le cadre de la gratuité tel qu'il est pensé à l'heure actuelle (interdiction de rémunération et d'indemnisation quelle qu'en soit la forme) aboutit à des injustices : le don n'est pas neutre au plan financier puisqu'il coûte de l'argent à certains donneurs. Les donneurs n'opposent donc pas argent et don, mais rémunération et don et considèrent que l'introduction d'argent sous la forme d'une indemnisation est possible dans le cadre du don. Il me semble essentiel que leurs témoignages soient entendus et qu'au minimum un statut juridique protecteur soit créé pour les personnes qui donnent un organe de leur vivant, afin qu'elles ne soient pas soumises aux aléas des situations individuelles lorsqu'elles ont à subir des complications après le prélèvement.

CHAPITRE III

# DISCUSSION DES RÉSULTATS

Avant de résumer et de discuter les principaux enseignements qu'il est possible de tirer de cette enquête, je dois rappeler les limites dans lesquelles ces résultats doivent être compris. En effet, le choix de l'enquête qualitative limite les résultats sur plusieurs points. Les résultats présentés sont d'abord limités d'un point de vue méthodologique. Ce sont des résultats interprétatifs : les entretiens réalisés sont susceptibles d'être analysés différemment par d'autres chercheurs ayant d'autres hypothèses de recherche et/ou utilisant d'autres méthodes d'analyse. C'est à cet effet que les entretiens sont consultables par d'autres chercheurs qui en feraient la demande, à condition que l'anonymat des participants soit maintenu. Les résultats présentés sont en outre issus d'une description *a posteriori* d'une partie de la vie de chacun des acteurs concernés. Il ne s'agit pas de descriptions de ce que les choses sont, mais bien de comment elles sont décrites et racontées par ceux qui les ont vécues[1]. Toutes les données peuvent et doivent donc être précédées de la mention « selon les descriptions des acteurs ». De plus, je dois rappeler que les données chiffrées présentées dans ce travail ne valent que pour les situations documentées ici et n'ont pas vocation à être généralisées. Ensuite, les résultats sont limités au plan pratique. Lors de la planification de l'enquête, j'avais prévu d'interroger certains proches de

1. Je n'ai donc pas eu accès aux dossiers médicaux des donneurs et receveurs, et je n'ai pas vérifié la véracité « médicale » de leurs témoignages, car ce n'était pas l'objet de cette recherche. J'admets cependant que ce choix pose la question de l'écart entre les faits tels qu'ils se déroulent au quotidien et le récit qu'en font les acteurs *a posteriori*. Il est possible par exemple qu'une rationalisation postérieure donne une image du choix de recourir au don entre vivants plus élaborée qu'elle ne l'est en réalité.

donneurs et de receveurs, ainsi que des donneurs dont le receveur était décédé ou inversement le cas échéant. Le manque de temps et de moyens ne m'a pas permis de le faire. D'autre part, je n'ai pas rencontré de donneur ou de receveur ayant refusé de recourir au don entre vivants, ce qui constitue une limite forte de l'étude, car je n'ai pu prendre en compte que les arguments décisionnels de donneurs et receveurs ayant recouru au don entre vivants. Une partie du « monde de la THDV » m'a donc par définition échappé[1].

C'est avec ces différentes limites qu'il faut comprendre et discuter les résultats de cette enquête. Ceux-ci peuvent être rapportés à quatre points principaux : 1) le processus de décision des uns et des autres (principe d'autonomie). 2) Les suites médicales, sociales et familiales pour les donneurs et receveurs (principes de non malfaisance et de bienfaisance). 3) Les points d'accord et de désaccord autour desquelles se prend au final la décision du recours au don entre vivants. 4) Les différentes conceptions du don (principe de justice).

## SYNTHÈSE DES RÉSULTATS

En ce qui concernait les processus de décision des donneurs, receveurs et professionnels, les principaux résultats étaient les suivants. Les professionnels, lorsqu'ils décrivaient leur décision, l'expliquaient par la mise en balance de différents arguments, tant médicaux que non directement médicaux[2] et se concentraient sur leur préoccupation majeure qui était la liberté de décision du donneur potentiel. L'étude des discours des professionnels montrait donc que ceux-ci considéraient la liberté du donneur comme problématique, que leur propre liberté de décision leur semblait limitée par la situation de pénurie, et enfin que leur décision était de ce fait très réfléchie et prise en commun. Les donneurs, lorsqu'ils décrivaient leur

1. Un point pratique explique cette absence : si les donneurs et receveurs ayant recouru au don entre vivants sont « listés » comme tels par les différentes équipes, ceux à qui il a été proposé de recourir au don entre vivants mais qui ont refusé ne sont pas documentés comme tels par les équipes. Il me semble que cette absence pose problème surtout pour les receveurs. En effet, en ce qui concerne les donneurs, on peut au moins affirmer que ceux qui ont refusé ont été libres de le faire (et la liberté du donneur était bien une préoccupation majeure). En revanche, il est impossible de connaître les raisons pour lesquelles ils ont refusé. Quant aux receveurs, il n'est pas possible de savoir si des raisons médicales les ont exclus du choix ou bien si ce sont d'autres explications qu'ils donneraient.

2. Pour l'ensemble des arguments envisagés par les différents acteurs, se référer aux résultats détaillés.

décision, l'expliquaient par la mise en balance de différents arguments, tant médicaux que « personnels ». Ils se décrivaient comme conscients des risques et n'évoquaient que rarement leur sentiment de liberté ou de contrainte si ce n'est pour rappeler que leur décision n'était pas contrainte, et qu'ils avaient choisi. Ce qui me fait dire que la liberté de leur décision ne faisait pas question pour eux, et qu'ils se décrivaient comme libres « autant que faire se peut », les seules contraintes étant internes. Les receveurs enfin expliquaient leur décision par la balance de différents arguments dont un venait rapidement minimiser tous les autres : leur situation médicale qui s'apparentait à une absence de choix. Ce qui ressortait de l'étude de ces arguments était que les receveurs adultes se sentaient – dans leur processus décisionnel – très peu libres : c'était en fait leur liberté de décision qui faisait problème.

En ce qui concernait les suites vécues par les donneurs et receveurs, l'enquête a montré qu'elles étaient et médicales et « socioprofessionnelles ». Pour les suites médicales, la synthèse des données recueillies montrait que les donneurs adultes décrivaient 43 % de complications médicales, dont 14 % de petites complications et 29% de complications importantes. 20% des donneurs pédiatriques vivaient des petites complications. Il y a donc eu en moyenne 30% de complications décrites, tous donneurs confondus. Pour ce qui concernait les receveurs adultes : 57 % allaient bien, 28 % étaient en reprise de la maladie initiale, un receveur était perdu de vue (7 %), et un allait mal psychologiquement (7 %). Pour les receveurs pédiatriques (N=10), 50% allaient bien, 30% étaient en reprise de la maladie, un était décédé, et un était non classé. En moyenne, 80% des receveurs allaient bien à deux ans et demi environ de la greffe (même si certains vivaient une reprise de leur maladie initiale). Les suites sociales variaient selon les donneurs pédiatriques et adultes. Pour les donneurs pédiatriques, deux situations se distinguaient. Dans la première, le don « permettait une nouvelle vie » : l'enfant allait beaucoup mieux et la situation familiale s'améliorait. Dans la seconde, le don changeait des contraintes en nouvelles contraintes. Dans ce cas, les parents considéraient que leur enfant était passé d'une maladie chronique à une autre maladie chronique, ce qui avait pour conséquences des difficultés conjugales et familiales. Pour les donneurs adultes deux situations se distinguaient aussi. Dans la première, le donneur ne vivait pas de complication médicale et il pouvait retourner assez rapidement à sa vie habituelle. Dans la seconde situation, le donneur vivait des complications médicales et ne pouvait pas retourner à sa vie normale, ce qui avait pour conséquence des difficultés professionnelles et financières.

Les discours des receveurs permettaient eux aussi de distinguer deux situations. Dans la première, les receveurs exprimaient « spontanément et explicitement » une gratitude pour le donneur. Dans la seconde, les receveurs n'exprimaient pas « spontanément et explicitement » de gratitude pour le donneur. L'expression de cette gratitude variait en fonction des complications vécues par le receveur (plus le receveur vivait des complications et moins il exprimait de gratitude) et du sentiment de liberté qu'il décrivait au moment de la décision (plus le receveur se sentait libre de recourir ou non au don entre vifs, et plus il exprimait de gratitude).

L'étude de ces différents « parcours » allant du processus décisionnel des uns et des autres aux suites vécues par les différents acteurs a alors permis d'affiner les descriptions de stratégies spécifiques d'acteurs. Les professionnels adultes rendaient le prélèvement sur donneur vivant *normal* au sens de protocolisé. Cette stratégie leur permettait de diminuer les risques qu'ils percevaient pour le donneur en passant d'une responsabilité individuelle à une responsabilité collective. Les pédiatres rendaient le prélèvement sur donneur vivant *normal* – bien qu'il puisse avoir des conséquences néfastes sur la vie familiale – quand il sauvait la vie de l'enfant dont ils avaient la responsabilité. Pour les donneurs adultes, le don était *normal* s'il améliorait la santé de leur proche et que l'atteinte qu'ils subissaient ne dépassait pas celle dont on les avait prévenus. Pour les donneurs parentaux, le don était *normal* s'il sauvait leur enfant et améliorait sa qualité de vie, ce qui avait un impact sur la famille dans son ensemble. Pour les receveurs, le don était *normal* s'il sauvait leur vie, ce qui rendait la décision nécessaire, et permettait de limiter leur responsabilité en cas de complication pour le donneur. Enfin, pour l'ensemble des acteurs, recourir au don entre vivants était *normal* – même au prix d'un risque vital reconnu comme tel pour le donneur – en raison de la situation médicale de « besoin » dans laquelle était placé le receveur et du contexte global de « pénurie ». C'est sur ce point d'accord *fondateur du faire* que la décision était finalement prise.

En revanche, certains points de désaccord persistaient. Le premier concernait l'information fournie aux donneurs potentiels et retenue par eux, qui portait uniquement sur les conséquences médicales du don, et ni sur ses conséquences familiales et sociales, ni sur la douleur. Le second concernait les conceptions de la liberté de décision des donneurs et receveurs. En effet, contrairement aux données de la littérature, les donneurs interrogés se décrivaient libres de prendre la décision du don, tandis que c'étaient les receveurs qui décrivaient une situation proche du non-choix au moment de la décision. Ce point ne se retrouvait pas dans les discours des soignants, lesquels étaient presque uniquement préoccupés de la liberté de décision du donneur. Le dernier point de désaccord concernait les conceptions du don. Donneurs et professionnels témoignaient dans le même sens en ce qui concernait l'existence de transactions financières entre donneurs et receveurs qu'ils estimaient très rares. En revanche, sur la conception du don en termes de « gratuité *versus* rémunération », des différences importantes ont été documentées. Selon les professionnels, indemnisation et rémunération étaient une seule et même chose car elles avaient la même conséquence : elles annulaient l'acte de don. Selon les experts, indemnisation et rémunération avaient aussi les mêmes conséquences, même si cela ne signifiait pas pour eux que ces conséquences étaient nécessairement problématiques. Selon les donneurs enfin, la rémunération et l'indemnisation étaient différentes. La rémunération était critiquable parce qu'elle annulait effectivement l'acte de don. En revanche l'indemnisation n'annulait pas l'acte de don, mais au contraire le rendait possible dans de bonnes conditions.

## DISCUSSION DES RÉSULTATS

En ce qui concerne les objectifs et hypothèses de l'enquête, les résultats montrent selon moi :

D'abord que la décision des acteurs concernés est bien le fait d'acteurs capables de délibération éthique (chacun réalise une balance entre les risques et les bénéfices) dont les modes de délibération et de décision sont liés à des positions et à des stratégies d'acteurs qui se coordonnent implicitement. Ensuite que la connaissance des suites vécues par les acteurs de la greffe est utile à l'amélioration des dispositifs de prise de décision en matière de THDV, en particulier pour ce qui concerne les informations disponibles pour la prise en charge des futurs donneurs. Enfin que la connaissance des modes de délibération des acteurs ainsi que des suites qu'ils vivent est utile à la réflexion éthique en matière de THDV.

Pour ce qui concerne l'amélioration des dispositifs de prise de décision, l'enquête a permis de documenter les suites effectivement vécues par les donneurs et receveurs. Elle permettra donc d'actualiser les informations transmises aux futurs donneurs et receveurs, ce d'autant mieux que l'Agence de la Biomédecine ainsi que toutes les équipes participantes ont reçu les résultats de l'enquête. De plus, l'enquête permet de proposer des hypothèses nouvelles dans le but d'améliorer la qualité de la décision des uns et des autres. Deux hypothèses en particulier peuvent être formulées quant à la liberté de décision des donneurs et receveurs. La première concerne le sentiment de liberté du receveur. Mon hypothèse est que ce sentiment est lié au moment et au contenu de l'information qui lui est communiquée. Plus l'information est neutre et donnée en amont du moment de la décision et plus le sentiment de liberté de choix du receveur est important. Plus au contraire l'information est donnée tardivement (quand l'état de santé du receveur se dégrade par exemple), et moins les receveurs estiment être libres de se décider. Il serait donc sans doute bénéfique de protocoliser l'information adressée aux receveurs afin que tous soient informés suffisamment tôt et sans « pression ». La seconde concerne le sentiment de liberté du donneur. Mon hypothèse est que la pression interne décrite par certains donneurs est liée au sentiment de liberté ou de contrainte ressenti par le receveur. Plus celui-ci se sent « contraint », et plus sans doute, il répercute cette contrainte sur le donneur, augmentant par là le sentiment de contrainte interne décrit par certains donneurs. Il me semble donc qu'augmenter la liberté du donneur passe par une réelle préoccupation pour la liberté du receveur.

En termes de réflexion éthique, la réalisation de l'enquête est utile sur différents plans. Au plan de la problématisation en premier lieu, les informations recueillies permettent de renouveler et de reformuler certains des problèmes éthiques évoqués dans la littérature. En ce qui concerne le principe de non-malfaisance, la littérature considérait qu'il était transgressé uniquement « physiquement » pour le donneur, certains allant jusqu'à affirmer que le bénéfice psychologique compensait cette atteinte physique. Mais les conséquences sociales, familiales et conjugales documentées dans l'enquête montrent qu'il est impossible d'affirmer que le prélèvement est non-malfaisant pour le donneur. Il importe donc selon moi de prendre note de cet aspect du don entre vivants et de tenter autant que faire se peut de limiter le potentiel de malfaisance du prélèvement. En ce qui concerne le principe de bienfaisance, les données recueillies montrent en revanche que le recours au don entre vivants apporte un réel bénéfice aux receveurs : 80% des receveurs dont les parcours étaient documentés allaient bien. L'enquête confirme donc que c'est cet argument qui fonde réellement la décision de recourir au don entre vivants. Là encore, il importe d'en tenir compte dans la réflexion. En ce qui concerne le principe d'autonomie, les données recueillies permettent de reformuler les enjeux autour de la liberté du receveur et non uniquement autour de celle du donneur. En ce qui concerne le principe de justice enfin, les données recueillies montrent que l'absence actuelle de statut pour les donneurs peut conduire à des injustices notoires, et qu'il importe de renouveler la discussion sur la justice en prenant en compte ces situations incroyables dans lesquelles les donneurs « payent » au sens propre le prix de leur geste.

Au plan normatif en second lieu, les différentes données recueillies me permettent de me positionner clairement dans le débat sur les enjeux éthiques de la THDV. Selon moi, le don de foie entre vivants est une pratique dont la légitimité tient au bénéfice pour le receveur mais qui ne peut en aucun cas se prétendre non malfaisante pour le donneur, dont chacun accepte : qu'il risque sa vie au moment du prélèvement ; qu'il risque de voir sa vie changer radicalement ensuite ; qu'aucun statut protecteur n'ait été mis en place. De ce fait, j'ai demandé publiquement [1] – et je continuerai de le faire – que soit ré-ouvert le débat sur l'indemnisation des donneurs, et que soit examinée la question d'un statut spécifique leur permettant de recevoir celle-ci le cas échéant. Cela me semble d'autant plus important que le législateur a augmenté depuis 2004 les possibilités de don intrafamilial, et que les situations dans lesquelles les donneurs sont en grande difficulté après le don risquent de se multiplier. Au nom des donneurs, il me semble donc que demander un débat sur la mise en place d'une indemnisation est une position éthique défendable – tout aussi défendable en tout cas que celle qui consiste – au nom du respect « de la dignité de la personne humaine » – à accepter le risque de ne pas respecter les personnes individuelles qui ont choisi de donner.

## POINTS DE « REDÉPLOIEMENT THÉORIQUE »

En dehors des enjeux éthiques directement liés à la pratique de la THDV, l'enquête avait été initiée pour mieux comprendre la complexité des enjeux philosophiques liés à la pratique de la greffe dans son ensemble. Elle a permis de documenter les discours des différents acteurs sur certains points majeurs du débat philosophique sur ce sujet. Le prélèvement et la greffe font question philosophiquement sur les points suivants :

Le prélèvement pose la question du respect de la dignité de la personne humaine (version française), ou de la sacralité de la vie humaine (version anglo-saxonne), à travers la pratique du morcellement du corps.

Le prélèvement et la greffe posent la question de la tension entre le respect de la personne humaine dans sa dignité et dans son corps (atteinte,

1. V. Gateau, O. Soubrane, A. Fagot-Largeault, « Les aléas du don d'organe entre vivants », *Le Monde*, 18-06-2005.

morcellement), et la justice qui exige de répondre aux besoins vitaux des receveurs.

Le prélèvement pose la question du don : celui-ci se définit-il uniquement par la gratuité, ou bien la liberté du don ainsi que l'intention qui y est liée, sont-elles des points définitoires importants ?

Le prélèvement pose enfin question à travers le double rapport qu'il instaure avec la mort, perçue comme « utile pour prélever » quand il s'agit du donneur, mais « insupportable » quand il s'agit de la prise en charge du receveur. Ce point n'a pas été abordé dans l'enquête puisque le prélèvement ne suppose pas ici la mort du donneur.

Sur les trois autres points, l'enquête permet à mon sens un renouveau de la réflexion philosophique. La question du respect de la dignité de la personne humaine est abordée dans la pratique des greffes à propos du prélèvement du donneur, c'est-à-dire de l'atteinte faite à son corps (principe de non-malfaisance). Dans le cadre du don entre vivants comme dans le cadre du prélèvement post-mortem, la question est finalement : « Jusqu'où estime-t-on qu'il est moralement acceptable d'aller pour soigner des malades ? »[1]. Sur ce point, l'enquête a permis de montrer que le principe de non-malfaisance est transgressé dans le cadre de la THDV au nom du principe de bienfaisance. Les différents acteurs de la THDV sont en accord sur ce point : ils estiment qu'il est moralement acceptable d'aller jusqu'à faire prendre un risque vital à une personne en bonne santé pour soigner un de ses proches malade.

Ce choix est selon moi indissociable d'une conception du corps. Si le corps est un simple « ensemble d'organes », alors la dignité de la personne humaine semble moins à même d'être atteinte lorsqu'il est morcelé. Cependant, les discours documentés au cours de l'enquête permettent de douter de l'unité des conceptions du corps des différents acteurs de la THDV. Dans le discours médical, comme c'est le cas pour le discours sur les greffes en général, on trouve une vision très « mécaniste » du corps, considéré comme susceptible d'être « réparé », dont les organes peuvent être « interchangés », au prix d'un risque « mesuré ». La médecine est alors une science ou une technique au service d'un bien – la santé du receveur – au prix d'un risque « contrôlé » pour le donneur. Dans le discours des donneurs et receveurs, la vision mécaniste du corps paraît et nécessaire (il faut bien parler de ce foie que l'on va prélever) et « incongrue », certains donneurs se demandant après coup s'ils n'avaient pas été de simples

1. S. Bateman-Novaes, « Respect des personnes et éthique de la transplantation », *op. cit.*, p. 631.

« réserves de pièces détachées ». Dans leurs discours, on trouvait donc les signes d'une autre vision du corps, qui rappelaient une tension souvent décrite en philosophie lorsqu'il s'agit de définir le corps : « aujourd'hui, on parle souvent d'une véritable opposition entre le corps-totalité qui coïncide avec la personne et le corps-ensemble-d'organes qui a le même statut normatif que les choses. L'expérience du corps oscille ainsi entre l'identification complète de la personne avec son corps et l'altérité la plus absolue »[1]. C'est – me semble-t-il – cette tension entre identification et altérité qui peut expliquer pour une part les discours des receveurs autour de leur corps et de celui du donneur. A travers ces différents discours, quelle vision du corps individuel et de l'identité peut-on finalement lire ? Comment cette vision du corps permet-elle de concevoir son morcellement comme ne mettant pas en cause le respect de la personne humaine ?

C'est souvent par le recours à l'autonomie que l'on justifie l'idée selon laquelle le prélèvement du donneur (vivant ou décédé) ne porte pas atteinte à sa personne. Le donneur en tant qu'agent autonome choisit librement de donner un organe pour le bénéfice d'un autre. C'est ce qui explique l'attention portée à la liberté de choix du donneur dans le cadre de la THDV. Or l'enquête a montré que la liberté du donneur était un point de désaccord majeur entre les différents acteurs interrogés : les donneurs se considèrent libres tandis que les receveurs se sentent contraints face à des professionnels dont l'attention est tout entière portée à la liberté du donneur perçu comme contraint. Ce qu'exprime selon moi cette opposition nette entre les trois acteurs, c'est la co-existence de modèles ou de conceptions du libre choix très différents. L'exigence légale du consentement « libre et éclairé » reste en effet très abstraite et rend possible une grande part d'interprétation ou de réappropriation par chacun de ce qu'est un consentement « libre et éclairé ». Ainsi, ce que craignent les professionnels, c'est que la décision soit induite par des contraintes internes, ou bien qu'elle soit hâtive et non réfléchie. Le discours des professionnels relie donc la liberté de décision du donneur à sa capacité de réfléchir et de délibérer. Cette conception de la liberté d'un choix est très proche de la conception aristotélicienne du libre choix. Aristote distingue en effet les actes soudains du choix délibéré ou « libre choix ». Les actes soudains sont « exécutés volontairement, mais non de choix délibéré », et dépendent du désir, de « mouvements du cœur »[2], c'est-à-dire de causes étrangères à la raison. Le choix délibéré en

1. M. Marzano-Parisoli, « Corps », dans M. Canto-Sperber (éd.), *Dictionnaire d'éthique et de philosophie morale*, Paris, P.U.F., 2004, p 415-422.

2. Aristote, *Ethique de Nicomaque*, Livre III, chapitre II, Paris, Flammarion, 1992, p. 78.

revanche « ne dépend ni de la peine ni de l'agréable (…) il est encore moins une impulsion du cœur, car les actes venus du cœur, visiblement, ne sont pas inspirés par ce choix raisonné (…) »[1]. Le libre choix est en fait celui qui « s'accompagne de raison et de réflexion »[2]. Les donneurs en revanche n'opposent pas la spontanéité à la liberté de décision. Si certains estiment avoir beaucoup réfléchi, d'autres estiment avoir pris leur décision immédiatement, et les uns comme les autres affirment qu'ils étaient libres de se décider. Certains évoquent même les contraintes « internes », « morales » et « médicales » qu'ils ont pu ressentir, sans que cela annule la liberté de leur choix. Les donneurs estiment en général avoir décidé « parce que c'était évident », « normal », ou encore parce que c'était leur « devoir ». Il me semble que c'est une autre conception du libre choix qui s'exprime ici, plus proche de la vision kantienne de la liberté. Dans celle-ci, l'agent autonome est capable de se donner lui-même sa loi morale et d'orienter son action en vue de l'accomplissement de son devoir en se détachant des aspects « sensibles » de la décision. Quant au discours des receveurs, si on y trouve une forme de liberté de décision, elle est sans doute plus proche d'une conception stoïcienne du libre choix, selon laquelle « la liberté consiste à vouloir que les choses arrivent, non comme il te plaît, mais comme elles arrivent »[3]. Ces discours en effet n'opposent pas nécessité et liberté. Ces différentes conceptions du libre choix me semblent particulièrement intéressantes philosophiquement car elles reformulent la question de la légitimité de la greffe. Si l'autonomie est ce qui permet de prélever le donneur sans porter atteinte à sa dignité, sur quelle conception du libre choix peut-on justifier moralement le prélèvement du donneur ?

La question de la liberté du choix du donneur a enfin un impact sur le débat autour de la justice dans la pratique des greffes. En effet cette pratique met en tension le respect dû au donneur potentiel (qu'il soit vivant ou mort) – donc à sa liberté et à son corps – et la justice, qui exige de répondre aux besoins vitaux des receveurs. Cette tension conduit à se demander si un compromis qui consisterait à indemniser ou à rémunérer le donneur ne pourrait pas limiter la tension : les donneurs ne seraient pas les seuls à assumer les risques liés à l'atteinte qu'ils subissent (respect), tandis que le nombre d'organes disponibles pourrait augmenter (justice). Cependant cette solution est fortement critiquée philosophiquement, d'une part parce

1. Aristote, *Ethique de Nicomaque*, *op. cit.*, p. 78.

2. *Ibid.*, p. 80.

3. Epictete, *Entretiens*, Livre premier, chapitre XXXV, dans J. Brun (éd.), *Les stoïciens*, Paris, P.U.F., 1993, p. 142.

que pour beaucoup l'argent annule la liberté de choix du donneur, et d'autre part parce que le recours à une telle solution suppose d'admettre d'importants présupposés philosophiques. Sur ce sujet, deux positions philosophiques s'opposent principalement[1] : la position anglo-saxonne qui se situe dans un cadre de pensée utilitariste, et la position française (ou continentale) qui se situe dans une tradition de pensée kantienne.

Dans ce modèle utilitariste, trois valeurs sont mises en balance à cause de la pénurie. La première est l'autonomie ainsi formulée : comment augmenter le nombre de donneurs sans amputer la liberté du donneur ? La deuxième est la justice, formulée ainsi : comment sélectionner les receveurs, c'est-à-dire comment assurer le meilleur intérêt de tous ? La troisième est le don, dont le fondement éthique se trouve discuté en raison de son manque d'efficacité pratique (cela ne procure pas beaucoup d'organes). Le modèle utilitariste propose plutôt de maximiser le bien pour tous et d'éviter de « gaspiller » des organes, avec – pourquoi pas – l'utilisation d'une incitation financière au don (assurances par exemple). Dans ce modèle, l'individu est propriétaire de son corps, il peut en disposer librement et même le vendre.

Dans le modèle kantien, le principe central est celui de l'indisponibilité du corps. L'idée fondatrice de cette pensée tient dans le respect de la dignité de la personne humaine : on est soit une chose soit une personne, on ne peut en aucun cas se défaire de sa dignité en se faisant chose. Trois points sont ré-affirmés face à la pénurie : 1) La personne est son corps, corps et personne sont indivisibles, les parties du corps ne sont pas des choses. 2) Le consentement vaut seulement pour un don et pas pour une vente car dans le cas d'un don, on reste dans une relation entre personnes tandis que dans le cas d'un contrat marchand on passe dans le domaine des choses. Tout contrat aliénant le corps est donc nul et toute transaction financière doit être interdite. 3) Le don reste possible car il n'évalue pas ce qui est donné, qui est « hors de prix » au sens de hors commerce. On reste dans la sphère du sujet et pas de l'objet.

Sur ce point, l'enquête a permis de montrer que les professionnels français, proches en cela de la position philosophique continentale, sont majoritairement opposés à l'introduction d'argent dans le don d'organes quelle que soit la forme de cette présence : indemnisation et rémunération sont également rejetées. La position des donneurs est différente. En effet, la

1. Ces deux positions sont explicitées et décrites par M.-H. Parizeau, « Autonomie, don et partage dans les transplantations d'organes et de tissus humains », dans M.-H. Parizeau (éd.), *Les fondements de la bioéthique*, Bruxelles, De Boeck-Wesmael, 1992, p. 121-132.

plupart d'entre eux sont clairement opposés à la rémunération des donneurs, qui leur semble être de l'ordre du commerce. En cela ils sont proches de la position continentale. Cependant ils sont aussi nombreux à décrire des difficultés financières et à estimer qu'une indemnisation des donneurs – surtout en cas de problèmes de santé consécutifs au don – serait une bonne chose. Ils occupent donc une position intermédiaire entre le modèle anglo-saxon et le modèle français.

Ces deux positions supposent des définitions « sociétales » du corps différentes : pour la position anglo-saxonne, le corps appartient à l'individu qui peut en disposer librement. De ce fait la société n'intervient que peu, et uniquement dans le but d'augmenter « le bien de tous ». Le risque est alors que cette conception permette d'aller pourquoi pas jusqu'à l'esclavage : ne pourrait-il pas être un « plus grand bien pour le plus grand nombre » ? Pour la position française, le corps est la personne, qui ne peut en disposer librement. Mais cette position est elle aussi problématique : si « le corps est la personne (…), alors aucun don d'organe ne peut avoir lieu, parce que l'intégrité et l'intangibilité ne le permettent pas »[1]. Quelle définition « sociétale » du corps la position des donneurs peut-elle nous amener à envisager ? Comment penser le don dans la société française si a) la conception sociétale du corps semble remettre en cause la possibilité du don et si b) la position des donneurs va dans le sens d'une indemnisation ? Comment enfin définir le don à la lumière de ces données ? Doit-il se concevoir uniquement par la gratuité ? Dans ce cas, l'indemnisation annule-t-elle l'aspect gratuit du don ? Doit-on au contraire insister sur les autres composantes du don, comme le libre choix de recourir au don plutôt qu'à la vente ou à l'échange etc. ? Dans ce cas, l'indemnisation est-elle de l'ordre du troc ou de l'échange ? Qu'en est-il enfin de la rémunération ?

1. M. Marzano-Parisoli, « Corps », *op. cit.*, p. 417.

# CONCLUSION

L'objet de cette deuxième partie était de montrer comment et à quelles conditions il était possible pour le philosophe de participer aux débats éthiques à l'aide d'un travail de terrain. Il s'agissait de montrer que ce type de travail est possible pour le philosophe à condition qu'il se conforme aux règles éthiques qui encadrent la recherche en sciences humaines et sociales et qu'il adopte une méthodologie rigoureuse en lien avec une théorie de référence explicite. Pour le philosophe qui participe au débat bioéthique, cela suppose aussi selon moi de faire l'effort de clarifier le courant philosophique dans lequel il se situe. A ces conditions, je considère que le travail de documentation de terrain est riche tant pour la réflexion en éthique appliquée que pour la réflexion philosophique au sens large. Pour ce qui concerne les enjeux éthiques liés à la THDV, la documentation fine des positions et stratégies respectives des acteurs permet en effet de prendre en considération des situations précises qui viennent renouveler les questions formulées dans la littérature. J'ai ainsi montré que le prélèvement est malfaisant à plusieurs égards pour le donneur sans que cela soit considéré comme un obstacle au prélèvement. Ce qui m'amène à dire que le prélèvement des donneurs repose sur un accord implicite qui considère (au moment de la décision) que leur vie est « moins importante » que celle du receveur. Cet accord apporte un éclairage important sur ce qui fonde le prélèvement des donneurs vivants, et il importe d'en tenir compte dans la réflexion sur le prélèvement et la greffe. J'ai aussi montré que le point qui fait principalement question dans la littérature – la liberté de décision du donneur – n'est pas problématique en pratique pour les personnes qui ont effectivement donné un organe à un proche, tandis que cette question se pose pour les receveurs. J'ai enfin montré que la question de la justice, qui était un point secondaire de la littérature française était en fait celle qui faisait problème en pratique pour les donneurs d'organes. Pour ce qui concerne la réflexion philosophique, j'ai montré que les discours des différents acteurs de la THDV permettaient de questionner les concepts philosophiques de la liberté, du corps et du don. C'est à l'examen philosophique de ces discours et à leur articulation possible avec ces concepts philosophiques que j'ai souhaité consacrer la dernière partie de cet ouvrage.

TROISIÈME PARTIE

# LA LIBERTÉ, LE CORPS ET LE DON DANS LE CADRE DU PRÉLÈVEMENT ET DE LA GREFFE

# INTRODUCTION

Procéder à l'examen philosophique de concepts aussi vastes que le libre choix, le corps et le don est illusoire dans le temps relativement court qui est celui du doctorat. Il m'a donc paru fondamental de réaliser cet examen uniquement à travers les questions que posent les transplantations à partir de donneurs vivants. Pour cela, j'ai choisi de procéder à l'examen détaillé du débat actuel sur la rémunération des organes dont j'ai précédemment évoqué quelques aspects. Comme je l'ai montré, entrer dans la polémique sur la rémunération suppose de penser le rapport problématique qui lie le sujet à son corps : y a-t-il une indivisibilité "personne / corps" ? Le corps est-il hors commerce ? Peut-on au contraire imaginer un rapport d'appartenance ou de propriété entre sujet et corps ? Le débat est immense mais il n'épuise pas la question. En effet, d'autres problèmes apparaissent lorsqu'on veut se positionner sur la rémunération, en particulier autour du choix du système juridique devant organiser le prélèvement et la répartition des organes. La loi doit-elle garantir la protection intersubjective des individus ainsi que leur protection intrasubjective (auquel cas il faut interdire toute atteinte au corps de la personne même dans le cadre du don) ? Doit-elle au contraire se contenter de la protection intersubjective (auquel cas, où situer la limite à partir de laquelle l'État doit protéger le citoyen de lui-même à travers son corps) ? Répondre à cette question, c'est en même temps dire si l'on autorise ou non la rémunération, et en même temps prendre position sur une définition de la liberté du sujet (qui doit ou non voir sa liberté limitée au nom de sa protection). Enfin se positionner au sein de ces deux débats, c'est au bout du compte défendre une définition du don. C'est donc à travers le débat sur la rémunération des organes – qui unifie en une même problématique ces différents concepts – que j'ai décidé de les réenvisager. Mon hypothèse est que les concepts auxquels se réfèrent les participants au débat ne sont pas adaptés à ce que vivent effectivement les acteurs du prélèvement et de la greffe, et qu'il importe de les repenser à la lumière des témoignages recueillis. Je commencerai donc dans un premier temps par examiner les différents arguments du débat sur la rémunération des organes en discutant de leurs limites respectives. Dans un deuxième temps, je proposerai des conceptions de la liberté et du corps qui permettent de comprendre philosophiquement les témoignages recueillis. Enfin, à la lumière de cet examen, je proposerai une autre façon d'envisager le débat sur le don et la rémunération des organes.

CHAPITRE PREMIER

# POUR OU CONTRE LA RÉMUNÉRATION DES « DONNEURS » D'ORGANES, POSITIONNEMENTS PHILOSOPHIQUES

J'ai choisi de présenter ici une analyse détaillée du débat sur la rémunération des « donneurs » d'organes. Avant de commencer cet exposé, il me faut préciser que lorsque je parle ici de rémunération, il s'agit d'une rémunération organisée par une instance nationale. Dans ce cadre, la rémunération des vendeurs est assurée par la solidarité nationale et non par le receveur, et les organes sont attribués selon des critères médicaux et non selon des critères de fortune. Cette rémunération nationale peut d'ailleurs être envisagée pour les donneurs décédés (dans ce cas, l'argent est donné aux proches ou bien le coût des funérailles est assumé par l'hôpital) comme pour les donneurs vivants, même si ce sont ces derniers qui sont au centre du débat. Il peut sembler étonnant au premier abord que je m'intéresse à la rémunération des organes, après avoir montré que la position des donneurs incite plutôt à proposer une indemnisation des donneurs, et après avoir affirmé que j'adhérais à cette idée. Mais proposer une indemnisation pose en pratique les mêmes problèmes que ceux posés par la rémunération des organes. Par exemple, cela pose le problème de la modalité de l'indemnisation. Pour le seul cas des dons entre vivants : faut-il indemniser chacun en fonction du préjudice physique et de la perte d'argent liée à l'arrêt de travail ? Dans ce cas l'indemnisation a toutes les chances d'aboutir à une injustice : les hôpitaux seront sans doute plus tentés de recourir au don entre vivants dans les familles à faibles revenus que dans celles à revenus élevés. Faut-il au contraire proposer un montant fixe dont on estime qu'il correspond « en moyenne » aux pertes subies par les uns et les autres ? Dans ce cas, cela ressemble tellement à une rémunération correspondant au « prix de l'organe », que distinguer indemnisation et rémunération devient difficile. C'est ce genre de problèmes qui font dire aux participants du débat que de telles propositions sont des modes de rémunération cachés. Je ne nie pas que symboliquement pour les donneurs et légalement dans l'organisation potentielle d'une indemnisation, la différence entre indemniser et rémunérer importe. Je considère simplement que si l'on choisit l'indemnisation, on est confronté – dans le débat philosophique – aux mêmes problèmes que ceux posés par la rémunération, et que cela explique qu'on ne puisse pas se passer de l'étude du débat entre ses partisans et ses opposants. Pour cela, j'ai distingué plusieurs niveaux d'arguments dans chacune des deux positions[1] : chacune repose sur un postulat, et utilise des arguments « de principe » ainsi que des arguments pratiques.

### LES ARGUMENTS CONTRE LA RÉMUNÉRATION DES « DONNEURS »[2].

Le postulat sur lequel se fonde l'opposition à la rémunération dans le cadre du don d'organes est le suivant : le corps forme le substrat de la personne et il ne peut en être dissocié. – L'humanité est dans le corps autant que dans la personne. Tout ce qui vaut pour la protection de la personne humaine vaut aussi bien pour la protection du corps humain, et le respect de la personne passe d'abord par le respect de son corps. C'est d'ailleurs ce postulat qui fonde la condamnation des diverses atteintes portées aux corps des personnes : agressions, viols, assassinats etc.

Le mode de raisonnement spécifique à cette position est essentiellement déontologique, et les arguments auxquels elle se réfère sont majoritairement des arguments « de principe ». On se situe dans un mode de pensée de type kantien. Pour comprendre cette position, il importe de rappeler en quelques mots la pensée kantienne dont se réclament les arguments du débat[3]. La notion fondamentale à laquelle se réfèrent

1. Avant de détailler les arguments, je tiens à préciser que les références faites aux différents auteurs n'engagent pas (sauf mention explicite) leur propre position, mais les arguments auxquels ils se réfèrent (que ce soit pour les réfuter ou y adhérer).

2. Si je commence par présenter la position opposée à la rémunération des donneurs, c'est simplement parce que c'est celle qui a gouverné historiquement et gouverne actuellement l'organisation des transplantations.

3. Il n'est cependant pas toujours évident d'exposer les arguments des opposants à la rémunération en termes kantiens, car dans les débats contemporains l'éthique kantienne est reprise de façon plus ou moins stricte et explicite. D'ailleurs l'ouvrage principal auquel se réfèrent les participants au débat est *Leçons d'éthique*. Or cet ouvrage n'est pas directement de la main de Kant mais a été publié pour la première fois en 1924 sur la base de trois manuscrits d'élèves de Kant qui avaient suivis ses cours d'éthique entre 1775 et 1780.

les différents arguments du débat est celle de l'autonomie morale pensée par Kant. Selon lui, chaque personne, en tant qu'être de raison et de liberté est capable d'agir non en fonction de ses inclinations ou de son intérêt, mais en fonction de la loi morale. Est donc autonome celui qui raisonne et qui par le biais de la raison pure pratique peut connaître la loi morale et agir en fonction d'elle. La loi morale s'énonce sous la forme de trois maximes qui expriment le même impératif catégorique et qui sont les suivantes :

> Agis uniquement d'après la maxime qui fait que tu puisses vouloir en même temps qu'elle devienne une loi universelle». «Agis comme si la maxime de ton action devait être érigée par ta volonté en LOI UNIVERSELLE DE LA NATURE». «Agis de telle sorte que traites l'humanité aussi bien dans ta personne que dans la personne de tout autre toujours en même temps comme une fin, et jamais simplement comme un moyen [1].

Pour Kant, l'autonomie se définit comme la capacité de diriger librement sa volonté – en se détachant des inclinations et des désirs. C'est ce qui fait la dignité de la personne humaine et qui fonde le respect qui lui est dû. Or selon Kant, la personne n'est pas indépendante de son corps. Le respect de la dignité de la personne humaine passe par le respect de l'autre et de son corps, et par le respect des devoirs envers soi-même, qui imposent à chacun de respecter son propre corps. Ce respect impose des limites à ce que l'individu peut faire de son corps, car «*ce corps est (…) une partie de lui-même et constitue, dans l'union avec le soi, sa propre personne*»[2].

L'argument de principe de cette position est celui auquel se réfère notre cadre juridique. Dans celui-ci, «*le corps humain, ses éléments et ses produits ne peuvent faire l'objet d'un droit patrimonial*»[3], et «*les conventions ayant pour effet de conférer une valeur patrimoniale au corps humain, à ses éléments ou à ses produits sont nulles*»[4]. L'idée est que la personne étant «hors commerce» son corps l'est par principe, ce qui permet de protéger le sujet d'une spoliation de son corps par une autre personne, mais aussi de protéger le sujet lui-même de la tentation de porter atteinte à son corps pour de l'argent. Pour les défenseurs de la gratuité, la rémunération contrevient au principe de la non patrimonialité du corps, en

1. E. Kant, *Fondements de la métaphysique des mœurs*, IIe section IV 421-422-429, dans *Œuvres philosophiques II*, Paris, Gallimard, 1985, p. 285 pour les deux premières maximes, p. 295 pour la troisième.

2. E. Kant, *Leçons d'éthique*, trad. fr. par L. Langlois, Paris, Librairie Générale Française, 1997, p. 293.

3. Code civil, art. 16-1.

4. Code civil, art. 16-5.

même temps qu'aux principes d'autonomie, de liberté, de dignité de la personne humaine et de justice.

La rémunération des organes porte atteinte à l'autonomie de la personne parce qu'elle fait du pourvoyeur d'organe un simple moyen pour soigner quelqu'un d'autre, ce qui contrevient à sa liberté. Pour Kant en effet, les êtres humains sont doués de libre-arbitre. Mais la liberté même de l'agent moral a des conséquences, en particulier en ce qu'elle lui interdit de se priver de sa liberté: «*l'homme n'est pas une chose; il n'est pas par conséquent un objet qui puisse être traité* simplement *comme un moyen; mais il doit dans toutes ses actions être toujours considéré comme une fin en soi. Ainsi je ne puis disposer en rien de l'homme en ma personne, soit pour le mutiler, soit pour l'endommager, soit pour le tuer*»[1]. Cet argumentaire est repris par les opposants à la rémunération pour lesquels vendre un organe (une partie de son corps), c'est s'inscrire soi-même dans le domaine des choses qui n'ont pas de liberté, ce qui est contradictoire avec le devoir envers soi-même. Que le vendeur se dise alors autonome et libre n'a pas de valeur, car l'autonomie de la volonté n'autorise pas à renoncer volontairement à son autonomie et à sa liberté. Et l'interdiction de toute violation de l'autonomie est chez Kant absolue : il est impossible de vendre son corps, même si c'est pour sauver de la mort un parent ou un ami[2].

Les partisans de la gratuité vont plus loin. Selon eux, en confondant ce qui a un prix (chose) et ce qui a une dignité (personne), la rémunération n'annule pas seulement la liberté de la personne qui vend un organe, elle porte aussi atteinte à la dignité de la personne humaine. Car dans la tradition kantienne, tout a un prix ou une dignité. Ce qui a une dignité est ce qui n'a pas de prix, et qui a une valeur intrinsèque par opposition aux choses dont la valeur est relative[3]. Vendre ou inciter au « don » par le biais de l'argent, cela conduit à réifier le corps humain et à porter atteinte à la dignité de la personne humaine. C'est ce que pensent Joralemon et Cox, pour qui le commerce des organes inciterait les gens à considérer les autres comme des choses vendables, des réserves potentielles d'organes, et conduirait à dénaturer la dignité de la personne humaine[4]. On retrouve dans cette affirmation l'argument kantien selon lequel « *l'homme n'est pas autorisé à vendre un de ses membres pour de l'argent, même s'il devait recevoir dix*

1. E. Kant, *Fondements de la métaphysique des mœurs*, II^e section, IV- 430, *op. cit.*, p. 295.

2. E. Kant, *Leçons d'éthique*, *op. cit.*, p. 230.

3. E. Kant, *Fondements de la métaphysique des mœurs*, II^e section IV 434-435, *op. cit.*, p. 301-302.

4. D. Joramelon, P. Cox, « Body Values ... », *op. cit.*, p. 29.

*mille Thalers pour un seul de ses doigts, car autrement on pourrait lui acheter tous ses membres* »[1]. Ici, l'idée du « corps personne » est centrale. En effet, comme le rappelle Cohen[2], pour Kant tout ce qui dans le corps est nécessaire à la vie de la personne est constitutif de cette même personne et ne peut être vendu sans mettre en cause sa dignité.

La question qui se pose est alors de savoir comment il est moralement possible de donner et pas de vendre[3]. La question trouve en général sa solution dans la notion de don : le don d'un organe permet en effet de rester dans une relation entre personnes, puisque le donneur, le receveur et la société considèrent que l'organe donné ne peut être évalué, qu'il est « hors de prix ». Cynthia Cohen estime par exemple qu'il est moral de donner mais non de vendre, parce que le don relève de l'altruisme et de la solidarité envers un autre, tandis que la vente consiste à donner un prix à la vie humaine, ce qui conduit à nier sa dignité[4]. L'idée centrale est donc que c'est le don qui fonde la valeur morale du prélèvement, tandis que la rémunération l'annule. Cette argumentation est d'ailleurs tout à fait en accord avec la pensée kantienne, laquelle autorise le don de sa personne dans certains cas, en particulier dans la sexualité. Selon Kant, l'acte sexuel est en effet dégradant pour l'humanité sauf s'il correspond au don de sa personne à une autre personne qui se donne en retour. Dans ce cas, je cède ma personne à autrui qui me cède en retour sa personne, et finalement « *je me gagne à nouveau moi-même* »[5].

Le dernier principe mis en cause par la rémunération des organes est le principe de justice. Selon les partisans de la gratuité, la rémunération induit une injustice car elle fait peser une contrainte sur une seule partie de la population. L'idée est qu'il y a une inégalité naturelle entre les hommes qui détermine l'état de santé des uns et des autres : il n'y a pas d'égalité de départ entre ceux qui disposent d'une bonne santé et ceux qui n'en disposent pas. En plus de l'inégalité naturelle, il existe une inégalité sociale, due à la richesse ou à la pauvreté des uns et des autres. Or la possibilité de rémunération induit nécessairement une pression plus forte sur la catégorie “pauvre” que sur la catégorie “riche”[6]. La rémunération

1. E. Kant, *Leçons d'éthique*, *op. cit.*, p. 236.
2. C. B. Cohen, « Public Policy … », *op. cit.*, p. 55.
3. « *The question that needs to be addressed is why, on a kantian view, selling a body part is not respecting one's humanity, whereas donating a kidney may not be objectionnable* ». M. B. Gill, R. M. Sade, « Paying for Kidneys … », *op. cit.*, p. 23.
4. C. B. Cohen, « Public Policy … », *op. cit.*, p. 58.
5. E. Kant, *Leçons d'éthique*, *op. cit.*, p. 295.
6. R. M. Veatch, « Why liberals should accept financial incentives », *op. cit.*, p. 27.

augmente donc une inégalité sociale au lieu de tendre à la minimiser. D'autre part, elle élimine des échanges la catégorie des "pauvres en mauvaise santé". Contrairement aux "riches en bonne santé" ou "en mauvaise santé" – qui peuvent vendre et/ou recevoir – et aux "pauvres en bonne santé" – qui peuvent vendre –, les "pauvres en mauvaise santé" ne peuvent ni vendre ni recevoir [1]. La rémunération crée donc une inégalité supplémentaire. Enfin, pour certains opposants à la rémunération, celle-ci est injuste car elle fait des receveurs potentiels d'organes des patients ayant plus d'importance que d'autres. En effet, le principe de la rémunération des donneurs est motivé par la visée d'une augmentation du nombre de greffons disponibles afin de répondre à l'obligation morale de sauver tous les malades. Or si cette obligation existe, elle ne peut valoir plus spécialement pour les malades à greffer, d'autant plus que le choix de rémunérer implique une augmentation du budget global de la transplantation. Cela conduit donc à ne pas soigner d'autres malades qui pourraient être soignés ou même sauvés grâce à l'argent investi dans la transplantation [2].

La position des opposants à la rémunération admet enfin des arguments pratiques. Ces différents arguments veulent montrer que d'un point de vue pratique la rémunération pose problème. Le premier et le plus évident des problèmes posés en pratique par la rémunération des organes concerne le prix de l'organe. Même si l'on admet le recours à la rémunération, nombreux sont ceux qui montrent qu'il est impossible de fixer un prix qui soit « juste » pour tous, c'est-à-dire à la fois incitatif et pas irrésistible [3]. L'idée est que si l'on échoue à fixer ce prix, alors il contraindra certains à vendre mais pas d'autres : certains ne pourront pas résister à une offre de 5000 euros qui semblera tout à fait dérisoire à d'autres. D'autres arguments « pratiques » sont invoqués. Ils peuvent être regroupés en trois groupes selon leur forme : les uns tendent à montrer que la rémunération est inutile, les autres qu'elle aura – si elle est adoptée – des conséquences néfastes, les derniers qu'elle est un faux problème.

En ce qui concerne l'inutilité de la rémunération, certains auteurs démontrent que le grand public comme le monde médical ont en horreur l'idée même de marchandisation du corps [4]. L'argument est alors qu'il est au mieux inutile de l'autoriser (car si la population n'adhère pas à ce choix,

1. C. Foppa, *Transplantation : par-delà le mythe du don*, Genève, Société suisse d'éthique médicale, 1992, p. 21.

2. D. Joramelon, P. Cox, « Body Values … », *op. cit.*, p. 31.

3. M. B. Gill, R. M. Sade, « Paying for Kidneys … », *op. cit.*, p. 33.

4. T. Takala, « The role of sense and sensibility in bioethics », *op. cit.*, p. 29-33.

cela n'aura aucun impact sur la pénurie d'organes) et au pire nuisible, car cela risque d'augmenter le sentiment de dégoût lié au prélèvement des organes (ce qui peut faire diminuer le nombre de dons).

Les arguments concernant le «caractère néfaste des conséquences» tendent à montrer que si la rémunération n'est pas intrinsèquement immorale, son application «dans le monde réel» aura de telles conséquences qu'il faut l'interdire. La première conséquence néfaste est que cela conduira à l'exploitation des plus pauvres, ce qui est en pratique injuste et immoral. La deuxième conséquence néfaste concerne nos valeurs morales. L'idée est que rémunérer va amener à considérer l'autre comme un réservoir d'organes potentiellement disponible, ce qui va contribuer à la décadence de notre société, à la perte de nos valeurs morales, et va alimenter l'idée que tout est à vendre. Bref, cela conduira selon les tenants de la gratuité à une diminution de l'altruisme au profit de l'intérêt[1]. La dernière conséquence néfaste de l'ouverture d'un marché sera l'augmentation des situations de trafic et de marché noir. Pour les tenants de la gratuité, les précautions proposées par les partisans de la rémunération sont insuffisantes. En effet, les auteurs favorables à un marché conditionnent en général l'éthicité du marché au fait que l'État soit seul «acheteur» et seul «pourvoyeur» des organes. Mais pour ses opposants, cette précaution est une illusion car en pratique la rémunération va augmenter les trafics et les ventes «privées»[2].

Les arguments qui visent à montrer que la question de la rémunération est mal posée fonctionnent «à rebours» : les opposants à la rémunération reprennent les arguments de ses partisans pour les contrer et montrer que la question de la rémunération est finalement un «faux» problème. Le premier argument repris par les opposants à la rémunération est le suivant. On entend dire que des gens sont payés pour s'exposer à des atteintes à leurs corps dans bien des situations, en particulier dans certains sports comme la boxe[3]. Si les partisans de la rémunération se fondent sur cet argument pour légitimer la vente des organes, pour ses opposants, c'est l'inverse qu'il faut faire : au lieu d'augmenter le nombre de situations de ce type, il faut diminuer les situations existantes où le fait de gagner de l'argent dépend d'un risque pour le sujet. Un autre argument est fréquemment utilisé dans les débats pour légitimer la rémunération des «donneurs». Il s'agit de

1. P. Herissone-Kelly, « U.K. Bioethics, U.K. Metabioethics ... », *op. cit.*, p. 228-229.

2. J. Radcliffe Richards, «Commentary. An ethical market in human organs», *op. cit.*, p. 139-140.

3. C. Foppa, *Transplantation, par-delà le mythe du don*, *op. cit.*, p. 11.

l'argument selon lequel vendre un rein pour sauver ses enfants (de la pauvreté), c'est comme donner un rein pour sauver son enfant (de la maladie), et que c'est tout aussi acceptable moralement. Pour les opposants à la rémunération, un tel argument confond le niveau de l'acteur et celui de la société[1]. Si l'acteur est défendable moralement, cela ne signifie pas que l'action l'est aussi. On n'est donc pas fondé sous prétexte de conséquences favorables pour les vendeurs et leurs familles, à ériger en principe défendable ce qui relève de cas d'espèce regrettables.

On peut finalement résumer la position contre la rémunération comme suit : elle se revendique d'une tradition de pensée kantienne dans laquelle le corps est constitutif de la personne, ce qui en interdit la vente considérée comme aliénation de la liberté. Seul le don – entendu au sens de la gratuité – est possible, il est ce qui fonde la légitimité morale du prélèvement des organes. Cette position de principe se trouve – selon ses défenseurs – renforcée par des arguments pratiques qui montrent que la rémunération présente le risque de conduire à des injustices notoires.

### POINT(S) DE VUE ET ARGUMENTS POUR LA RÉMUNÉRATION DES « DONNEURS »

Le postulat sur lequel se fonde la défense de la rémunération dans le cadre du don d'organes est le suivant : le corps de la personne ne se confond pas avec la personne. L'humanité est dans la personne, pas dans le corps : « *Mon rein n'est pas mon humanité* »[2]. Pour les partisans de la rémunération, ce qui fait l'humanité de la personne et lui donne sa dignité, c'est sa capacité à prendre des décisions rationnelles. Car si le corps participe à l'humanité des êtres humains, alors il y a une humanité des hommes et une humanité des femmes; une humanité des gros, une des maigres; une des blancs, une des noirs, etc., — une humanité par corps. Dans ce cas, le risque est de devoir renoncer au fondement universaliste de l'éthique des droits de l'homme. Plutôt que prendre ce risque, les défenseurs de la rémunération préfèrent renoncer à la doctrine de l'indivisibilité de la personne et du corps. Le mode de raisonnement spécifique à cette position est essentiellement conséquentialiste et intègre à l'évaluation morale les conséquences de nos choix ainsi que leur traduction en résultats sociaux. Cela suppose

1. D. Joramelon, P. Cox, « Body Values ... », *op. cit.*, p. 31.
2. M. B. Gill, R. M. Sade, « Paying for Kidneys ... », *op. cit.*, p. 26.

une autre façon de problématiser. Ici, les arguments « de principe » sont analysés en rapport direct avec leurs conséquences pratiques : arguments pratiques et arguments « de principe » sont donc mêlés. Les critères de moralité mobilisés par les positions « pour » sont de type utilitariste. Pour bien comprendre cette position, il importe donc de comprendre la pensée utilitariste.

L'utilitarisme est une théorie morale qui enseigne que « *les actions sont bonnes ou sont mauvaises dans la mesure où elles tendent à accroître le bonheur ou à produire le contraire du bonheur* »[1]. Cette théorie morale propose un critère de distinction du bien et du mal (le bien être), un impératif moral (maximiser le bien), et une règle d'évaluation de l'action morale (le conséquentialisme). Cette philosophie bien que peu populaire en France, a structuré la philosophie morale anglo-saxonne depuis plus de deux cents ans et reste très présente dans le débat bioéthique. Elle s'inspire essentiellement de la pensée de John Stuart Mill.

Dans *De la liberté*, Mill distingue la liberté civile du libre-arbitre : selon lui, la liberté civile est celle que l'individu oppose à l'autorité de la société et à la censure de la pensée collective ou dominante. Le libre-arbitre tient en la faculté de l'individu majeur à choisir pour lui. Il s'agit d'une faculté multiple. Mill entend parfois le libre-arbitre comme « *la spontanéité individuelle* », parfois comme la capacité d'exprimer une « *préférence* » ou de se déterminer en fonction de « *ses propres dispositions* », parfois encore comme la capacité de tracer « *un plan de vie* », etc. Il y intègre aussi « *les désirs et impulsions* », et si l'intellect en fait partie, c'est simplement parce que celui-ci est l'attribut des « *êtres humains dans la maturité de leurs facultés* ». On peut donc dire que pour Mill, le libre-arbitre est une qualité intrinsèque de l'individu, tandis que sa liberté civile est un droit que la société doit lui garantir.

Il faut alors distinguer trois facettes de la liberté : la liberté individuelle « personnelle », la liberté civile « en société », et la liberté individuelle « d'association ». La liberté individuelle doit être illimitée quand elle concerne « *la conduite d'une personne qui n'affecte qu'elle-même* »[2]. Dans ce cas spécifique, « *sur lui-même, sur son corps et son esprit, l'individu est son propre souverain* »[3]. La liberté individuelle doit cependant être limitée par la société civile (c'est-à-dire par la loi ou par l'opinion) dès lors qu'elle intéresse la société. « *Dès que la conduite d'une personne devient*

1. J. S. Mill, *L'utilitarisme*, trad. fr. par G. Tanesse, Paris, Flammarion, 1988, p. 49.
2. J. S. Mill, *De la liberté*, trad. fr. par L. Lenglet, Paris, Gallimard, 1990, p. 78.
3. *Ibid.*, p. 75.

*préjudiciable aux intérêts d'autrui, la société a le droit de le juger»*[1]. Dès qu'une personne enfreint les droits des autres, «*la société, en tant que protectrice de tous ses membres doit user de représailles contre elle, lui infliger un châtiment suffisamment sévère, dans l'intension expresse de le punir*»[2]. La liberté civile limite donc la liberté individuelle. Enfin, selon Mill, il existe une liberté intermédiaire entre la liberté individuelle et la liberté civile, qui concerne la liberté d'association : «*la liberté de l'individu dans les choses qui ne concernent que lui implique une liberté correspondante pour un groupe d'individus de régler par consentement mutuel les choses qui les concernent ensemble et ne regardent personne d'autre*»[3]. Cette liberté exige cependant – en raison de la tendance individuelle au changement – que ceux qui se sont liés dans ce cadre puissent se dégager de leur engagement[4].

Le lien entre une théorie de la liberté civile et l'utilitarisme n'est pas – à première vue – évident. Cependant, si Mill pose la liberté absolue de l'individu sur lui-même (c'est-à-dire sur sa pensée, ses sentiments, son corps et ses actes) c'est bien pour des raisons d'utilité, car c'est ce qui est le plus utile à la société dans son ensemble. C'est en référence à ce cadre de pensée que les partisans de la rémunération examinent les différents principes qui pourraient être mis à mal par la rémunération des organes.

Pour les partisans de la rémunération des organes, la rémunération des organes ne contrevient pas au principe d'autonomie. Affirmer que vendre un organe aliène l'autonomie de la personne relève – au plan principiel – d'une confusion entre le corps de la personne et son autonomie morale. Ici, l'autonomie tient dans la capacité de faire des choix libres et rationnels. A partir du moment où un individu possède cette capacité, «*chacun est le gardien naturel de sa propre santé aussi bien physique que mentale et spirituelle*»[5]. Si l'on admet que l'autonomie de la personne ne se fonde pas sur une indivision corps personne, alors vendre un rein n'altère pas plus l'autonomie que le donner, car une personne peut continuer à faire des choix rationnels avec un organe en moins[6]! Dans le cadre d'une pensée utilitariste, c'est même l'interdiction posée par la société qui est un frein à l'autonomie du vendeur potentiel. En effet, «*personne n'est autorisé à dire à un homme d'âge mûr que, dans son intérêt, il ne doit pas faire de sa vie ce*

1. J. S. Mill, *De la liberté*, *op cit.*, p. 177.
2. *Ibid.*, p. 184.
3. *Ibid.*, p. 220.
4. *Ibid.*, p. 222.
5. *Ibid.*, p. 79.
6. M. B. Gill, R. M. Sade, Paying for Kidneys ..., *op. cit.*, p. 26.

*qu'il a choisi d'en faire. Il est celui que son bien-être préoccupe le plus* »[1]. D'ailleurs pour les défenseurs de la rémunération, rien ne dit que la loi doive se référer à l'autonomie au sens kantien. Si tel était le cas en effet, la loi devrait interdire et la vente et le don d'organes, qui l'un comme l'autre portent atteinte au « corps-personne » et à l'autonomie du sujet. Les défenseurs de la rémunération des organes font donc valoir que recourir à l'argument kantien est ici contradictoire : les organes sont des « choses » qu'on aliène déjà par le don dans des conditions où l'atteinte au « corps-personne » est gérée sans déchéance morale particulière du donneur.

Selon eux, la rémunération ne contrevient pas non plus à la liberté de l'agent moral. Sur un plan principiel, ils font valoir que l'argument kantien ne tient pas. En effet, il importe selon eux de distinguer le corps dans son ensemble des parties du corps. Le suicide ou l'esclavage annulent bien la liberté de celui qui s'y soumet et sont contraires à la loi morale. Mais la pensée utilitariste présente plus de souplesse que la pensée kantienne. Ainsi Mill est d'accord avec Kant lorsqu'il affirme que « *ce n'est pas la liberté que d'avoir la permission d'aliéner sa liberté* »[2]. Mais il admet aussi qu'il faut être prudent lorsqu'on juge des limites de la liberté d'un individu, car notre propre liberté est elle-même souvent limitée par les choix que nous faisons. En vendant un organe, le sujet se défait d'une partie de son corps ce qui peut limiter sa liberté sur certains points (par exemple on ne peut pas revenir en arrière après un prélèvement d'organe). Mais il n'aliène réellement ni sa liberté présente ni sa liberté future[3]. Sur un plan pratique d'autre part, les défenseurs de la rémunération réfutent l'argument selon lequel la contrainte financière crée une situation de non choix et annule la liberté du donneur (ou vendeur) potentiel. Ils montrent en particulier que ce n'est pas parce qu'une offre est attractive qu'elle est contraignante ou irrésistible. Offrir un travail mieux payé n'est pas exercer une contrainte, c'est offrir du choix. Dans le cadre d'un marché des organes, nul n'oblige le “vendeur” à vendre contre sa volonté. On lui fait une offre attractive c'est-à-dire qu'il a des raisons de vouloir accepter, ce qui n'est pas de la contrainte. La liberté est donc considérée ici en un sens utilitariste, comme « absence de contrainte extérieure ». Cette acception implique de penser le lien entre liberté et société. Pour Mill, le rôle de la société est de permettre au plus grand nombre la réalisation du bonheur individuel. La liberté conçue comme « absence de contrainte » repose sur la reconnaissance de la

1. J. S. Mill, *De la liberté*, *op. cit.*, p. 178.
2. *Ibid.*, p. 222.
3. M. B. Gill, R. M. Sade, « Paying for Kidneys … », *op. cit.*, p. 27.

diversité des hommes. Chaque être humain est irréductible à tout autre et donc susceptible de concevoir pour lui-même un « plan de vie » décrivant l'horizon de sa propre existence :

> Il n'y a pas de raison pour que toute existence humaine doive se construire sur un modèle unique ou sur un petit nombre de modèles. Il suffit d'avoir une dose suffisante de sens commun et d'expérience pour tracer le plan de vie le meilleur, non pas parce qu'il est le meilleur en soi, mais parce qu'il est personnel. Les êtres humains ne sont pas des moutons [1].

Il importe alors de protéger la liberté de chacun « à disposer de sa vie » des interférences de la société, laquelle est considérée comme un espace commun de relation permettant l'agencement des autonomies individuelles [2]. Ne pas exercer de contrainte, offrir du choix et laisser à chacun la possibilité de réaliser son propre plan d'existence, voilà comment la société peut garantir la liberté individuelle. Dans le cadre du prélèvement des organes, proposer et le don et la vente ne porte donc pas atteinte à la liberté de l'individu.

Pour les défenseurs de la rémunération des organes, celle-ci ne porte pas atteinte non plus à la dignité de l'agent moral. Au plan des principes, c'est sur ce point que l'opposition avec la pensée kantienne est la plus forte. En effet, pour Kant, la dignité de la personne humaine est respectée lorsque l'agent moral respecte ses « devoirs envers soi-même ». Cela signifie en pratique que l'agent, pour respecter sa dignité, ne doit pas être soumis à ses inclinations et doit respecter la loi morale. Or pour Mill, les « devoirs envers soi-même » signifient « respect de soi ou développement personnel » [3], c'est-à-dire libre expression de soi et de ses inclinations. De ce fait, la dignité de la personne n'est pas en cause du moment que celle-ci agit selon ses préférences et son plan de vie. Les défenseurs de la rémunération posent donc que la motivation financière d'un acte ne peut en elle-même être considérée comme source d'indignité : du moment que l'agent suit son inclination et ne porte pas atteinte à autrui, il n'y a rien d'indigne ici. De plus, selon les partisans de la rémunération, pour évaluer un acte dans son aspect éthique, on ne peut pas s'en tenir à sa seule finalité immédiate (gagner de l'argent en l'occurrence). Il y a selon eux dans la vente d'organes une « *dignité des conséquences ultimes de l'acte indépendamment de la volonté du sujet* » [4]. En effet, lorsque quelqu'un décide de

1. J. S. Mill, *De la liberté*, *op. cit.*, p. 165.
2. P. Bouretz, « Préface », dans J. S. Mill, *De la liberté*, *op. cit.*, p. 35.
3. J. S. Mill, *De la liberté*, *op. cit.*, p. 182.
4. C. Foppa, *Transplantation : par-delà le mythe du don*, *op. cit.*, p. 29.

vendre un de ses organes pour gagner de l'argent, le mobile de son action n'est certainement pas l'altruisme; en revanche la conséquence de son acte est bien d'offrir à une personne la possibilité de vivre. L'idée est donc qu'il y a une utilité sociale du geste qui est en elle-même une source de dignité et qui vient s'opposer à la perte de dignité supposément liée à la réification du sujet qui “se vend”. Au plan pratique ensuite, les défenseurs de la rémunération montrent que l'équation « gratuité égale dignité » ne tient pas. Selon les défenseurs du marché en effet, c'est une erreur de faire comme si tout ce qui était gratuit devenait automatiquement éthique. Cette erreur de principe peut avoir de graves conséquences. C'est par exemple ce qui s'est passé en France avec le « scandale du sang contaminé ». Considérer le donneur comme digne de confiance *a priori*, simplement parce que son geste était gratuit a dans ce cas conduit à ne pas contrôler la qualité du sang prélevé. Sur le plan des conséquences, il est donc plus pertinent de distinguer la dignité d'une personne de l'aspect gratuit de ses actes. Enfin, les tenants de la rémunération considèrent que le sentiment de répugnance ou d'horreur qu'elle suscite n'est pas justifié et que rien ne dit que ce sentiment serait accru par l'existence d'un marché régulé. En effet, selon eux, les sentiments moraux varient avec le temps et les pratiques, et la transplantation elle-même a pu à ses débuts être considérée comme « répugnante »[1]. D'ailleurs, nul ne considère vraiment que les Américains qui peuvent vendre les produits de leur corps (sang, sperme) sont tombés dans une indignité particulière. Le raisonnement est là encore de type utilitariste. En effet, pour Mill, le sentiment de répugnance morale éprouvé par une partie de la société ne suffit en aucun cas à légitimer l'autorité morale de l'opinion publique sur l'individu[2]. Au contraire, l'indépendance d'action et le dédain de l'usage doivent être encouragés pour la chance qu'ils donnent de découvrir de meilleures façons de faire et des coutumes plus dignes d'être adoptées par tous.

C'est en termes de justice enfin que les arguments des défenseurs de la rémunération sont les plus nombreux. Ceux-ci rappellent que le principal motif invoqué pour rémunérer les organes est la situation d'injustice créée par la pénurie. L'argument de principe est donc qu'il est injuste de laisser les receveurs mourir faute d'organes si la rémunération des donneurs est un moyen efficace pour combler la pénurie de greffons. Cet argument de principe s'oppose clairement à celui des défenseurs de la gratuité pour lesquels l'injustice dans la rémunération consiste à faire peser les risques

1. M. B. Gill, R. M. Sade, « Paying for Kidneys … », *op. cit.*, p. 39.
2. J. S. Mill, *De la liberté*, *op. cit.*, chapitre IV.

du prélèvement sur une partie de la population, tandis que les bénéfices sont répartis au sein d'une autre partie de la population. C'est ce que l'on peut appeler l'argument de la discrimination. Les défenseurs de la rémunération adressent plusieurs réponses à cet argument. La première est d'ordre principiel, et tend à montrer que la protection de l'individu ne doit pas passer par la limitation de sa liberté tant qu'il ne met en cause que lui-même. Ainsi, si l'on en croit Mill, « *quand il n'y a pas de certitude, mais un simple risque de danger, seule la personne elle-même peut juger de la valeur du motif qui la pousse à courir ce risque* »[1]. A partir du moment où le vendeur potentiel est informé des risques qu'il encourt, s'il vend son rein ou son foie, lui seul peut juger de la valeur de son motif. Dans ce raisonnement, l'argent ne change pas la valeur de la décision, puisque le motif n'est pas le seul fondement moral de l'action. Que le « pourvoyeur d'organe » vende ou donne, peu importe du moment qu'il sait à quoi il s'engage. Sur un plan pratique, les arguments visant à répondre à l'argument de la discrimination sont nombreux, mais la plupart d'entre eux forment ce que nous désignerons ici comme les « arguments de l'hypocrisie ». L'ensemble de ces arguments se fonde sur l'idée que la situation actuelle est injuste et hypocrite.

Le premier argument de l'hypocrisie comporte deux volets. Le premier volet consiste à appliquer un « principe de réalité », et à admettre que les pays développés peuvent interdire chez eux la rémunération des donneurs parce qu'un marché noir existe déjà dans lequel ce sont les plus pauvres des pays pauvres qui vendent leurs organes pour les plus riches des pays riches[2]. Le second volet concerne le fait que seuls les plus pauvres des pays riches seront des vendeurs d'organes. Sur ce point, les défenseurs de la rémunération estiment que l'argument de la discrimination est sans portée, naïf ou hypocrite, car les pauvres font déjà tous les jours ce que les riches ne veulent pas faire. Veatch[3] va d'ailleurs plus loin : il rappelle qu'il s'est pendant longtemps positionné contre la rémunération au motif que des alternatives à la patrimonialisation du corps pouvaient être offertes aux plus pauvres pour accéder à une vie décente. Il constate après vingt ans que la société n'a rien fait en ce sens et que cela est profondément immoral. Dans ces conditions, priver les plus pauvres de la possibilité de marchander leur seul patrimoine est plus immoral encore que de les autoriser à vendre

1. J. S. Mill, *De la liberté*, *op. cit.*, p. 211-212.

2. L'existence d'un trafic entre l'Inde et l'Angleterre est d'ailleurs un point qui incite certains à réenvisager la question de la rémunération, afin de ne pas faire peser la charge du prélèvement sur les pays les plus pauvres. Voir à ce sujet O. Dyer, « Organ trafficking prompts UK review of payments for donors », *Bmj*, n° 325, 2002.

3. R. M. Veatch, « Why should liberals accept financial incentives », *op. cit.*, p. 19-36.

un organe. Le second argument « de l'hypocrisie » tend à montrer que la situation actuelle est injuste pour le donneur : il est le seul à assumer les risques et le seul à n'en tirer aucun bénéfice[1]. Le receveur perçoit un bénéfice évident, l'ensemble du système aussi (diminution de l'attente etc.), et l'équipe médicale est payée pour prélever et transplanter, mais le donneur ne reçoit rien malgré l'importance de l'effort consenti. Les partisans de la rémunération estiment donc qu'il est temps d'ouvrir le marché sans se cacher derrière un principe de justice qui n'existe qu'en théorie. Ils estiment qu'en proposant un marché régulé on introduit dans l'organisation du prélèvement et de la greffe un facteur de justice et d'équité sans dénaturer le geste de ceux qui souhaitent symboliquement donner. En effet, autoriser la vente ce n'est pas l'imposer, au contraire. C'est diversifier les situations et ouvrir de nouvelles possibilités. Ainsi nul n'oblige un parent à vendre le foie qu'il souhaite donner à son enfant. Mais rien ne contraint non plus un cousin, un ami, ou même un inconnu, à donner ce qu'il peut vendre légalement.

On peut finalement résumer la position « pour la rémunération » comme suit : elle se réclame d'une tradition de pensée utilitariste, dans laquelle l'individu est seul souverain sur son corps, sa pensée et ses actions à partir du moment où il ne porte pas préjudice aux autres. Le corps de l'individu est donc, comme l'ensemble de sa personne, le domaine privilégié sur lequel celui-ci peut exercer sa liberté. Dans cette tradition de pensée, la conséquence ultime de nos actes importe dans le jugement que l'on porte sur eux, et un individu qui décide librement de vendre un organe dans un contexte de pénurie non seulement sait le mieux ce qui est bien pour lui, mais encore apporte un bien manifeste à la société. Ici le don et la vente des organes sont deux modalités différentes par lesquelles les organes peuvent passer d'un corps à un autre, libre à chacun de choisir celle qu'il préfère. Rien n'autorise alors la loi (ou la morale) à interdire par principe une de ces modalités au nom de la protection de l'individu.

Cette position semble tout d'abord plus cohérente et plus satisfaisante que la position kantienne. Cependant, comme le rappelle Carlo Foppa « *ni Kant ni Mill n'auraient jamais pu envisager les déchirements éthiques auxquels nous accule aujourd'hui la technologie médicale, il est donc ridicule de se vouloir à tout prix kantien ou utilitariste dans le débat de la bioéthique* »[2]. Et appliquées à la rémunération des organes, on peut constater que l'une et l'autre de ces deux positions posent un grand nombre de

1. En dehors d'un éventuel bénéfice psychologique.

2. C. Foppa, *Transplantation : par-delà le mythe du don*, *op. cit.*, p. 31.

problèmes qui font qu'elles échouent à proposer une solution satisfaisante au dilemme.

## IMPASSES RESPECTIVES DES DEUX POSITIONS

Plusieurs problèmes émergent d'abord lorsque l'on veut appliquer la pensée kantienne. Le premier problème est un problème d'interprétation. En effet, la position dite kantienne relève d'un choix interprétatif qui consiste à ne relever, pour le débat sur la vente des organes, que les passages concernant la vente du corps. Kant, dans son ouvrage, condamne la vente du corps au nom du motif de l'action : cela revient à se faire soi-même objet pour de l'argent. C'est donc aliéner sa liberté et c'est condamnable au même titre que le suicide car cela contrevient aux devoirs envers soi-même. Mais rien ne nous permet d'affirmer que le don (ou la vente) d'un organe relève, en termes kantiens, des devoirs envers soi-même. On peut imaginer que se défaire d'un organe pour un proche soit une obligation morale relevant des devoirs envers les autres. C'est par exemple ce que font Walter Glannon et Lainie Friedman Ross. Selon eux, les parents ont le devoir de subvenir aux besoins de leurs enfants, et ce devoir est entendu au sens kantien comme un impératif catégorique[1]. Ce devoir s'étend selon eux aux proches, et plus précisément à tous ceux avec qui le donneur potentiel a une relation d'intimité. Il a alors l'obligation morale de leur porter secours en donnant le cas échéant un de ses organes. Si le don d'organe fait partie de nos obligations envers autrui, on ne voit pas vraiment en quoi l'agent moral serait condamnable – une fois son devoir accompli – s'il en tire un bénéfice financier à travers une indemnisation ou une rémunération. Imaginons un proche qui serait conduit par obligation morale à se défaire d'une partie de son foie, et qui – parce que la possibilité serait ouverte – choisirait d'être indemnisé[2] plutôt que de ne pas l'être (par exemple pour être sûr de ne dépendre de personne en cas de problème). Celui-ci doit-il être condamné au même titre que celui qui vend son corps pour quelques bières ? Au même titre que celui qui commet le suicide ? Ou bien au contraire doit-on penser que Kant l'aurait soigneusement distingué et l'aurait considéré comme

1. W. Glannon, R. L. Friedman, « Do genetic relationships create moral obligations in organ transplantation ? », *Cambridge Quarterly of Healthcare Ethics*, vol. 11, n°2, 2002, p. 155.

2. Nous choisissons cet exemple à dessein, car pour la tradition de pensée kantienne, indemnisation et rémunération sont tout aussi condamnables.

« *ceux qui tombent au champ de bataille* » ? On peut en effet penser que les donneurs d'organes font un geste qui répond à une obligation morale non pas envers autrui, mais plus généralement envers la société, qui a besoin d'organes. Pour Kant, « *ceux qui tombent au champ de bataille ne commettent pas alors un suicide, mais sont victimes du destin* »[1]. Et lui-même n'aurait pas imaginé envoyer gratuitement les soldats au combat : « *Il y a (…) des circonstances où l'on met sa vie en jeu par intérêt. C'est ce que fait par exemple un soldat qui va à la guerre, sauf qu'ici le motif qui l'anime n'est pas une fin privée, mais un bien commun* »[2]. Difficile de trancher *a posteriori* et d'affirmer avec certitude comment Kant aurait considéré la question …

Le second problème posé par la position kantienne est un problème de cohérence. Cela est dû selon moi à la traduction que l'on fait de l'interdiction de la vente du corps. En effet, si l'on considère que c'est un devoir envers soi-même, on oublie que pour Kant, « *le devoir envers soi-même ne peut pas être considéré de manière juridique, puisque le droit ne touche qu'à mes relations avec les autres hommes* »[3]. Or le législateur a bel et bien traduit l'impératif kantien de respect de la dignité humaine en termes juridiques. Le raisonnement juridique pose que corps et esprit son indivisibles et forment la personne humaine qui est inviolable et à qui le respect est dû. Le corps étant constitutif de la personne humaine, il est nécessairement hors commerce. L'adoption juridique de l'impératif kantien vient donc justifier *a posteriori* la réglementation particulière d'une pratique nouvelle qui est le prélèvement des organes. Cependant cela crée des incohérences notoires avec le droit qui encadre d'autres pratiques dans notre société.

En premier lieu, cela entre en contradiction avec la conception juridique des « choses hors commerce », qui – étant inaliénables – « *ne peuvent changer de titulaires de droit* »[4]. Le statut du corps humain tel que la tradition kantienne le définit devrait alors impliquer l'impossibilité du don comme de la vente. La tolérance envers le don d'organes n'est d'ailleurs possible qu'aux prix d'une distorsion importante de la notion même de don, dans laquelle « *le don est obligatoire parce que la vente est interdite* »[5]. D'autre part, l'interdiction de la vente des organes entre en contradiction

1. E. Kant, *Leçons d'éthique*, *op. cit.*, p. 272.
2. *Ibid.*, p. 279.
3. *Ibid.*, p. 226.
4. C. Foppa, *Transplantation : par-delà le mythe du don*, *op. cit.*, p. 7.
5. *Ibid.*, p. 7.

avec la possibilité de la vente du corps dans d'autres situations. Même si l'on ne tient pas compte de la situation de guerre parce qu'elle relève des obligations envers la société, il n'en reste pas moins que l'utilisation du corps comme un moyen de gagner de l'argent est tolérée dans bien des situations : dans le travail, dans lequel le sujet utilise son corps pour se procurer de l'argent; dans la prostitution, dans laquelle le corps du sujet devient un véritable objet d'échange lucratif; dans plusieurs activités sportives, dans lesquelles le sujet est autorisé à abîmer à tout jamais son corps dans le but d'amuser des gens[1]. Bref, si tout le monde est d'accord pour affirmer que le corps est constitutif de la personne et que le respect de la personne passe par le respect de son corps, il faut bien reconnaître que la collectivité est prête à faire des exceptions. Peut-on moralement fonder ces exceptions ? Doit-on au contraire exiger une cohérence plus importante entre les diverses situations encadrées par le droit ?

Pour ma part, je considère que pour être cohérente, la position kantienne devrait admettre au plan légal le don *et* la vente des organes. En effet, traduire les devoirs envers soi-même en interdits légaux a deux conséquences intenables pour la tradition kantienne. D'une part, cela a pour conséquence de rendre la décision du don d'organe hétéronome. Si c'est l'État qui pose des limites au libre exercice de la volonté des sujets, on tombe dans une situation d'hétéronomie de la volonté qui nie la liberté du sujet[2]. Or pour Kant l'hétéronomie de la volonté est la source de tous les principes illégitimes de la moralité. D'autre part, cela a pour conséquence de rendre le corps de l'individu indisponible (dans certains cas) pour lui-même (qui ne peut pas le vendre), mais disponible pour l'État qui peut interdire sa vente et autoriser le don : position incompatible avec l'idée que le corps est constitutif de la personne. La position qui se réclame de la pensée kantienne pour interdire la vente des organes et traduit juridiquement cet interdit en limitant la liberté des personnes me semble de ce fait intenable et incohérente. Il y aurait sans doute plus de cohérence à affirmer l'interdit moral de la vente des organes, mais à en autoriser la pratique au plan juridique, de façon à ce que chaque agent moral puisse décider de façon autonome de donner plutôt que de vendre.

Si la position qui se réfère à la pensée utilitariste paraît au premier abord plus cohérente que la position kantienne et plus à même de proposer une position philosophiquement argumentée sur la rémunération des organes, elle pose aussi bon nombre de problèmes et peut aboutir à des propositions

1. C. Foppa, *Transplantation : par-delà le mythe du don*, *op. cit.*, p. 27.
2. *Ibid.*, p. 14.

intenables. Le premier problème propre à la pensée utilitariste concerne le statut du corps humain. Mill en effet ne donne pas de « concept propre » du corps humain qui indiquerait en quoi consistent nos devoirs à son égard. Mais, en affirmant que l'individu est souverain de son corps et peut en disposer librement du moment qu'il ne porte pas atteinte à autrui, la pensée utilitariste admet un présupposé dualiste. Or le mode de pensée dualiste pose problème dès qu'on souhaite penser la transplantation. Il semble donc bien « *qu'ontologiquement l'objet corps humain a un statut bien particulier* »[1] que la position utilitariste échoue à penser.

La tradition utilitariste propose en lieu et place d'une pensée ontologique du corps humain une pensée déontologique qui évalue le rapport entre le sujet et son corps. Ce rapport n'est pas l'identité comme chez Kant, mais un rapport « d'appartenance ». L'idée est que le corps appartient au sujet bien qu'il y ait une continuité entre le propriétaire et l'objet possédé. Cette position a l'avantage de la clarté. Puisque le corps appartient au sujet, qu'il peut en disposer librement non seulement pour lui-même mais aussi dans toute libre association avec d'autres sujets consentants, l'État ne peut pas en disposer dans le cadre du don post-mortem[2] pas plus qu'il ne peut en interdire la vente. Mais elle pose problème en termes juridiques. En effet, elle rompt avec toutes les dispositions habituelles concernant les relations d'appartenance, dans lesquelles la loi limite légitimement l'usage que le sujet peut avoir de l'objet : par exemple, une personne qui possède un ordinateur ne peut pas en faire ce qu'elle veut, elle doit payer des copyrights, etc. Et les propriétaires d'animaux ne peuvent pas les maltraiter sans être punis par la loi[3]. Bref, il semble tout à fait incohérent que le droit puisse intervenir dans une relation d'appartenance pour protéger un animal et ne puisse pas le faire lorsqu'il s'agit d'un agent moral ! L'absence de définition du statut du corps humain aboutit donc en pratique à des incohérences juridiques. Là encore, on peut se demander s'il est possible de fonder moralement ces incohérences, ou bien s'il importe d'exiger une plus grande cohérence entre les différentes pratiques encadrées par le droit. Ce n'est pourtant pas sur le point juridique que les difficultés de cette position sont les plus grandes.

Le paradoxe le plus important qui découle du refus de définir le statut du corps humain est celui qui consiste à ne pas protéger la personne humaine. En effet, Mill – qui pense le lien entre la liberté individuelle et la société

1. C. Foppa, *Transplantation : par-delà le mythe du don*, *op. cit.*, p. 20.
2. Il ne peut donc pas prélever “de droit” tout sujet en état de mort cérébrale.
3. C. Foppa, *Transplantation : par-delà le mythe du don*, *op. cit.*, p. 9.

civile en termes d'utilité – affirme que la liberté individuelle est un bien pour la société elle-même. La liberté de pensée et de discussion est un bien pour la société pour quatre raisons[1]. D'abord parce qu'une opinion réduite au silence peut être fausse. Ensuite parce que même si elle est fausse elle peut contenir une part de vérité. Parce que même si elle est entièrement fausse elle permet par sa remise en question de renforcer la vérité des autres opinions et d'en faire des « vérités raisonnées ». Enfin parce que toute opinion non critiquée perd de sa force, devient un dogme, et perd de son pouvoir de conviction. La liberté d'action est quant à elle un bien pour la société pour les raisons suivantes. Parce que la préférence morale, pour avoir de la valeur, doit relever d'un choix et ne pas se contenter de suivre les coutumes. Parce que la liberté d'action permet aux hommes plus vivants, plus originaux, de proposer d'autres façons de s'exprimer, or « *lorsqu'il y a davantage de vie dans les unités, il y en a aussi dans la masse qu'elles composent* »[2]. Parce que la liberté d'action permet de proposer de nouvelles façons d'agir et donc d'en découvrir de meilleures. Et enfin parce que la liberté d'action est le seul moyen de lutter contre l'intolérance du plus grand nombre qui est le principal frein du progrès. Bref, si la liberté individuelle doit être respectée au point que l'État ne puisse intervenir dans la vie privée des individus, c'est au nom du « plus grand bien pour le plus grand nombre », et pas au nom du bien pour la personne humaine. Une telle conception de la liberté individuelle peut aboutir à des pratiques tout à fait condamnables moralement, mais impossibles à interdire légalement dans le cadre d'une pensée utilitariste. En ce qui concerne le problème de la pénurie des organes par exemple, le philosophe utilitariste contemporain John Harris a proposé la solution dite de la « loterie des survivants ».

Cette loterie serait adressée uniquement à des agents moraux libres et conscients de ce qui leur est proposé. L'idée est de réunir des receveurs ensemble, atteints chacun d'une seule pathologie différente de celle des autres (de façon à ce que tous les organes sauf un soient prélevables), et d'en tirer un au sort qui serait sacrifié pour le bien des autres[3], augmentant ainsi librement le bien être du plus grand nombre. Ici, la pensée utilitariste pose 1) que les individus concernés sont libres de s'associer car ils sont tous majeurs et informés, 2) qu'ils peuvent tous disposer librement de leur corps, et 3) que cela va dans le sens du meilleur intérêt de tous. L'État n'est

1. J. S. Mill, *De la liberté*, *op. cit.*, chapitre II, p. 83-144.

2. *Ibid.*, p. 157.

3. J. Harris, *Violence and Responsibility*, Londres, Routledge and Kegan, 1980, chapitre 6.

donc pas fondé à intervenir pour interdire cette pratique. Bien évidemment, on peut rejeter cette proposition par des termes utilitaristes, et montrer qu'il n'est pas sûr que la durée de vie soit le seul intérêt des personnes en attente de greffe. Il n'en reste pas moins que la pensée utilitariste présente le risque d'autoriser des pratiques dangereuses pour l'individu, et ce d'autant plus qu'elle ne définit pas non plus ce qu'est le libre-arbitre : est-ce l'intellect ? La capacité de décider d'un plan de vie cohérent ? Les préférences ? Le désir et les émotions ? Un peu de tout cela sans doute … Dans ce cas, on peut tout à fait imaginer un individu en attente de greffe désespéré au point d'accepter « selon son libre-arbitre » de participer à la « loterie des survivants », et se trouvant contraint de mourir pour d'autres. Ni le concept du corps propre ni celui de libre-arbitre ne permettent ici de déclarer nul le contrat passé entre les receveurs. L'utilitarisme implique donc « *la possibilité de réduire ou même de sacrifier des libertés et des droits fondamentaux si cela augmente le bien être total* »[1].

## CONCLUSION

J'ai montré que les positions utilitariste et kantienne sont l'une et l'autre incapables de répondre de façon satisfaisante aux questions complexes qui se dégagent au fil du débat sur la rémunération des organes. Plus que cela, elles risquent du fait de leur opposition, de figer le débat sur le prélèvement et la vente des organes. Or le débat bioéthique doit éviter de tomber dans le manichéisme et de se figer sur des positions tranchées, parce qu'il a des conséquences pratiques dans la société, et qu'en pratique il est excessivement rare qu'une situation soit simple et tranchée. Il importe donc selon moi de repenser l'ensemble de ces questions en dépassant les catégorisations d'école et en cherchant simplement ce qui, en philosophie, peut éclairer le débat et faciliter la prise de décision éthique. L'intérêt de ces deux positions est cependant de mettre en lumière comment les différents concepts qui nous importent – le corps, le don, le libre-arbitre – s'entremêlent autour de la question de la rémunération des organes. En effet, la question qui se pose est en fait de savoir dans quelle mesure l'État doit protéger la liberté qu'a l'individu de disposer de lui-même, et dans quelle mesure il doit protéger l'individu contre sa liberté de disposer de lui-même. Répondre à cette question, c'est penser la liberté et la propriété du corps

1. C. Audard, « Utilitarisme », dans M. Canto-Sperber (éd.), *Dictionnaire d'éthique et de philosophie morale*, Paris, P.U.F., 2004, p. 2008.

(qui sont l'objet du débat sur la rémunération). Mais c'est aussi penser le don dans ce qu'il a de spécifique par rapport au marché, et c'est surtout s'accorder sur une conception de la liberté et du corps qui puisse fonder cette différence en ce qui concerne le don et ou la vente spécifique d'un organe. C'est pourquoi il me semble fondamental que les discours des donneurs, receveurs et professionnels interrogés soient une aide qui permette de proposer de telles conceptions, dont j'espère que partant de la réalité de ce qu'ils vivent, elles pourront présenter plus de cohérence.

## CHAPITRE II

# LA LIBERTE ET LE CORPS DANS LE CADRE DU PRÉLÈVEMENT ET DE LA TRANSPLANTATION DES ORGANES

L'examen des conceptions de la liberté exposées par les tenants et les opposants de la rémunération des organes a montré que ni l'une ni l'autre ne présente suffisamment de cohérence pour penser la liberté individuelle des donneurs d'organes. L'une rend difficile de concevoir le don et l'autre conduit à admettre des solutions intenables. C'est selon moi parce que partisans et opposants de la rémunération se réfèrent à des conceptions de la liberté formulées par des auteurs dont les objectifs n'avaient rien à voir avec la problématique du don ou de la vente des organes. Lorsque Kant définit la liberté, c'est afin de garantir deux thèses autrement inconciliables : le déterminisme naturel et la liberté de l'homme. Pour Mill, il s'agit de fonder la liberté civile dont il pense qu'elle seule permet d'augmenter le bien être de la société dans son ensemble. Mais partisans et opposants à la rémunération tiennent peu compte de ces spécificités. En effet, les uns comme les autres se réfèrent à des théories élaborées par d'autres et dans d'autres problématiques, dans le but de justifier ou d'interdire la vente des organes. Ce faisant, ils échouent à penser la liberté *en situation* des donneurs, receveurs et professionnels. C'est ce à quoi je vais m'essayer ici.

### COMMENT PENSER LA LIBERTÉ DES ACTEURS EN SITUATION ?

Dans la littérature consacrée aux enjeux éthiques des THDV, le problème central est celui de la liberté de décision du donneur. Le point le plus problématique tient au choc que subissent les donneurs potentiels au moment de la nécessité de recourir au don entre vivants. Face à ce choc, leur décision est-elle libre et éclairée? Ont-ils la possibilité de refuser? Comprennent-ils les risques qu'ils décident de prendre? La situation du don de foie rend la question plus importante encore du fait de l'importance des risques encourus par les donneurs et de l'enjeu vital concomitant pour le receveur. J'ai cependant montré que la liberté des donneurs était essentiellement un problème pour les professionnels, lesquels doutaient de la possibilité qu'un donneur potentiel comprenne les risques et prenne une décision libre et informée. Les professionnels pensaient en général que le donneur n'était pas libre parce que sa décision n'était pas rationnelle mais était guidée par l'émotion. Pour autant, la liberté des donneurs ne faisait pas question pour ces derniers, qui estimaient avoir décidé librement de donner. C'était finalement la liberté des receveurs qui était décrite comme limitée, dans la mesure où la THDV leur semblait être la seule possibilité de survie. La question qui se posait était alors selon moi la suivante: est-il possible de rendre compte philosophiquement de ces différentes « libertés » de décision?

Pour tenter une lecture philosophique des différents parcours documentés, le premier pas nécessaire consiste à caractériser précisément les situations décrites. Il y a selon moi trois moments dans le parcours décisionnel des différents acteurs: le moment de l'information, celui de la réflexion et enfin celui de l'arrêt de la décision, c'est-à-dire du choix. Ces différents moments peuvent être résumés brièvement. Les donneurs reçoivent une information sur les risques et les bénéfices attendus de la THDV. Ce moment initial est un moment d'acquisition de connaissances nouvelles sur une situation jusque-là inconnue. Ils parlent alors de l'explication qu'ils ont reçue concernant les risques et les bénéfices attendus. Ce moment correspond à l'intégration des risques liés à la THDV pour le donneur comme pour le receveur (« *on pense égoïstement à soi puisqu'y a un risque vital pour le donneur* », témoigne un donneur interrogé dans le cadre de mon enquête). Après cette première phase d'acquisition de connaissances, les donneurs potentiels entrent dans le processus de décision. Ils décrivent alors la réalisation d'une balance propre des risques et des bénéfices de la situation. Ainsi pour certains la pénurie est un argument de décision: « *Il était 19e sur la liste d'attente, il n'aurait pas tenu le coup!* » se souvient Laurette. Pour d'autres, c'est l'espoir de faire cesser une situation vécue comme insupportable qui fait pencher la balance: « *Ce qui devient important, c'est que ça cesse et c'est tout* » raconte Thibault. Cette balance des risques et des bénéfices se conclut pour les donneurs interrogés par la décision de donner plutôt que de ne pas donner. Les receveurs vivent eux aussi une phase d'acquisition de connaissances, au cours de laquelle ils découvrent leur nouvelle situation. L'information porte d'abord sur la nécessité de la greffe. C'est ensuite la découverte de l'existence de deux possibilités de greffe. Cette information est en général accompagnée d'une information sur l'urgence de la situation : « *Ils m'ont fait comprendre que j'en avais plus pour longtemps, carrément!* » témoigne Alexandra. Les receveurs reçoivent enfin une information sur les risques et bénéfices du don entre vivants pour les donneurs comme pour eux-mêmes. Ils réalisent alors une balance des risques et des bénéfices afin d'arrêter leur décision. Le principal argument que retiennent les receveurs est l'urgence d'être transplantés, mais d'autres arguments font pencher la balance. Par exemple, pour Zoé, c'est l'insistance de sa sœur qui détermine sa décision: « *Ma sœur était persuadée que c'était elle qui allait donner et pas une autre* ». Cette balance des risques et des bénéfices se conclut pour les receveurs interrogés par le choix de recourir au don entre vivants. Quant aux professionnels, ils cherchent, pour la situation de ce donneur et de ce receveur à préciser les risques et les chances de réussite, Ils réalisent une balance des risques et des bénéfices fondée sur les données générales dont ils disposent, et affinée par le bilan médical du donneur et du receveur concernés. Leur conjecture se base sur les données médicales qu'ils ont recueillies. Par exemple, si un malade ne peut attendre en liste plus longtemps, l'argument est que dans ce cas, la THDV « *peut pallier au manque d'organes* ». Mais les professionnels évaluent aussi les chances de réussite en fonction d'arguments non directement médicaux. Par exemple, certaines situations familiales et sociales leur semblent diminuer les chances de réussite et ils peuvent refuser de recourir au don entre vivants lorsque la relation entre le donneur et le receveur est conflictuelle, bien que cet argument n'ait rien de médical.

On a ici une description du processus décisionnel des acteurs par eux-mêmes qui permet selon moi une première explication des tensions et des oppositions en ce qui concerne la liberté des uns et des autres. En effet, ce qui crée une tension entre la liberté du donneur et la contrainte supposée peser sur sa décision, c'est le risque qu'il doit décider de prendre ou non, risque dont il semble que personne ne le prendrait à la légère. Ce qui fait le sentiment de contrainte des receveurs, c'est au contraire l'espoir d'un bénéfice tel que nul ne semble pouvoir le refuser *a priori*. Enfin, le sentiment de contrainte décrit par certains professionnels s'explique par la tension entre les risques de blesser ce donneur et les chances de sauver ce receveur. Ce qui caractérise selon moi les différents acteurs, c'est donc qu'ils se trouvent dans une situation de risques et de bénéfices probables, dont il leur importe d'évaluer au mieux les probabilités respectives avant de prendre la décision de faire ou de ne pas faire. Mais cette évaluation des risques et des bénéfices ne peut être que conjecturée sur la base de probabilités générales (issues des statistiques sur le don entre vivant) difficiles à « personnaliser ». Bref, on peut dire que les différents acteurs se trouvent dans une situation qui les contraint à prendre une décision qui engage la vie de deux personnes dans une situation de risque et d'incertitude.

C'est selon moi de cette situation spécifique qu'il faut partir pour rendre compte philosophiquement de la liberté de décision des différents acteurs. Un champ important de la philosophie contemporaine est constitué par l'étude de ce que l'on appelle la « théorie de la décision »[1], qui fédère un vaste ensemble de doctrines philosophiques et de résultats mathématiques, et qui s'intéresse particulièrement à l'étude des choix « cohérents » ou « rationnels » dans les situations de risques ou d'incertitude. En termes philosophiques, la théorie de la décision est d'inspiration aristotélicienne et intègre les réflexions d'Aristote sur la prudence et la rationalité dans l'action. Aristote distingue la *phronèsis*, entendue comme prudence ou sagesse pratique, de la *sophia*, considérée comme la sagesse théorique. Toutes deux composent la partie rationnelle de l'âme, mais dans le cas de la *phronèsis* l'âme s'intéresse aux choses contingentes (les actions privées ou politiques de l'homme) tandis que dans le cas de la *sophia* l'âme s'intéresse aux choses nécessaires (le bien, le mal, les objets immuables et les mouvements célestes etc.). Pour Aristote, l'âme rationnelle se divise donc en deux parties : une partie calculatrice qui est la capacité de délibérer et dont la vertu est la prudence ou *phronèsis*, et l'autre partie scientifique qui est celle par laquelle nous contemplons les principes des êtres nécessaires. La *phronèsis* caractérise la délibération, qui consiste en une recherche des meilleurs moyens disponibles – compte tenu des effets possibles des différents choix – pour aboutir à une fin préalablement posée. La délibération comporte plusieurs spécificités. D'abord elle ne porte que sur les choses qui dépendent de nous (on ne délibère par sur le passé par exemple). Ensuite on ne délibère pas sur la fin mais bien sur les moyens d'atteindre une fin déterminée (le médecin ne se demande pas s'il doit ou non soigner son patient, mais avec quels moyens le faire[2]). C'est le souhait qui porte sur la fin : je souhaite par exemple être en bonne santé, ou être heureux etc. Enfin, la délibération a lieu pour les choses dont l'aboutissement demeure incertain : par exemple, selon Aristote, on délibère sur les questions de

1. Cette présentation de la théorie de la décision est empruntée à E. Picavet, « Théorie de la décision », dans M. Canto-Sperber (éd.), *Dictionnaire d'éthique et de philosophie morale*, Paris, P.U.F., 2004, p. 457-462.

2. Aristote, *Ethique à Nicomaque*, III, 5, 1113 a 10, Paris, Vrin, 1990, p. 135.

médecine ou d'argent (là où il y a incertitude et risque). Ce qui succède à la délibération, c'est finalement le choix par l'intellect d'un possible parmi plusieurs. Ce choix particulier qui suit la délibération comporte *et* le choix effectif du « meilleur moyen », *et* le désir de la fin visée : « *l'objet du choix étant, parmi les choses en notre pouvoir, un objet de désir sur lequel on a délibéré, le choix sera un désir délibératif des choses qui dépendent de nous* »[1].

Il est bien sûr impossible de réduire la théorie de la décision à une forme moderne de la pensée aristotélicienne. Ce d'autant plus que cette formule désigne en réalité *des* théories de la décision qui sont théorisées, construites et reformulées par beaucoup de disciplines différentes, en fonction de concepts tantôt éthiques, tantôt économiques, tantôt psychologiques etc., et à l'aide de théories mathématiques variées. On distingue en général *a minima* la théorie du choix individuel (plutôt d'orientation psychologique et éthique), la théorie des choix collectifs (plutôt d'orientation économique) et la théorie des jeux (plutôt d'orientation sociologique et mathématique). Chacune de ces théories de la décision met en jeu des connaissances venues de disciplines variées, et des concepts différents (gain, utilité, espérance etc.) qui rendent compte de la diversité des domaines concernés. Quoi qu'il en soit de ces différences, les théories de la décision partagent un certain nombre de postulats qui sont d'inspiration aristotélicienne.

D'abord, la théorie de la décision dans son ensemble pose que dans les décisions en situation d'incertitude, le choix de l'acteur est rationnel dans la mesure où il dépend de la fin visée qui est posée antérieurement au choix. Pour simplifier, on peut dire qu'à travers son choix, l'acteur *maximise* son objectif[2]. C'est là la rationalité de son action. Il n'est pas sûr de l'atteindre (et il peut d'ailleurs souhaiter ou vouloir des choses impossibles comme l'immortalité), mais il juge plus *probable* de s'en approcher en choisissant telle action plutôt qu'une autre. Et c'est bien sur ce point que l'apport aristotélicien est le plus important car c'est Aristote qui distingue ces deux modalités de la décision. Or distinguer fin et choix des moyens est au fondement de la théorie de la décision : c'est ce qui permet de poser à la fois la rationalité de l'acteur, sa liberté, et l'aspect contraint de ses choix. Pour la théorie de la décision, le choix rationnel correspond à « *l'optimisation sous contrainte par un agent libre* »[3]. En effet, la rationalité de l'action est

1. Aristote, *Ethique à Nicomaque*, III, 5, 1113 a 10, Paris, Vrin, 1990, p. 138.
2. E. Picavet, « Théorie de la décision », *op. cit.*, p. 459.
3. *Ibid.*, p. 461.

nécessairement limitée et contrainte : le choix du moyen dépend des possibilités qui se présentent et qui ne sont pas infinies (le registre des actions possibles est limité), et il doit se faire dans un temps qui n'est pas indéfini (ce qui empêche l'acteur de juger l'ensemble théorique des possibles). La délibération porte donc sur un choix contraint par les différentes possibilités disponibles. Mais cela ne contredit ni le caractère *délibéré* des choix, ni la liberté de l'acteur qui aurait pu *vouloir* autre chose (dans ce cas les actions possibles auraient été autres). Ensuite, dans la théorie de la décision, ce qui est rationnel c'est la *procédure* de décision. En effet, la théorie de la décision pose le *statut instrumental* de la raison, qui oriente le choix en fonction de préférences subjectives, lesquelles ne proviennent pas nécessairement de la raison mais peuvent être le fait de passions, d'aversions (au risque par exemple), d'inclinaisons etc. La raison guide l'action, pas le but. Enfin, la théorie de la décision pose qu'il est possible d'expliquer l'action des acteurs à partir de ces éléments (versant sciences humaines et sociales), et même de proposer des modèles mathématiques permettant non seulement d'expliquer l'action mais aussi de prévoir les actions de différents acteurs placés dans des situations diverses d'incertitude (versant mathématique).

La théorie de la décision m'a donc semblé permettre de rendre compte de la liberté en situation des différents acteurs qui ont tous – professionnels comme donneurs et receveurs – à prendre une décision importante dans l'incertitude. En relisant philosophiquement les données recueillies, on peut voir que l'ensemble des acteurs commence sa délibération par une phase d'intégration d'informations variées et orientées par des objectifs propres. A la suite de l'intégration de ces données, une délibération s'engage, puis le choix est fait d'une action plutôt que d'une autre. Bien sûr les souhaits et objectifs des acteurs ne sont pas les mêmes. Par exemple les professionnels « adultes » souhaitent soigner le receveur tout en préservant la santé du donneur, tandis que les pédiatres souhaitent sauver l'enfant dont ils sont responsables et minimiser le risque familial lié au prélèvement. Leurs objectifs dépendent de leurs rôles respectifs. Mais en situation, ce sont les mêmes possibilités qui s'offrent à eux : greffer ou ne pas greffer, prélever ou ne pas prélever. En situation, les professionnels choisissent donc de prélever ou de ne pas prélever tel donneur selon ce qu'ils estiment avoir le plus de chances d'aboutir à la réalisation de leurs objectifs propres. Les donneurs ont eux aussi des souhaits différents : les donneurs parentaux souhaitent sauver leur enfant et améliorer la vie familiale, tandis que les donneurs adultes souhaitent sauver leur proche et ne pas subir pour eux-mêmes des conséquences autres que médicales. Ces souhaits ou désirs sont peut être rationnels, mais peut-être pas : peut être dépendent-ils effectivement (pour parler en termes aristotéliciens) d'élans du cœur. Peut-être (pour utiliser un vocabulaire plus psychologique) ce souhait est-il dépendant du type de personnalité du donneur (personnalité plus ou moins anxieuse, plus ou moins impulsive, etc.). Peut être (pour utiliser cette fois un vocabulaire éthique) ce souhait est-il dépendant des valeurs du donneur (altruisme, individualisme, charité etc.). Mais finalement cela importe peu : l'important est que ce souhait ou désir est déterminé avant le choix lui-même, et qu'il est libre. D'ailleurs un proche peut ne pas souhaiter sauver son proche : il n'est pas alors en situation de donneur potentiel (et on voit effectivement des membres de la famille « disparaître » lorsque la possibilité du don entre vivants est abordée). Mais une fois en situation de donneur potentiels, les acteurs sont dans une démarche « rationnelle » dans la mesure où ils considèrent que le choix de donner a plus de chances d'aboutir à la réalisation de leur souhait que le choix de ne pas donner. Quant aux receveurs adultes, le souhait ou le but visé est déterminé longtemps avant la prise de décision. Ils sont en effet malades depuis longtemps lorsque le choix d'avoir recours ou non au don entre vivants doit être fait, et leur souhait est de préserver ou de poursuivre leur vie. Là encore, en situation, atteindre cet objectif ne peut se faire qu'à travers deux possibilités : recourir ou non au don entre vivants. Et le simple fait de le formuler ainsi montre pourquoi les receveurs décrivent un sentiment très faible de liberté : il semble bien plus probable qu'ils atteignent leur objectif en ayant recours au don entre vivants ! Mon hypothèse est donc que la décision des donneurs, receveurs et professionnels dépend de souhaits ou de buts déterminés avant que le choix à proprement parler doive être fait. Les équipes qui ne souhaitent pas recourir à la technique du don entre vivants ne sont pas confrontées à ces choix. Les membres de la famille qui ne souhaitent pas eux-mêmes sauver un proche non plus, pas plus que les malades qui renoncent à la greffe. Mais une fois ces buts déterminés, tous les acteurs sont confrontés au choix entre les deux seules possibilités disponibles, et décident rationnellement de favoriser celle qui a le plus de chance d'aboutir à leur objectif.

Bien sûr, l'analyse des décisions des acteurs que je propose ici ne peut être considérée comme une théorie fine et aboutie de la décision des acteurs, ne serait-ce que parce qu'il faudrait pour cela faire le pas suivant qui consiste à modéliser à l'aide des mathématiques les décisions des acteurs, afin de pouvoir vérifier la validité des hypothèses proposées. Cela me semble impossible ici, parce que cela suppose de connaître les stratégies des acteurs (professionnels, donneurs et receveurs potentiels) qui refusent de recourir à la THDV, afin de voir si ce sont leurs objectifs qui diffèrent ou bien leurs choix. Mais la théorie de la décision me semble présenter un réel intérêt pour penser avec cohérence la liberté en situation des acteurs. En effet, elle permet de rendre compte *et* de la libre détermination du but (donc de la liberté décrite par les donneurs) *et* de l'aspect contraint de la décision (il n'y a que deux possibilités) sans pour cela annuler la rationalité du choix. Elle permet donc de considérer que les donneurs sont libres de donner ou de ne pas le faire et que leur choix est rationnel en situation, même si leur objectif ne l'est pas nécessairement. Cela permet aussi de considérer que les receveurs sont libres de recourir ou non au don entre vivants, et que leur choix est rationnel compte tenu de leur objectif spécifique. Cela permet enfin de dire que les professionnels sont rationnels de la même façon que les donneurs et les receveurs, c'est-à-dire qu'ils se trouvent eux aussi en situation de décision dans l'incertitude et ne disposent pas plus que les donneurs et receveurs d'une connaissance théorique complète de « tous les possibles ». Or s'il importe de proposer une conception cohérente de la liberté des acteurs, c'est parce que la légitimité du prélèvement des organes (qu'il s'agisse de les donner ou de les vendre) est fondée sur la liberté du donneur qui permet de morceler son corps sans porter atteinte à sa dignité. Les conceptions de la liberté ou de l'autonomie qui ne permettent pas de rendre compte de la liberté des acteurs aboutissent à des incohérences qui conduisent soit à condamner le don lui-même, soit à autoriser pratiquement toutes les formes de prélèvements. Cette théorie de la liberté de décision des acteurs permet au contraire de penser avec cohérence ce qui rend légitime le prélèvement du donneur. Il est légitime de prélever les donneurs parce qu'ils décident librement que cela sera le cas. Cette décision est rationnelle dans la mesure où elle consiste à maximiser les chances de voir l'objectif propre du donneur se réaliser. Elle est contrainte dans la mesure où elle dépend des possibilités effectivement disponibles, et elle reste libre dans la mesure où un autre peut vouloir autre chose.

## COMMENT PENSER LE CORPS DES DONNEURS ET RECEVEURS EN SITUATION ?

Le second point problématique dans le débat sur la rémunération des organes était la question du « corps propre », lequel était considéré en fonction de chacune des positions en termes d'identité (je suis mon corps, il est ma personne) ou d'appartenance (j'ai un corps, il est ma propriété), l'une excluant l'autre. Or ce problème renvoie à la difficulté de penser le respect du corps de la personne en même temps que le morcellement de celui-ci par le prélèvement (ce qui en fait selon certains une « chose »). Le débat sur la rémunération des organes, tout comme il échoue selon moi à penser la liberté des acteurs en situation, échoue à penser le corps des acteurs, en particulier parce que les protagonistes du débat confrontent brutalement deux visions du corps afin de rendre la vision opposée responsable de tous les abus possibles sur le corps[1]. Pour penser le corps dans la problématique du don et de la rémunération des organes, j'ai pour ma part fait le choix de partir de ce que les acteurs eux-mêmes exprimaient à propos de leur corps, avant de voir comment en rendre compte philosophiquement. Il s'avérait que l'on trouvait dans les entretiens une difficulté à se référer à une vision du corps unifiée. Donneur comme receveurs utilisaient des discours très différents pour parler de leur corps en fonction des différents moments des entretiens.

Dans les discours des donneurs, on trouvait un vocabulaire très mécaniste à propos du corps et de la transplantation, vocabulaire qui semblait parfois tout à fait incongru et qui disparaissait au profit d'un discours moins médical mais plus « défensif », comme en réponse à l'agression du prélèvement. Chez les receveurs, on trouvait en même temps qu'un discours mécaniste, un discours plutôt de type « animiste », qui laissait penser que le don avait compris en partie l'identité du donneur. C'est à partir de ces éléments du discours que j'ai tenté de caractériser la situation et le rapport des acteurs à leur corps. Les questions étaient donc : comment caractériser le corps des donneurs et des receveurs ? Comment expliquer les rapports qu'ils décrivent avec leur corps ? Enfin, est-il possible sur la base de ces discours, de fonder moralement le prélèvement ?

Sur la base de ces différences de discours, il m'a semblé que la caractéristique principale des acteurs du don entre vivants était de vivre un changement important dans leur corps propre, changement qui avait un impact important aussi sur le corps de l'autre. Il y avait donc des temps différents dans les entretiens, lesquels correspondaient à des discours différents sur le corps. Les donneurs présentaient la spécificité de ne pas être initialement malades, et donc de ne pas être initialement touchés dans leur corps par la situation. C'était le corps de l'autre, du proche, qui était malade. En revanche – après le don – les donneurs découvraient la douleur physique et les diverses complications liées au prélèvement. On pouvait de ce fait observer dans les entretiens les trois temps suivants. Avant l'intervention, quand les donneurs parlent de leur corps, ils utilisent un discours très scientifique. Par exemple, Henri raconte les examens avant l'opération : « *On m'a fait une prise de sang, les urines, on m'a regardé les*

1. C. Crignon-De Oliveira, M. Gaille-Nikodimov, *A qui appartient le corps humain ?* Paris, Les Belles Lettres, 2004, p. 88.

*dents, on m'a fait une échographie doppler, on m'a fait un bilan complet (...) j'ai eu des résultats positifs*». De même, Tigrane se souvient des tests répétés : «*On a fait tous les tests, voir si mon foie était assez gros, si je pouvais donner assez, ensuite l'IRM pour voir en 3-D le foie et les vaisseaux à l'intérieur comment on pouvait les découper et tout*». Quant à Mounir, il va jusqu'à dire, parlant de son foie « le *foie est en bon état, il est compatible*». Les donneurs sont ici complètement dans la perspective du prélèvement et de la réalisation en pratique de leur choix. Leur corps n'est pas encore engagé dans le prélèvement, ils n'en ont en fait qu'une connaissance scientifique, extérieure. En revanche, à partir de l'opération, le corps apparaît comme un corps présent et souffrant, et le discours médical s'efface pour laisser place au témoignage du corps vécu. Tigrane par exemple se souvient de la période post-opératoire : «*Quand j'étais en réa j'étais très mal. Enfin très mal, je souffrais ! C'était le cauchemar !*». Quant à Mike, encore physiquement atteint par les complications, il témoigne de la difficulté à vivre cette douleur à long terme : «*On m'a dit que c'était d'ordre psychologique que tout s'était accumulé, et qu'avec le psychologique les douleurs étaient amplifiées. Bon, qu'elles soient amplifiées je dis pas, mais les douleurs sont quand même là à la base !*». Enfin, dans certains entretiens, les donneurs semblent avoir été agressés par le prélèvement (qu'ils avaient pourtant choisi librement), et ils parlent de leur corps avec un vocabulaire affectif et «défensif». Adeline par exemple se souvient de son impression désagréable d'être pour l'autre (ici les médecins) une sorte de réserve d'organes : «*J'avais vraiment l'impression d'être un container à foie*». De même Balthasar estime qu'on l'a « mutilé ». Les donneurs me semblaient donc décrire une tension entre le fait de décider rationnellement de donner, et le fait de se sentir objets d'une agression.

Les receveurs présentaient la spécificité de passer du statut de malade « presque mourant » au statut de convalescent, au prix d'un préjudice porté au corps de l'autre, du proche. Lorsqu'ils parlaient de leur maladie, ils utilisaient un discours très scientifique, presque uniquement explicatif : la plupart, étant des malades chroniques, avaient une bonne connaissance de leur maladie. En revanche, lorsqu'ils abordaient le donneur, la greffe et les relations avec le donneur après la greffe, on voyait apparaître un discours très différent et plutôt «animiste», tendant à montrer que dans le don passait un peu de « l'âme » des acteurs. On pouvait alors distinguer les deux temps suivants. Au début de l'entretien, les receveurs usaient d'un discours scientifique pour évoquer leur situation de malade. Les entretiens commençaient par une formulation proche d'une explication médicale dans laquelle le corps propre des receveurs n'était abordé que « de l'extérieur », au point que certains parlent de leur foie comme *du* foie : Zoé raconte que la priorité « *au départ c'était d'essayer de sauver* le *foie* ». Ce discours scientifique se maintenait lorsque les receveurs abordaient la décision du recours au don entre vivants : ils racontaient avoir « *expliqué les risques* » au donneur, s'être rendu compte « *des chances que ça pouvait donner* » médicalement de recourir au don entre vivants, tout en les confrontant aux risques pour eux-mêmes. On est, dans ces discours, très proche de la description que font les médecins de la balance des risques et des bénéfices du don entre vivants. C'est en fait lorsqu'on aborde le don et le donneur qu'un tout autre type de discours apparaît dans les entretiens, discours qui peut sembler « animiste » au sens où les receveurs semblent avoir transmis ou avoir reçu « une partie d'âme » – ou en tout cas plus qu'une partie de corps – à l'occasion de la greffe. Beaucoup de receveurs estiment par exemple – ce que le discours médical contredit – que le don issu d'un donneur familial est moins susceptible d'être rejeté. Donietta estime que cela joue dans la réussite de la greffe : « *Là je sais que c'est ma sœur, c'est peut-être pour ça que je l'accepte mieux* ». Bref, il me semble qu'il se constitue autour de la thématique du donneur et du don un discours d'un autre registre. Certains receveurs insistent d'ailleurs sur la transmission de quelque chose d'autre que le corps dans la greffe. Zoé estime par exemple qu'elle a vécu une seconde naissance avec le foie de sa sœur : « *C'est pas mon foie, c'est celui de ma sœur, donc j'ai une partie d'elle en moi ... ma première naissance est importante, mais ma seconde c'est ma vraie naissance* ». Est-ce la vie de sa sœur qui s'est transmise dans le don ? Son foie ? Les deux ? Difficile à dire. Pour d'autres la greffe a créé par l'organe, une autre relation avec le donneur. Michèle raconte : « *J'ai l'impression que ça m'a encore rapprochée d'elle si c'était possible, et c'est vrai que je suis consciente que j'ai une partie d'elle en moi* ». Les receveurs me semblaient donc décrire une tension entre le fait de décider rationnellement d'avoir recours au don entre vivants en tant que traitement, et le sentiment de recevoir plus qu'un traitement au cours de cette greffe.

Il m'a alors semblé que c'était cet aller-retour – physique, symbolique et discursif – entre le corps propre et le corps de l'autre, entre l'agression et la transmission, qui pouvait caractériser le mieux les références faites aux corps propres des acteurs dans la situation de la THDV. C'est à partir de cette situation spécifique que j'ai voulu penser le corps des acteurs dans le cadre la THDV. Peu de philosophies permettent de penser avec finesse le rapport entre le corps propre et le corps d'autrui. La philosophie de Sartre est de celles-là, et on la trouve dans *l'Etre et le néant*. La première partie de l'ouvrage est consacrée au problème du *néant*, la seconde à *l'être-pour-soi*, et la troisième à *l'être-pour-autrui*. C'est dans cette dernière partie que

Sartre aborde la question du corps. Avant d'aborder la question du corps Sartre développe l'idée fondamentale selon laquelle « *la conscience est conscience de quelque chose* ». C'est ce qu'il appelle avec Husserl, l'intentionnalité de la conscience. La conscience, le *pour-soi*, est donc *tension vers*. Cette idée sera reprise et approfondie tout au long de l'ouvrage, mais elle est ce qui permet à Sartre de penser le rapport du sujet (de la conscience) qui surgit dans le monde (c'est-à-dire qui naît) avec ce monde. Le monde, c'est celui des phénomènes ou de l'être en soi. L'idée est en fait que l'être et le néant sont soudés en un rapport indissociable, celui instauré par notre *être-dans-le-monde*. La compréhension de ce rapport, c'est la compréhension d'un paradoxe : la conscience n'est au sens propre « rien » pour Sartre, si ce n'est une perspective, une intention dans le monde. Elle est ce qui fuit hors d'elle même, elle est manque et tout entière tournée vers le monde donné, vers *l'en-soi*. Et cet *en-soi* qui n'a aucune perspective en lui-même, elle le fait exister en déployant ses distances dans le monde. C'est donc le néant, le rien, la conscience, qui révèle l'être. Car sans une perspective donnée, il n'y a ni vitesse, ni distance, ni dimension, ni temps etc. Bref, rien qui soit. On peut donc dire avec Sartre que l'homme et le monde sont des êtres relatifs, et que le principe de leur être est la *relation*. C'est en surgissant hors d'elle dans le refus du néant que la conscience révèle le monde et lui donne un sens. Mais révéler le monde, c'est révéler le monde *pour* une conscience, c'est-à-dire pour une perspective donnée. Cela revient à donner un sens à ce monde, tout en niant ce qui échappe à la perspective qu'est *telle* conscience. C'est cet aller-retour permanent du néant à l'être et de l'être au néant qui fait qu'il y a un monde et que je suis. Or ce point de vue déterminé qui nie le monde et le révèle, qui est connaissance et action, bref, qui est dans le monde, il faut bien qu'il soit, c'est-à-dire qu'il faut – pour être dans le monde – un corps. Il découle donc « *nécessairement de la nature du pour-soi qu'il soit corps* », et cette nécessité est une nécessité ontologique.

Lorsque Sartre interroge la notion de corps, il distingue le corps comme *être-pour-soi* du *corps-pour-autrui*. Il estime qu'il faut renoncer à une confusion fréquente entre mon *corps-pour-moi* (ce que je suis) et mon *corps-pour autrui* (qui est alors objet de connaissance). Le corps-pour-soi est la facticité, c'est-à-dire la contingence, l'absence de sens. Il est même la nécessité de la contingence : cela signifie qu'il est nécessaire que je sois un point de vue, mais contingent que je sois. De même il est nécessaire que je sois un point de vue, mais contingent que je sois celui-ci précisément. Sur ce plan, mon corps est ce que je suis, ce qui conditionne le monde, car je ne peux survoler le monde sans point de vue. Ma naissance, ma condition sociale, mon passé, tout cela c'est mon corps, « *comme condition nécessaire de l'existence au monde et comme réalisation contingente de cette condition*»[1]. Point de vue, point de départ sur le monde, le corps est ce par quoi je déploie mes distances dans le monde, ce par quoi je me saisis des ustensiles que je connais et que j'utilise[2]. Mais il est de fait tout à fait inconnaissable pour moi. En effet, il est point de vue qui révèle le monde et moyen de connaître les ustensiles et le monde, mais je ne peux pas le saisir comme un ustensile, et je ne peux pas adopter un point de vue sur lui. Et même par ma conscience, je ne peux pas le connaître: la conscience spontanée et irréfléchie n'est pas conscience du corps, elle existe son corps. «*La conscience du corps est latérale et rétrospective: le corps est "passé sous silence", et cependant c'est ce qu'elle est; elle n'est même rien d'autre que ce corps, le reste est néant et silence*»[3].

Qu'en est-il alors de la conscience du corps? J'ai par exemple conscience d'avoir mal et il faut bien expliquer cette conscience qui porte sur mon corps. Pour Sartre, la solution est la suivante : il n'y a – au moment de la douleur et au niveau de la conscience irréfléchie – pas de conscience de la douleur. Cette douleur n'est pas connue, elle est existée, elle est douleur-yeux ou douleur-vision lorsque j'ai mal aux yeux, elle est l'être-là de la conscience : elle est la conscience douloureuse. En un mot, j'existe la douleur de mes yeux comme j'existe mon corps en général. Et c'est seulement à un second niveau, au niveau de la conscience réfléchie que la douleur que j'existe devient un mal dont je souffre. Dans le mouvement réflexif, je m'absorbe à saisir ma douleur et cette réflexion tend à faire de la douleur un mal qui a sa forme propre, va et vient. «*Cet objet psychique appréhendé à travers la douleur, c'est le* mal»[4]. Ce corps, que la conscience réfléchie me révèle, c'est le corps psychique. On peut alors distinguer deux niveaux de conscience du *corps pour moi:* le plan de la conscience irréfléchie (dans lequel la douleur est le corps), et le plan de la conscience réflexive (dans lequel la douleur est *le mal*, c'est-à-dire un objet psychique pensé hors du corps). Mais à ce second niveau de conscience – tout comme au plan de la conscience irréfléchie – le corps propre n'est pas connu. Là où le corps propre est existé par la conscience, le corps psychique est souffert, affecté: il ne peut être connu. Sur le plan du *pour-moi*, mon corps ne m'est donc jamais connu.

1. J.-P. Sartre, *L'être et le néant*, Paris, Gallimard, 1943, p. 376.

2. De ce fait mon corps est aussi ce par quoi je suis libre. En effet, pour Sartre, la liberté est le pouvoir de modifier une situation. Or «*pouvoir modifier une situation (...) c'est faire précisément qu'une chose existe* ». J.-P. Sartre, *L'être et le néant*, *op. cit.*, p. 400.

3. *Ibid.*, p. 378.

4. J.-P. Sartre, *L'être et le néant*, *op. cit.*, p. 384.

Pourtant, il faut bien reconnaître que nous avons une connaissance de notre corps propre, ne serait-ce que parce que nous le voyons et que nous le touchons, au même titre que les choses en soi : « *j'ai pu voir moi-même sur un écran, pendant une radioscopie l'image de mes vertèbres (…) pareillement, je vois ma main toucher les objets* »[1]. Or selon Sartre, « *toucher et être touché, sentir qu'on touche et sentir qu'on est touché, voilà deux espèces de phénomènes qu'on tente en vain de réunir sous le nom de "double sensation". En fait, ils sont radicalement distincts et ils existent sur deux plans incommunicables* »[2]. Bien sûr je peux découvrir mon corps comme objet (et je révèle alors un pan de son être), mais ce faisant, ce n'est plus le corps *pour-moi* que je touche ou que je révèle, « *l'être ainsi révélé est son être-pour-autrui* »[3]. D'ailleurs Sartre n'est pas le seul à noter combien cette vision du corps propre comme objet est surprenante : « *On considère sa main sur la table, et il en résulte toujours une stupeur philosophique. Je suis dans cette main, et je n'y suis pas. Elle est moi et non-moi* »[4].

C'est donc à un second plan qu'il faut passer pour comprendre la connaissance du corps, le plan du *corps-pour-autrui*. Pour Sartre, tout ce que je connais de mon propre corps c'est par le raisonnement qui me permet de ramener à moi – de rendre mien peut-on dire – mon corps tel qu'il est au milieu du monde, c'est-à-dire tel qu'il est pour autrui. Mais mon corps pour moi n'est jamais donné au milieu du monde. Ce qui est au milieu du monde pour moi, c'est justement le corps d'autrui. De ce fait il revient au même d'étudier la façon dont mon corps apparaît à autrui ou celle dont le corps d'autrui apparaît pour moi. Autrui est pour moi dans le monde, il est une chose-ustensile que je révèle, que je peux saisir et que je peux utiliser comme moyen. Si mon corps est l'ustensile que je ne peux utiliser au moyen d'ustensiles, « *du seul fait que je ne suis pas l'autre, son corps m'apparaît originellement comme point de vue sur lequel je peux prendre un point de vue, instrument que je peux utiliser avec d'autres instruments* »[5]. Mais en même temps le corps d'autrui est plus pour moi. « *Il m'est immédiatement donné comme centre de référence d'une situation qui s'organise autour de lui et il est inséparable de cette situation* »[6]. Il ne m'est donc pas simplement donné comme corps, et même jamais comme

1. J.-P. Sartre, *L'être et le néant*, *op. cit.*, p. 350.
2. *Ibid.*, p. 351.
3. *Ibid.*, p. 352.
4. P. Valéry, *Tel quel*, Paris, Gallimard, 2001, p. 83.
5. J.-P. Sartre, *L'être et le néant*, *op. cit.*, p. 388.
6. *Ibid.*, p. 393.

organe[1], mais toujours comme *en situation*. De ce fait, le corps d'autrui m'est immédiatement donné comme conscience irréfléchie, comme autre libre de modifier et de faire apparaître des situations. Et plus encore, en tant que le corps d'autrui m'est toujours donné en situation, il m'est donné à travers des manifestations émotionnelles (rougeur, froncement de sourcils etc.) : il m'est donc donné en tant qu'objet psychique. Pour Sartre, le corps d'autrui est donc livré tel qu'il est, et il m'est transparent. La connaissance que j'ai de mon corps propre vient de cette connaissance du corps d'autrui. Mais si la transparence d'autrui est ce qui me permet la connaissance de mon propre corps, elle crée aussi pour Sartre une tension fondamentale entre autrui et moi. En effet, il y a dans mon rapport avec autrui une double relation. Dans un premier aspect relationnel, je constitue autrui comme un objet du monde (je le révèle). Il est alors sous le faisceau de mon regard. C'est à la lumière de mon projet que je dévoile sa conduite, et il est un moyen que je peux mettre au service de mes objectifs. Dans un second aspect, autrui m'apparaît comme cette conscience, ce *pour-soi* que je ne suis pas, qui constitue son propre projet et éclaire le monde selon sa perspective. Dans cette relation, «*je devine sa présence (...) à travers le sentiment de devenir moi-même une chose*»[2]. C'est-à-dire que dans ce second aspect de ma relation avec autrui, je me sens moi-même devenir transparent pour un autre, et potentiellement moyen, objet-ustensile dans un projet qui n'est pas le mien : « *mon corps est là non seulement comme le point de vue que je suis, mais encore comme un point de vue sur lequel sont pris actuellement des points de vue que je ne pourrai jamais prendre; il m'échappe de toute part* »[3].

Pour résumer, on peut donc dire que pour Sartre, mon propre corps est pur vécu, pure existence, et que je ne le connais jamais directement: j'existe mon corps. Je ne peux donc pas élaborer de discours sur lui. Je peux néanmoins avoir avec lui un rapport d'affection qui me permet – par le biais de la conscience réflexive – de le dépasser (en particulier lorsque j'ai mal) et de rendre compte de mes affects. De ce fait, toute connaissance objective

1. Tout ce que nous connaissons du corps interne, c'est-à-dire les organes, leur forme, leur rôle etc., nous le devons pour Sartre à l'anatomie et à la physiologie (ce sont des connaissances par raisonnement). Mais l'une et l'autre échouent selon lui à connaître le corps, car ce qui définit le corps c'est justement *d'être vivant et d'être en situation*. Les connaissances de l'anatomie et de la physiologie sont des tentatives pour ramener au corps vivant des données tirées du corps mort. «*Il y aurait donc une erreur énorme à croire que le corps d'autrui qui se dévoile originellement à nous c'est le corps de l'anatomo-physiologie*» (J.-P. Sartre, *L'être et le néant*, *op. cit.*, p. 398).

2. S. Le Diraison, E. Zernick, *Le corps des philosophes*, Paris, P.U.F., 1993, p. 215.

3. J.-P. Sartre, *L'être et le néant*, *op. cit.*, p. 402.

de mon corps (description mécanique du fonctionnement des organes etc.), est une connaissance déduite par raisonnement et recognition à partir de ce que je connais du corps des autres. Enfin, cette possibilité pour moi de connaître le corps de l'autre est symétrique et crée une tension car elle suppose que l'autre dispose de la même possibilité.

Cette conception du corps du sujet et de ses rapports avec le corps d'autrui présente selon moi un intérêt majeur pour penser le corps des acteurs de la greffe tels qu'ils le décrivent. En effet, cette conception permet de rendre compte des tensions et des différents moments des discours des donneurs et receveurs. On peut alors décrire le corps propre des donneurs et leur rapport au corps de l'autre comme suit. La principale caractéristique des donneurs est qu'ils sont présents dans le cadre du don entre vivants en tant que *projet*. Ils ne sont pas malades, et ne viennent à s'intégrer dans le monde médical que parce qu'ils ont l'objectif propre de « sauver leur proche ». De ce fait, ce n'est pas de leur corps propre qu'ils parlent tout d'abord. Avant l'intervention, quand les donneurs parlent de leur corps, il s'agit du corps-pour-autrui. A partir de recognition et de déduction, ils savent (au plan du raisonnement) que leur corps a un foie qui pèse tant, qui est disposé de telle façon, qui a telle fonction et que l'on peut prélever avec tels risques et tels avantages. Dans ces discours tout est très scientifique et le corps propre est absent. Ce dont parlent les donneurs, c'est de la connaissance qu'ils ont de leur corps à travers le corps d'autrui. Ici le corps propre est silencieux, il est simple point de vue sur le monde, et il est ce en dehors de quoi les donneurs se projettent dans le cadre de l'objectif qui leur est propre et qui les a conduit à choisir de donner un organe. En revanche, à partir de l'opération, le corps propre apparaît dans les discours des donneurs en tant qu'il est vécu – non pas existé car pour cela il n'y a pas de mot – et affecté. La douleur liée à l'opération fait que les donneurs se tournent vers eux-mêmes pour appréhender cette douleur. Elle devient ce dont ils souffrent, le mal dont ils souffrent, ce qui explique le changement de discours. On trouve parfois des descriptions explicites de ce retour sur soi et sur sa propre souffrance. Henri par exemple parle de son réveil : « *je me suis réveillé vers onze heures et demi du matin en salle de réveil avec une grosse douleur dans le ventre, j'étais pas bien, j'ai pas pensé à mon enfant, j'ai plutôt pensé à moi* ». Même chose dans ce que raconte Emeline, à qui l'on propose d'aller voir son fils : « *pendant une semaine, je ne l'ai pas vu. On m'a proposé d'aller le voir, mais j'étais vraiment pas bien, je voulais pas le voir* ». La douleur est donc ce par quoi les donneurs effectuent un retournement vers eux-mêmes et sortent de leur projet initial pour se concentrer sur leur corps-propre. La différence sartrienne entre la connaissance du corps propre et l'affection permet donc d'expliquer les différents temps de discours documentés. Mais surtout, l'idée d'une tension entre le corps propre et le corps pour autrui peut selon moi expliquer le sentiment d'agression décrit dans certains entretiens. En effet, à l'occasion du prélèvement, les donneurs découvrent que ce corps qui est le leur en tant qu'ils l'existent peut-être pour l'autre un outil, une chose. C'est alors la tension entre le corps du donneur « pour lui » et la conscience que *dans le don* ce corps devient pour l'autre un outil, qui peut expliquer les discours qui ressemblent à une défense du corps propre. Et cette défense rétrospective du corps propre est d'autant plus forte que le donneur souffre de l'intervention. Car quand le donneur ne souffre pas (ou peu) de son prélèvement, son corps propre n'est pas perçu comme devenant objet, et l'on ne perçoit pas de tension dans le discours. Pour Marion par exemple, rien n'a changé. N'ayant pas souffert du prélèvement, elle ne s'est pas détournée de son projet pour se centrer sur sa douleur, elle n'a pas perçu le prélèvement comme une réification de sa personne, et elle en vient presque à l'oublier : « *Pour moi c'est pas concret, encore je serais mutilée peut-être, mais pour moi c'est pas concret ...Enfin, je sais que je lui ai donné parce qu'on m'a dit qu'on m'a enlevé quelque chose et qu'on lui a mis, mais c'est des choses que j'ai pas vues* ».

Quant au corps propre des receveurs et à leur rapport au corps de l'autre, il est possible de l'expliciter comme suit. Au contraire des donneurs, les receveurs sont en position de malades. Selon Sartre, la maladie est une nouvelle distanciation du corps propre. En effet, nous pouvons dépasser la douleur vécue vers le mal souffert par le biais de la conscience réfléchie. Mais passer du mal vécu à la maladie, c'est passer complètement au niveau du *corps-pour-autrui*. Si la maladie est pour moi un état qui se révèle parfois par des douleurs, des crises que je reconnais comme « mon mal », elle me reste inconnaissable et hors d'atteinte, alors même qu'elle est objectivement décelable pour les autres. Elle est donc en sa nature un pur et simple être-pour-autrui [1]. Cette conception de la maladie permet de rendre compte des discours des receveurs, qui d'emblée – à propos de leur corps propre – usent d'un discours très scientifique. Il n'est bien évidemment pas très étonnant que le discours des receveurs soit très scientifique, tourné vers la description de leur maladie et vers la description des solutions médicales possibles : leur objectif propre c'est la guérison. La maladie et la décision du recours au don entre vivants qui est son *traitement* sont donc décrites dans les discours des receveurs sur le plan du *corps-pour-autrui*. C'est lorsque l'on aborde le don et le donneur qu'un tout autre type de discours

1. J.-P. Sartre, *L'être et le néant*, *op. cit.*, p. 406.

apparaît dans les entretiens. Là encore, la position de Sartre sur le corps est utile à la compréhension de l'écart entre deux discours très différents. C'est la découverte de la transparence et de la disponibilité du corps de l'autre qui rend ces discours cohérents. Le receveur est en position de malade et son objectif est la guérison. Dans cette perspective de guérison, il y a l'autre, le donneur, qui potentiellement peut servir ses projets, et ici être moyen de sa guérison. Mais ce donneur, cet autre, il n'est pas uniquement donné comme objet. Il est complètement donné tel qu'il est, c'est-à-dire objet possible de mon monde, mais aussi un corps-conscience, disposant de la liberté de modifier des situations et potentiellement négation de ma liberté et chosification de moi-même. Or nous avons tous conscience, pour l'avoir éprouvée, de la difficulté de l'aliénation. «*Mon corps, en tant qu'aliéné, m'échappe vers un être-outil-parmi-des-outils, vers un être organe-sensible-saisi-par-des-organes-sensibles, cela avec une destruction aliénante et un effondrement de mon monde qui s'écoule vers autrui et qu'autrui ressaisira en son monde*»[1]. L'insistance des receveurs à témoigner d'un échange «qui ne se réduit pas au corps» – à introduire de l'âme pourrait-on dire – dans la THDV peut alors être comprise comme une tentative de ne pas complètement instrumentaliser le donneur, pourtant ici instrument de la guérison.

Cette conception du corps-pour-soi en rapport avec le corps de l'autre est donc selon moi tout à fait pertinente pour penser le corps-propre des acteurs de la THDV, et ce pour plusieurs raisons. D'abord cette conception du corps permet d'en donner une vision cohérente avec les résultats de mon enquête. Ensuite, cette lecture philosophique du discours des acteurs permet de dépasser l'opposition entre corps-chose et corps-personne, et de penser que donneurs et receveurs – dans la situation du prélèvement et de la greffe – sont *et* sujet existant leur propre corps («personne»), *et* objet potentiel pour l'autre (« chose »). Cette position est de plus cohérente avec la conception de la liberté des acteurs en situation que j'ai proposée plus tôt. En effet, les acteurs de la THDV peuvent à présent être décrits comme suit. Ils découvrent une situation nouvelle dans laquelle ils intègrent de nouvelles informations, sur la base desquelles vont se déterminer en fonction de leurs souhaits propres les possibilités effectivement disponibles. Ils choisissent alors le don entre vivants dans la mesure où ce choix leur permet de maximiser les chances de parvenir à leurs objectifs. Mais à l'occasion du prélèvement ou de la greffe, ils se découvrent *dans leur corps* objet d'un projet qui les dépasse et les englobe (pour les donneurs), ou

1. J.-P. Sartre, *L'être et le néant*, *op. cit.*, p. 402-403.

objectivant un proche dans le cadre d'un projet propre (pour les receveurs). De ce fait, ils tentent, les uns et les autres, de ne pas rester dans le simple rapport d'objet : les donneurs en se défendant d'avoir été « objet », les receveurs en montrant que « d'autres rapports » les lient aux donneurs. Enfin, cette position permet de proposer une vision unifiée du corps sur laquelle fonder moralement le prélèvement : celui-ci est possible dans cette acception du corps parce que la tension entre le corps objet (possiblement morcelé) et le corps sujet (« intouchable ») est une tension qui n'est pas réservée au monde du prélèvement et de la greffe, mais est déjà connue et ressentie par les acteurs dans d'autres situations de la vie quotidienne. Elle est cependant – dans la situation du prélèvement et de la greffe – exacerbée, parce qu'il y a réellement atteinte aux corps des acteurs, et parce que dans cette situation deux vies sont en jeu.

## CONCLUSION

A l'issue de l'examen du débat sur la rémunération des organes, j'ai souhaité réaliser une lecture philosophique des entretiens afin de proposer si possible des conceptions de la liberté et du corps permettant de penser avec cohérence la légitimité du prélèvement des organes sur les donneurs vivants. J'ai montré que la théorie de la décision et la philosophie de Sartre permettent effectivement de rendre compte philosophiquement de ce que vivent les donneurs et receveurs, et de fonder moralement le prélèvement des organes. Mais elles ne le permettent que selon la perspective des acteurs engagés dans la procédure de la THDV. Or le prélèvement des organes est aussi un phénomène dans lequel donneurs, receveurs et professionnels interagissent entre eux et au sein d'une société donnée qui réglemente et encadre la pratique de la greffe. Il me reste donc à présent à intégrer les pensées de la liberté et du corps des acteurs à une pensée du don et de la rémunération des organes, tant au plan inter-individuel que sociétal.

CHAPITRE III

# LE DON ET LA RÉMUNÉRATION DES ORGANES, UNE PERSPECTIVE PHILOSOPHIQUE À PARTIR DES DISCOURS DES ACTEURS

## LE DON D'ORGANE : UN DON AUTHENTIQUE

Le premier aspect du don sur lequel j'ai souhaité réfléchir en termes philosophiques était celui du don intra-familial tel que ma recherche m'avait permis de le connaître. Une des interrogations au centre de l'enquête était de savoir si la cession d'un lobe de foie de son vivant correspondait bien à un don. Dans la littérature en effet, certains s'interrogeaient sur la possibilité même de donner un organe. L'interrogation portait principalement sur la liberté effective des donneurs de refuser le prélèvement. S'ils étaient contraints par des pressions familiales, psychologiques et ou sociales, pouvait-on parler d'un don? D'autre part, puisque la littérature établissait l'existence d'un trafic d'organes, ne pouvait-on pas imaginer que les dons intra-familiaux étaient réalisés sur la base d'intérêts plus ou moins financiers? Bref, les donneurs pouvaient-ils en définitive *donner?* J'ai cependant montré que les donneurs se décrivaient libres de donner, qu'ils effectuaient bien un don d'une partie de leur corps, et que s'ils n'avaient pas eu pour motivation un intérêt financier, ils considéraient qu'une indemnisation n'annulerait pas leur geste. Dès lors, quatre questions doivent être envisagées :

1) La cession d'un lobe de foie à un proche est-elle réellement un don, autrement dit correspond-elle à la définition généralement admise du don?

2) Peut-on donner une partie de son corps, autrement dit la conception du corps que nous avons proposée permet-elle de le donner?

3) Peut-on et donner et être indemnisé, autrement dit l'absence de gratuité annule-t-elle le don ?

4) Si l'indemnisation n'annule pas le don, comment penser la rémunération ?

Pour rendre compte philosophiquement du discours des acteurs et montrer en quoi les situations documentées sont bien des dons, il importe d'abord de préciser ce qu'est le don. En sciences humaines, la littérature sur le don est particulièrement importante depuis les travaux de Marcel Mauss qui propose une analyse du don dans les sociétés archaïques, dans lesquelles il y a obligation de donner, de recevoir et de rendre. Il me fallait donc faire des choix, et j'ai orienté mes recherches vers les analyses du don dans les sociétés contemporaines, dont plusieurs auteurs considéraient qu'elles ne structuraient pas le don de la même façon. Les sociologues Jacques Godbout et Alain Caillé en particulier notaient que le don des sociétés libérales ou modernes se caractérise justement par l'absence d'obligation : « *le degré important de contrainte souligné par Mauss (le don "obligatoirement rendu") semble s'être échappé en partie du don moderne* »[1]. Dans ce contexte, le don est en général défini comme « *l'action d'abandonner gratuitement à quelqu'un la propriété ou la jouissance de quelque chose* », ou encore comme « *ce que l'on abandonne à quelqu'un sans rien recevoir de lui en retour* ».[2] Il peut donc désigner l'acte de donner ou la chose donnée, leur caractéristique commune étant la gratuité, l'absence de retour.

Il est d'emblée intéressant de noter que les soupçons qui pèsent sur les donneurs et sur leur geste (intérêt, impossibilité de refuser etc.) sont ceux qui pèsent à l'heure actuelle sur le don lui-même. Le don d'organes ne serait donc qu'un des lieux dans lesquels s'exprime un doute récurrent sur le don, dont beaucoup considèrent qu'il n'existe pas en réalité : « *le don n'existe plus ou alors il n'est qu'une manière de faire des manières et de simuler la gratuité et le désintéressement, là où ne règnent, comme partout, que l'intérêt et l'équivalence* »[3]. Comment expliquer ce soupçon relatif au don ? Si l'on en croit le sociologue Alain Caillé, l'explication est historique : la modernité s'est selon lui construite sur le refus du don (païen ou chrétien) vécu comme le moyen d'instaurer des relations asymétriques entre les personnes. Ce sont alors les riches qui donnent aux démunis en maintenant des relations radicalement inégalitaires. « *C'est contre les*

1. J. T. Godbout, A. Caillé, *L'esprit du don*, *op. cit.*, p. 141.
2. Petit Robert, Paris, Éditions le Robert, 1983.
3. J. T. Godbout, A. Caillé, *L'esprit du don*, *op. cit.*, p. 12.

*hommes du don, contre les discours du don, contre les nobles, les curés, les oisifs que s'est effectuée au premier chef la révolution démocratique*»[1]. Que la société moderne se construise contre le don, cela ne signifie pas qu'elle l'annule mais plutôt que dans la sphère publique le don est exclu au profit du marché, de l'État et de l'administration. Ceux-ci, dans une logique d'intérêt commun à tous les membres de la société vont assurer la prise en charge des plus démunis en imposant la « solidarité intéressée » : «*je donne* [je cotise pour la sécurité sociale, l'assurance chômage etc.] *non par charité, mais parce que je souhaite qu'on me donne si je dois me retrouver dans la situation où se trouvent les bénéficiaires actuels*»[2]. Le don est alors résorbé dans la logique de la redistribution et de l'intérêt, et tout « don » est considéré comme hypocrite.

Pour le sociologue Pierre Bourdieu, le soupçon qui porte sur le don est plutôt d'ordre «sociologique». La sociologie postule qu'il y a dans ce que font les acteurs une raison qu'il s'agit de trouver et qui permet de rendre compte d'une conduite ou d'un ensemble de conduites apparemment incohérentes. «*En ce sens, la sociologie postule que les agents sociaux n'accomplissent pas des actes gratuits*»[3]. En fait si l'on en croit Bourdieu, c'est la sociologie dont les méthodes explicatives exigent de postuler une rationalité des acteurs, qui en vient à confondre les données explicatives et le comportement réel des acteurs. Or ces derniers «*peuvent avoir des conduites dont on peut rendre raison (…) à partir de l'hypothèse de la rationalité, sans que ces conduites aient eu la raison pour principe*»[4]. L'idée est donc que l'erreur méthodologique de certains chercheurs les conduit à poser une motivation consciente des agents qui vise à obtenir le maximum d'efficacité pour le moindre coût. De là à soupçonner que chaque action est motivée par un intérêt économique, il n'y a qu'un pas vite franchi, et le sociologue témoigne alors (sur la base d'une erreur méthodologique) de l'omniprésence de l'utilitarisme dans la société[5]. Bref, tant historiquement que théoriquement, la boucle est bouclée, et chaque geste qui peut sembler échapper au calcul utilitaire est réinterprété pour cadrer avec l'hypothèse de l'intérêt, l'acteur étant parfois alors soupçonné du pire, c'est-à-dire du «calcul de second ordre»[6] : il aurait agi de façon désintéressée *par intérêt* ! Finalement ce que l'on reproche au don c'est ou bien

1. A. Caillé, *Don, intérêt et désintéressement*, Paris, La découverte, 2005, p. 14.
2. A. Caillé, *Don, intérêt et désintéressement*, *op. cit.*, p. 17.
3. P. Bourdieu, *Raisons pratiques*, Paris, Seuil, 1994, p. 150.
4. *Ibid.*, p. 150.
5. *Ibid.*, p. 154.
6. *Ibid.*, p. 163.

d'être une illusion (au mieux), ou bien de cacher un intérêt (au pire). L'idée récurrente est qu'il n'existe pas d'acte qui soit désintéressé, gratuit et sans retour, ce que l'on attend pourtant d'un don. Comment alors imaginer que les donneurs interrogés aient pu donner un lobe de foie? Ils y avaient un intérêt, ou en attendaient quelque chose de précis ... Malgré ces soupçons, je voudrais montrer d'une part qu'il reste possible de penser le don et d'en rendre compte (à défaut d'en rendre raison), et d'autre part que les donneurs ont bien réalisé un don. Pour penser le don, il faut en fait sortir de ce que Bourdieu appelle l'économisme, «*qui consiste à appliquer à tous les univers le* nomos *caractéristique du champ économique*»[1] et accepter de penser le don autrement que dans les termes dans lesquels on pense l'économie et l'échange de biens matériels. Comment alors envisager le don? Sa définition semble construite sur une série de paradoxes: le don doit être désintéressé, mais les acteurs sont intéressés (même dans les actes désintéressés); le don doit être gratuit, mais il est souvent « payé de retour » (même si l'échange est asymétrique); il crée donc une dette, et les acteurs sont hypocrites lorsqu'ils prétendent ne rien attendre du don.

En fait, si l'on accepte de sortir d'une définition du don fondée sur les catégories explicatives du marché, on voit peu à peu les paradoxes se résoudre. D'abord il faut comprendre que dans le don les acteurs sont nécessairement intéressés, mais dans un sens bien différent de l'intérêt matériel. La logique du don fait partie des échanges symboliques qui participent à la structuration des relations humaines. Il n'est donc pas question ici d'un intérêt matériel, mais d'un intérêt *pour* la situation. Le fait d'être intéressé dans la logique du don, cela revient au fait «*d'être investi, d'investir dans des enjeux qui existent dans un certain jeu*»[2]. Rien d'étonnant alors à ce que les acteurs de la relation de don soient motivés à agir plutôt qu'à ne pas agir, aient des raisons d'agir ainsi, ou encore souhaitent agir comme cela: simplement leur intérêt est d'ordre symbolique et relationnel, et l'investissement ou l'intérêt du donneur est centré non sur l'objet mais sur le lien: «*le lien créé ou reproduit importe plus que le bien donné*»[3]. Le second paradoxe du don réside dans sa gratuité. Le don doit être gratuit, au sens de « ne rien attendre en retour ». Or cela semble hypocrite, car s'il est un échange symbolique, une tentative de créer ou de maintenir une relation avec l'autre, alors « *le don reste toujours*

1. P. Bourdieu, *Raisons pratiques*, *op. cit.*, p. 159.
2. *Ibid.*, p. 152.
3. M. M. Marzano-Parisoli, «Don et réciprocité», dans M. Canto-Sperber (éd.), *Dictionnaire d'éthique et de philosophie morale*, Paris, P.U.F., 2004, p. 553.

*impensable sans l'espoir d'une réciprocité* »[1]. Ici encore, le paradoxe n'est qu'apparent. En effet, que le donneur espère un retour ou qu'il espère au minimum que son don soit reçu, cela n'enlève rien à l'incertitude quant à ce retour. Dans le don, le donneur s'expose simplement à la possibilité qu'il ne soit rien donné en échange. Comme le montre Bourdieu : « *si je peux vivre mon don comme un don gratuit, généreux, qui n'est pas destiné à être payé de retour, c'est d'abord parce qu'il y a un risque, si minime soit-il, qu'il n'y ait pas de retour (il y a toujours des ingrats), donc un suspense, une incertitude* »[2]. Le troisième paradoxe du don oppose l'absence de retour attendu au retour effectif. Le fait est qu'il y a contre-don, que les liens se tissent à travers ces retours, et que les biens symboliques exigent parfois même un retour disproportionné. Dans le cas du don entre vivants, la journaliste Marlyse Tschui raconte par exemple le cas d'un jeune homme ayant reçu de sa mère un « don » de rein et demandant à l'équipe qui le lui avait transplanté de le lui enlever. Sur le plan médical, tout se passe pour le mieux. Mais psychologiquement, il ne supporte plus l'organe : « *pour le jeune homme, l'organe reçu est un cadeau empoisonné. Manifestement, sa mère le lui fait "payer"* »[3]. Bien sûr, on peut dire que ce don n'était en fait pas un don. Mais l'idée est la même : lorsqu'il y a don, il y a dette et retour nécessaire. Il est donc hypocrite de prétendre que le don est dans les faits gratuit. Là encore, on peut lever la contradiction en admettant que le don n'est pas régi par la même logique que le marché. Si le don est bien espoir de retour au sens d'espoir de lien, on peut montrer comme le fait la philosophe Michela Marzano, que l'acceptation du don et sa réception en tant que don sont déjà un retour. Mais surtout, on peut montrer que le don répond à une logique dans laquelle le temps joue un rôle. C'est ce que montre Bourdieu. Pour que le don soit libre – c'est-à-dire pour que le donateur puisse prétendre donner sans attente de retour et que le donataire puisse prétendre donner à son tour plutôt que rendre – il faut admettre une temporalité spécifique. Le don suppose qu'un temps le sépare du contre-don ou « retour ». On peut alors représenter le cycle du don comme le fait Bourdieu, en le distinguant des autres formes d'échanges. La caractéristique principale de l'échange est l'absence de temporalité. On y trouve l'échange donnant/donnant, le don d'objet avec restitution d'un objet identique et le prêt qui comporte une restitution dans le temps mais dont on

1. *Ibid.*, p. 553.
2. P. Bourdieu, *Raisons pratiques*, *op. cit.*, 1994, p. 177.
3. M. Tschui, *Le don d'organes, donneurs greffés et soignants témoignent*, Paris, Éditions Anne Carrière, 2003, p. 289.

a la garantie initiale. Le don suppose au contraire un délai, au cours duquel le don initial crée une incertitude qui peut aboutir à une absence de retour. Celle-ci peut signifier que le donataire méprise le don ou bien qu'il est dans l'incapacité de rendre. Il peut aussi y avoir un retour, auquel cas on est bien dans le cycle du don. Le retour est alors différé dans le temps et différent dans l'objet. Le don est donc possible et pensable parce qu'il est un champ qui se construit en dehors de celui du marché, par opposition à la logique marchande, dans une logique qui lui est propre. C'est notre relecture du geste *a posteriori* qui tend à annuler le don et à en faire un échange, échange dans les faits nié par ceux qui sont dans la logique du don[1]. Sur la base de cette analyse du don, on peut le caractériser comme suit : il est un acte librement réalisé, dans lequel un objet est cédé « gratuitement », c'est-à-dire sans exigence d'un retour économique équivalent, mais dans l'espoir de créer un lien, de l'entretenir, ou au minimum dans l'espoir de la reconnaissance du don comme tel. Ce retour ou cette reconnaissance s'établit dans le cadre d'un échange de bien symbolique, dans une temporalité différée, et dans un univers social « *où l'échange de dons est socialement institué dans des dispositions et des croyances et échappe de ce fait aux paradoxes* »[2].

Puisque le don dans la société contemporaine est possible et pensable, il reste à savoir si les discours des donneurs et receveurs permettent de rendre compte d'un don effectif. Cela suppose de s'interroger sur les conditions du don ainsi que sur l'objet qui est donné (ici une partie du corps) : les donneurs sont-ils libres ? Leur geste est-il désintéressé ? Leur corps peut-il être l'objet du don ? Les receveurs entrent-ils dans la logique du don ? Pour qu'un don soit possible, il faut en premier lieu qu'il soit libre. Ce point est maintenant admis pour ce qui concerne les donneurs et les receveurs : leur décision était bien libre. Pour qu'un don soit possible, il faut aussi qu'il soit désintéressé en un sens précis. Les donneurs interrogés peuvent tout à fait être considérés comme désintéressés au sens où ils n'attendent aucun bénéfice économique de leur don. Ils sont investis dans un « jeu » particulier – la situation de la THDV – dans lequel ils s'engagent et au sein duquel l'intérêt financier n'entre pas en ligne de compte au moment de la décision. Mais peuvent-ils donner un organe ? L'analyse du rapport au corps des donneurs

1. Cet échange est nié non par hypocrisie, mais parce qu'il fait partie de la logique même du don, de ce que Bourdieu appelle une *méconnaissance collective* qui permet et de savoir que dans les faits il y a retour, et de nier la nécessité de ce retour. (P. Bourdieu, *Le sens pratique*, Paris, Minuit, 1980, p. 315.).

2. P. Bourdieu, *Raisons pratiques*, *op. cit.*, p. 179.

et receveurs en situation que j'ai proposée permet selon moi de répondre par l'affirmative. Pour le comprendre, il me faut compléter rapidement l'analyse. Il a été fait reproche à Sartre – en particulier par Merleau-Ponty – de n'envisager les rapports à autrui que sous l'angle d'une tension entre sujet et objet générant une angoisse de la négation. Merleau-Ponty estime quant à lui que cette tension n'est effective que dans certaines situations, et en particulier uniquement si « *nous faisons l'un et l'autre regard inhumain, si chacun sent ses actions non pas reprises et comprises, mais observées comme celle d'un insecte* »[1]. Selon Merleau-Ponty, l'objectivation par autrui de ma personne n'est en fait ressentie comme pénible que lorsqu'elle *prend la place d'une communication possible*. Car il n'y a pas que le monde des phénomènes – dans lequel autrui est une chose ou me nie – qui nous soit donné lorsque nous « surgissons » au monde : le monde social aussi nous est donné. Et dans celui-ci, autrui et moi sommes l'un et l'autre dans un monde commun, dans l'intersubjectivité[2]. Cette critique me semble tout à fait fondée, car si le seul rapport entre moi et l'autre – ici entre le donneur et le receveur – était celui de l'angoisse de la négation ou de la chosification, il n'y aurait aucune possibilité de don. L'éclairage de la philosophie de Sartre permet une pensée cohérente de la situation des acteurs, parce que la THDV crée au moment du prélèvement et de la greffe une réelle tension entre le sujet tel qu'il est son corps et le ressenti d'appropriation par l'autre. Mais cette tension est accompagnée d'un refus de l'objectivation et d'une tentative de communication et de partage. C'est selon moi cet effort vers des rapports de « sujet à sujet » qui permet d'affirmer que la THDV telle qu'elle est pratiquée à l'heure actuelle dans le cadre du don intra-familial conduit bien à un *don* d'un individu à un autre. On peut alors achever la compréhension des différences temporelles observées dans les entretiens. Les donneurs choisissent rationnellement de donner. A ce moment-là, l'objet du don n'a pas d'importance : ils sont bien dans une démarche dans laquelle le don consiste à se priver de quelque chose pour s'ouvrir vers quelqu'un. Et bien qu'ils sachent que l'objet du don est une partie d'eux, ce n'est pas encore dans leur corps que se joue le lien visé. Ils sont ensuite prélevés et découvrent alors (dans leur corps) l'ambiguïté du don et la tension qu'il induit entre leur sentiment de don et leur sentiment de se trouver objectivés, agressés par le prélèvement. La douleur les fait se tourner vers eux-mêmes et sortir de l'espoir d'échange symbolique en vue

1. M. Merleau-Ponty, *Phénoménologie de la perception*, Paris, Gallimard, 1945, p. 414.
2. Voir à ce propos M. Merleau-Ponty, *Phénoménologie de la perception*, *op. cit.*, chapitre IV : autrui et le monde humain, p. 398-419.

duquel le don a été initié : l'objet du don – le corps propre – devient alors important au risque de devenir plus important que le lien et d'annuler le don. Après le don se tissent avec le receveur des tentatives pour nier cette objectivation. Ce sont les discours des receveurs qui montrent le mieux ce refus de l'objectivation et la poursuite effective d'un lien dans un univers partagé. Les receveurs témoignent en fait dans cette poursuite même du lien de leur reconnaissance du don : ils affirment avoir de nouveaux rapports avec les donneurs, se décrivent comme plus proches d'eux etc. Bref, ils introduisent du symbolique (certains diraient de l'âme) dans l'échange. Et c'est bien à ce prix « *qu'il y a pour nous des choses et des "autres"*"[1], et pas seulement des choses. Du simple fait que les receveurs initient un retour à travers la reconnaissance du don, le don initial est reçu même si aucun objet ne joue le rôle de contre-don. De ce fait, la tension entre volonté de donner et sentiment d'agression se dissipe, au point que les donneurs peuvent affirmer qu'ils ne regrettent pas leur geste, ou encore qu'ils seraient prêts à recommencer. L'objectivation dont ils ont été l'objet est bien insupportable tant qu'elle prend la place d'une communication possible. Tant qu'il n'y a pas de mot, pas de communication, le regard de l'autre est « *inhumain* », il me « *transcende* » et le risque que je sois objet est une angoisse (comme le montre bien Sartre). Mais qu'il y ait communication, que l'autre dise un mot, et déjà il cesse de me transcender[2]. Le retour de l'autre comme intersubjectivité permet ici un retour au lien symbolique en vue duquel a été initié le don. Mais si ce retour au symbolique est possible, c'est bien parce que dans le jeu précis que constitue la THDV, une méconnaissance collective permet de nier tout ce qui met en cause le don : la demande, l'échange, la dette, l'argent … Ces points sont en partie confirmés par les deux cas dans lesquels les donneurs avaient eu fortement le sentiment d'être des objets : 1) Adeline estime avoir été considérée comme un « container à foie ». La lecture linéaire de l'entretien, montre qu'elle a décidé de donner, puis qu'elle a souffert du prélèvement. Elle est ensuite rentrée chez elle et n'a eu des nouvelles de sa sœur que trois mois après l'opération : « *Je l'ai appris trois mois après que ça s'était bien passé* » raconte-t-elle. Quand elle a revu sa sœur, celle-ci était avec leur mère qui lui a plus ou moins donné de l'argent : « *ma mère m'a donné de l'argent, enfin, m'a offert une bague de prix que j'ai pas pu refuser* (…) *Ca m'a choquée beaucoup. Enfin c'est vraiment quelque chose qu'on fait par amour mais pas pour ça* … ». Ici, l'introduction d'argent dans la logique du don a eu

1. M. Merleau-Ponty, *Phénoménologie de la perception*, *op. cit.*, p. 415.
2. *Ibid.*, p. 414.

pour conséquence de briser le don, de le ramener à un simple échange donnant-donnant qui renforce le sentiment d'objectivation et d'agression. D'ailleurs Marjolaine, qui a reçu l'organe, estime que sa sœur n'a pas reçu le « contre don » : « *Adeline a eu l'impression d'être un container à foie (...) Elle a pas ressenti cette reconnaissance d'avoir redonné la vie quelque part* ». Depuis, les deux sœurs continuent parfois de se voir, mais la famille est « éclatée », Adeline ne voit plus sa mère, Marjolaine ne la voit que seule : les liens se sont brisés. 2) Laurette a décidé de donner un lobe de foie à son mari. Suite au prélèvement, elle a eu un grand nombre de complications dont elle souffre encore, ce qu'elle dit très clairement : « *quand je dis je souffre d'une éventration*, le mot souffrir n'est pas innocent hein, ça fait mal* ». Après de multiples complications, elle estime maintenant être en moins bonne santé que son mari, tout en affirmant ne rien regretter. Cependant, tout au long de l'entretien, elle laisse entendre un sentiment d'agression. Elle estime que rien n'a changé, mais en même temps rappelle régulièrement son geste à son mari : « *comme je dis à mon mari, n'en profite pas, je suis pas une réserve de pièces détachées quand même* ». Tout se passe comme si le don n'avait pas été reconnu. Son mari refuse l'entretien [1]. Il me confie cependant par téléphone qu'il est « content » mais qu'il n'avait « rien demandé » ; et il conclut : « *elle a plus de problèmes que moi, mais c'est les aléas des opérations, ça aurait pu être le contraire, y vaut mieux pas y penser* ». Là encore, tout se passe comme si le don n'était pas reconnu et comme s'il avait de ce fait échoué à initier le lien visé, augmentant d'autant le sentiment d'agression.

La conception du don que je propose ici permet donc de penser avec cohérence les positions des acteurs interrogés. Elle permet de rendre compte du sentiment de liberté des donneurs, de leur intérêt pour donner qui n'est pas un intéressement, de leur vécu parfois difficile et accompagné d'un sentiment d'agression en raison de l'objectivation effective de leur corps, et enfin de leur satisfaction *a posteriori* quand la communication avec le receveur redonne son sens et sa force au lien. En ce sens, on peut dire que la cession d'un lobe de foie par un donneur pour un receveur intra-familial répond bien à la logique du don. Il reste cependant à comprendre un point paradoxal : puisque les discours des donneurs et des receveurs témoignent de l'effectivité de la logique du don, comment expliquer que les donneurs expriment le besoin d'une indemnisation pour leur geste ? Cela ne tendrait-il pas à annuler le don ? A faire du don un simple échange donnant-

1. Les propos cités sont issus d'une discussion informelle qui n'a pas été utilisée pour l'analyse.

donnant ? Pour répondre à cette interrogation, il importe de replacer le don inter-individuel dans un cadre plus large : celui de la société dans laquelle a lieu le don. Si le don d'organe est un don d'un individu à un autre, il est aussi un don sociétal, au sens où il ne se situe pas dans le cadre habituel – privé – des relations inter-individuelles. Il a lieu dans un cadre particulier qui est celui – public – de la prise en charge de la santé des receveurs. C'est dans le cadre de l'espace public que se situe la demande d'indemnisation – laquelle n'est jamais demandée au receveur mais bien à la société – et qu'il faut l'analyser. La question est alors de savoir si une indemnisation est possible dans le cadre public et si elle est compatible avec le don.

## LE DON D'ORGANE : UNE DEMANDE SOCIÉTALE

Penser le don dans le cadre public, cela suppose de revenir un moment sur l'encadrement du don post-mortem dont est issu l'encadrement du don entre vivants. Lorsque j'ai présenté le cadre juridique qui réglemente la pratique du prélèvement et de la greffe en France, j'ai montré qu'il était critiqué par certains chercheurs pour lesquels il ne permettait pas au prélèvement post-mortem d'être un don. Cinq points en particulier permettaient de douter que ce fût un don. Premièrement, ce n'était pas l'initiative du don qui était première mais la demande d'organes faite au nom de l'altruisme et de la solidarité avec les receveurs. Deuxièmement, le consentement présumé réduisait la liberté des donneurs potentiels quant à un refus éventuel. Troisièmement, la demande sociétale d'organes était formulée selon des arguments « solidaristes » qui avaient pour conséquence de culpabiliser les proches. Quatrièmement, l'anonymat pouvait créer pour le receveur une dette en raison de l'impossibilité de « rendre le don », donc de rentrer dans le cycle du don. Cinquièmement enfin, l'absence de toute autre possibilité que le don (vente, échange), tendait à annuler le don et à faire du prélèvement un « impôt de solidarité ». Ces chercheurs considéraient alors que l'État français organisait le prélèvement à travers une certaine forme d'appropriation du corps après la mort, tandis que dans d'autres pays, la liberté du donneur à disposer de son corps orientait autrement le prélèvement (consentement explicite par exemple). Comment expliquer ce cadre juridique particulier ?

Si l'on en croit la philosophe Suzanne Rameix[1], la tension entre les droits de la personne et une certaine forme de mainmise de l'État sur le corps des citoyens – que l'on retrouve dans l'encadrement juridique des greffes – s'explique par une conception solidariste du corps des citoyens. Le solidarisme est à l'origine le programme politique du parti radical sous la troisième république[2]. Son théoricien Léon Bourgeois, considère qu'en formulant la doctrine microbienne, Louis Pasteur a été à l'origine d'une transformation décisive du lien social qui a permis de prendre conscience des liens invisibles (les microbes) reliant les individus. En pratique, cette découverte abolit la séparation du médical et du social. Puisque le mal (la maladie) relie potentiellement les individus, le bien de tous (la santé) ne peut être garanti que par des politiques de prévention qui concernent tous les aspects de la vie de la naissance à la mort : éducation, vaccination, contrôle de la santé etc. Pour que l'État puisse garantir à tous la santé, il faut instaurer un principe de solidarité dans lequel les risques liés à la santé, aux accidents de travail, à la vieillesse etc. doivent être supportés en commun, et les avantages sociaux compensateurs ouverts à tous. Mais le solidarisme ne peut se comprendre que dans une société qui a déjà – selon les mots de Foucault – pris conscience de l'importance de la population en tant que « force vive » d'un État, richesse et main d'œuvre au service du corps de l'État. C'est bien parce que le corps des individus est constitutif du corps de l'État qu'il faut se préoccuper de sa santé, et ce à travers un nouveau type de pouvoir : le bio-pouvoir.

> La prolifération, les naissances et la mortalité, le niveau de santé, la durée de vie, la longévité avec toutes les conditions qui peuvent la faire varier; leur prise en charge s'opère par toute une série d'interventions et de contrôles régulateurs : une bio-politique de la population[3].

On peut résumer brièvement les grandes lignes qui structurent le solidarisme. D'abord, l'État peut prétendre à une certaine appropriation du corps des individus au nom du bien commun et de la solidarité, c'est-à-dire au nom de l'idée selon laquelle les devoirs du citoyen vis-à-vis du corps de

1. S. Rameix, « Statut du corps humain et métaphore organiciste de l'État », *Le corps : à qui appartient-il?* dans F. Lemaire, S. Rameix, J. P. Ghanassia (éd.), Paris, Flammarion, 1996, p. 54-65.

2. Lorsque je parle ici de solidarisme c'est en référence aux idées qui sous-tendent le programme politique et qui ont orienté le cadre juridique français et pas en référence directe au programme politique du parti radical.

3. M. Foucault, *Histoire de la sexualité 1.La volonté de savoir*, Paris, Gallimard, 1976, p. 183.

la Nation sont prioritaires par rapport à la revendication d'une sphère d'autonomie que l'État devrait accorder à l'individu. Ensuite, cette appropriation concerne tous les domaines de la vie individuelle, de l'éducation aux politiques de santé en passant par le choix du mode de punition en cas d'infraction aux lois. Enfin, l'une des relations privilégiées à travers laquelle l'État s'impose aux corps des citoyens est la relation médicale. La tradition solidariste peut alors expliquer pourquoi le prélèvement post-mortem échoue à être un don. Le droit de refuser le prélèvement est une liberté accordée au citoyen. Mais au vu des besoins de la Nation (les organes), c'est la solidarité qui doit primer et qui justifie que les équipes de greffes prélèvent sur la base d'une présomption de consentement. Le don entre vivants semble à première vue échapper à cette forme d'appropriation, et on estime en général que si le don pose problème ici c'est au plan inter-individuel (pression potentielle de la famille etc.) mais pas au plan sociétal. La loi impose en effet que le donneur vivant exprime sa volonté : on ne peut pas alors parler d'appropriation et il s'agit bien d'un don.

Il me semble cependant que le don entre vivants est issu lui aussi de la tradition solidariste française. Et l'histoire du recours à la THDV semble bien aller dans ce sens : on a eu recours à la THDV en France dans les années 1990 en raison de la pénurie d'organes. Pour répondre aux besoins des receveurs, il importait d'autoriser le prélèvement dans un but « thérapeutique ». Les THDV étaient alors considérées comme des pratiques innovantes et salvatrices, et la *solidarité* avec les receveurs exigeait de les rendre possibles. Dans les années 2000, il est apparu que le recours au don entre vivants – bien qu'efficace au plan individuel pour les receveurs – était risqué pour le donneur et ne permettait pas de lutter efficacement contre la pénurie. J'ai alors fait l'hypothèse que le législateur français avait élargi en 2004 le cercle des donneurs potentiels afin de rendre plus efficace au plan sociétal une pratique relativement dangereuse au plan individuel. Mais c'est surtout l'encadrement juridique du don entre vivants qui témoigne de son inscription dans la tradition solidariste. Celui-ci s'est inspiré de l'encadrement juridique du don de sang, et a conduit à faire du don la seule modalité possible de cession des organes[1]. L'encadrement juridique du don de sang s'est constitué dans les années cinquante, lorsque les techniques permettant de conserver le sang hors du corps humain ont obligé le droit à se pencher sur la question du statut de cet élément du corps lorsqu'il est hors du corps. La question se pose dans un cadre juridique qui ne

1. Voir à ce sujet J.-P. Baud, *L'affaire de la main volée, une histoire juridique du corps*, Paris, Seuil, 1993, p. 187-231.

reconnaît que deux catégories de droit – les choses ou les personnes – et dans lequel en pratique la question de la distinction du corps et de la personne ne se pose pas. Il a donc été pensé dans un but précis : éviter de faire du corps une chose (car les choses peuvent être vendues), tout en permettant que certaines parties du corps circulent. La réponse juridique est formulée à travers la loi du 21 juillet 1952[1] qui établit le principe de la gratuité du don et celui de l'absence de profit dans la distribution du sang et des produits sanguins. Il est alors possible de donner son sang (droit civil), mais pas de le vendre (droit contractuel), et la loi de 1952 fait finalement du don du sang « *quelque chose d'intermédiaire entre l'obligation morale et le sacrifice patriotique* »[2] dans lequel le donneur est celui qui participe à la solidarité nationale sans en tirer le moindre bénéfice. Mais ce choix juridique aboutit en pratique à une contradiction majeure : si le donneur fait acte de « disposition », c'est-à-dire laisse prélever son sang dans un but thérapeutique, il faut bien admettre que le sang entre ensuite dans un mécanisme qui en fait un produit industriel et finalement une marchandise. En fait, ce qu'il importe de comprendre, c'est que si la législation de la transfusion a pour principe d'exclure le profit, c'est d'un profit très spécifique qu'il s'agit : « *le profit dont il est question ici fait référence à la caricature du "profiteur", celui qui perçoit ce à quoi il n'a pas le droit au regard de ses mérites* »[3] (car en effet, quel mérite y a-t-il à avoir du sang ?). En revanche qu'une fondation ou qu'un établissement public gère les produits issus du sang, en tire bénéfice et verse des salaires à ceux qui l'administrent, voilà qui ne relève pas du profit, mais bien de l'indemnisation de ceux qui participent au bien de tous, à la solidarité. C'est là que se révèle la tradition solidariste du corps. Elle permet de justifier l'existence d'une rémunération dans des secteurs qui gèrent le sang et ses produits, tout en excluant l'indemnisation ou la rémunération des donneurs, qui ne seraient alors plus généreux mais « profiteurs ». On voit bien l'influence de ce cadre juridique sur l'encadrement du prélèvement des organes. Le donneur peut là aussi « faire acte de disposition » d'un organe dans l'intérêt thérapeutique du receveur. Mais il ne peut en aucun cas en tirer un profit. Ce qui autorise le don et donc l'atteinte au corps du donneur, c'est la solidarité avec le receveur et plus largement avec la société. Toute indemnisation ou

1. Loi n°52-854 du 21 juillet 1952 sur l'utilisation thérapeutique du sang humain, de son plasma et de leurs dérivés, publiée au JORF du 22 juillet 1952.

2. J.-P. Baud, *L'affaire de la main volée, une histoire juridique du corps*, *op. cit.*, p. 187-231.

3. *Ibid.*, p. 187-231.

rémunération doit alors être interdite afin de protéger l'individu de la tentation de céder un organe pour un autre but que la solidarité (c'est le soupçon du « profiteur »). Issu comme le don de sang ou le don post-mortem d'une tradition solidariste, le don entre vivants dans son encadrement actuel est en fait lui aussi confronté à la difficile question du sens du don. D'abord parce que comme dans le don post-mortem, l'appel à la solidarité fait que ce n'est pas le don mais bien la demande qui est première. Les témoignages des différents acteurs le montrent bien : c'est en raison de la pénurie des organes que les soignants parlent du don entre vivants et *demandent* aux proches des malades s'ils consentent à recourir à cette possibilité. Consentir, c'est au sens propre « *accepter qu'une chose se fasse, ne pas l'empêcher* »[1]. Le choix du mot révèle la primauté de la demande. Ensuite parce que l'interdiction de tout autre motif que la solidarité implique ici aussi l'absence d'argent dans le cadre du don et fait oublier que la gratuité n'est pas la seule caractéristique du don.

Si le don est bien un geste gratuit, il suppose aussi une attente de retour et un retour différé. Il suppose donc en premier lieu un agent librement disposé à donner, mais il suppose aussi le retour ou au moins la reconnaissance, car « *les actes symboliques supposent toujours des actes de connaissance et de reconnaissance (…) de la part de ceux qui en sont les destinataires* »[2]. Il est alors possible d'expliquer la position spécifique des donneurs sur le don et l'indemnisation. A l'issue du prélèvement, ils prennent conscience du coût que représente le don, en même temps qu'ils comprennent qu'ils n'ont pas donné uniquement à un proche mais aussi à la société. Et si leur don est reconnu comme tel par le receveur et par l'équipe médicale, aucune reconnaissance de la société ne leur est accordée. Ils n'ont droit à aucune indemnisation, bien qu'ils se trouvent parfois très endettés : mon enquête a (pour rappel) montré que six donneurs vivaient des complications financières, quatre des complications professionnelles, et que trois d'entre eux attendaient explicitement une indemnisation du don. Ils n'ont droit à aucune reconnaissance symbolique non plus, bien que certains donneurs l'espèrent. Henri par exemple vit assez mal l'absence de reconnaissance symbolique de son geste : « *pour moi j'ai été donneur vivant mais j'ai aucune carte, j'ai rien* ». Richard lui, attend une indemnisation pour les donneurs. Mais il attend aussi « *qu'on reconnaisse le statut du donneur vivant à un niveau social* ». De plus, si le don est libre, c'est aussi au sens de la liberté de choix, c'est-à-dire au sens où l'acteur choisit la

1. Petit Robert, *op. cit.*
2. P. Bourdieu, *Raisons pratiques*, *op. cit.*, p. 184.

logique du don plutôt que la logique du marché. Et dans le cadre français, les donneurs ne peuvent que donner : ils ne peuvent ni vendre ni échanger. De ce fait, on peut dire que le don d'un organe de son vivant est bien un don au plan familial ou inter-individuel, mais qu'il échoue à être un don au plan sociétal pour trois raisons. D'une part parce que la société « impose » la solidarité et le don, d'autre part parce qu'elle échoue à reconnaître le don effectué (et de ce fait « brise le don »), et enfin parce qu'elle ne permet pas d'alternative au don. Dans un même mouvement, elle exige le don et refuse de le reconnaître. Ce cadre de pensée induit une situation paradoxale qui est celle dans laquelle se trouvent les donneurs vivants d'organes. En exigeant la gratuité, elle rend impossible l'entrée en jeu d'argent dans le processus de don. Mais de ce fait elle rend la situation tout à fait injuste pour les donneurs qui non seulement ne peuvent tirer aucun bénéfice de leur geste, mais qui subissent parfois des conséquences financières après le prélèvement au point qu'ils doivent parfois s'endetter pour y faire face. Comment résoudre le paradoxe ? Comment dans ce contexte repenser le débat sur l'indemnisation et la rémunération des donneurs ?

## L'INDEMNISATION DES DONNEURS : UNE QUESTION DE JUSTICE

La tradition solidariste française échoue selon moi à penser la question de l'indemnisation et de la rémunération des donneurs pour les mêmes raisons que les participants au débat international sur la rémunération des organes. Dans le débat international, l'indemnisation et la rémunération sont pensées selon les mêmes arguments – certes parce qu'elles posent les mêmes questions d'organisation pratique – mais surtout parce que les donneurs familiaux ne sont pas pris en compte. Les débats s'organisent autour de la figure du « plus pauvre », condamné à vendre un organe afin d'assurer sa survie et celle de ses proches. Il faudrait alors selon les uns lui accorder la libre disposition de son corps, et selon les autres le protéger de lui-même et de la tentation du profit. Dans la tradition de pensée française, les donneurs sont eux aussi absents : le raisonnement est basé sur l'exigence de la solidarité qui interdit tout autre motif de don, sans qu'aucune considération sur les conditions réelles du don soient prises en compte. Dans les deux cas, l'indemnisation est alors logiquement pensée comme une incitation, comme une rémunération cachée, et se trouve également condamnée.

Si l'on part de la situation réelle des donneurs familiaux, il est pourtant possible de considérer séparément l'indemnisation et la rémunération.

Pour les donneurs en effet, la question n'est jamais de savoir s'ils peuvent ou non disposer librement de leur corps en vue d'un bénéfice financier : d'une part parce que leur démarche s'inscrit dans la logique du don et d'autre part parce qu'ils disposent déjà de leur corps, assez du moins pour pouvoir donner un organe. La problématique de l'indemnisation apparaît après le prélèvement, lorsque les donneurs sont confrontés à des complications médicales, professionnelles et financières. Lors des examens préalables au don et lors du prélèvement lui-même, la question ne se pose pas, car les donneurs sont « défrayés » : l'hôpital prend à sa charge les frais d'hospitalisation, les examens, le prélèvement et même la perte de salaire occasionnée par le prélèvement. Cela paraît tout d'abord incompatible avec l'interdiction de l'indemnisation. Ce « défraiement » est en fait possible parce qu'il ne concerne pas l'organe – la chose donnée – mais dédommage le temps que le donneur consacre à son geste. C'est ainsi que le don de sang a pu initialement être « défrayé ». Les donneurs dits de « sang frais » ou de bras à bras pouvaient être appelés de jour ou de nuit afin de transfuser un patient : l'argent ne représentait pas alors « *le prix du sang* », mais bien le prix du dérangement et du manque à gagner[1]. En revanche, lorsque les donneurs sortent de l'hôpital, ils n'entrent plus dans le cadre du défraiement. N'ayant aucun statut protecteur, ils se trouvent soumis aux aléas de leurs complications et assurances respectives. Pour certains tout se passe pour le mieux, soit qu'ils continuent à toucher leur salaire, soit que leurs revenus leur permettent de perdre quelques semaines de salaire sans grande conséquence. Pour d'autres en revanche, les conséquences sont importantes et ils en viennent à demander la mise en place d'une indemnisation, car ils estiment avoir – au sens propre – payé leur don. Mike par exemple avoue ne pas comprendre sa situation : suite aux complications du prélèvement, il a perdu son emploi et se retrouve sans ressources et lourdement endetté. « *C'est moi qui paye les frais alors qu'à l'origine j'ai rien fait de mal* » me dit-il. Sophia raconte elle aussi son étonnement : elle était confiante et n'a pas prévu de mettre de l'argent de côté avant le prélèvement, puisqu'on lui avait assuré que tout était pris en charge par l'hôpital. Mais en sortant elle se trouve dans l'incapacité de reprendre son activité professionnelle : « *Arrivée au cinquième mois, je touchais plus rien, donc là j'ai eu de gros soucis financiers* ». Son mari a finalement réalisé un emprunt afin de rétablir la situation financière du couple. Tous ces donneurs sont bien conscients qu'ils ont donné à leur proche, mais aussi à la société qui manque d'organes en raison de la pénurie. Ils estiment donc que

1. J.-P. Baud, *L'affaire de la main volée …*, *op. cit.*, p. 201.

ce n'est pas aux receveurs de prendre en charge ces frais, mais bien à l'État. C'est ce que dit clairement Vanina qui voudrait qu'un système d'indemnisation soit mis en place dans lequel l'argent serait pris dans une caisse « spécifique ». Si l'on aborde la question de la rémunération, les donneurs y sont, par contre, tout à fait opposés. Ce qui caractérise les donneurs, c'est donc le désir effectif de donner un organe à un proche, ce qui suppose une condamnation de la rémunération. Ils ne souhaitent pas tirer profit de leur geste et se situent complètement dans la logique du don. En revanche après le prélèvement, lorsqu'ils vivent des complications médicales et financières, ils se découvrent démunis et sans recours : l'État ne reconnaît pas leur don, ne leur accorde aucun statut, et finalement les laisse sans protection. C'est selon moi cette caractéristique qui permet de reprendre le débat sur l'indemnisation et de le distinguer complètement de la rémunération dans le cadre du don d'organes. Pour cela, je propose un court détour par le débat français sur la légalisation de l'avortement qui, au fil de son développement, a vu s'opposer différents arguments dont la proximité avec ceux utilisés dans les débats sur l'indemnisation et la rémunération des organes est indéniable[1].

Le débat contemporain sur la légalisation de l'avortement en France débute timidement dans les années d'après-guerre. Sous le Régime de Vichy en effet, l'avortement est sévèrement puni car il n'est pas seulement considéré comme un crime contre les personnes, mais aussi et surtout comme un crime social contre la famille et la « race ». Très tôt, les partisans de Vichy imputent la défaite de 1940 à la dénatalité et dénoncent avec virulence l'avortement qui porte atteinte selon eux à la vitalité de la « race française ». Les « repopulateurs » veulent faire de la défaite l'occasion d'une régénération de la société française, ce qui passe par une natalité forte. L'avortement est alors puni plus fortement que jamais puisqu'il devient un attentat à la sûreté intérieure et extérieure de l'État. Les avorteurs sont alors des ennemis de la nation. Le corps de la femme est clairement propriété de l'État (ou richesse de la nation) : on interdit l'avortement et la contraception au nom de l'État et de ses besoins en

1. D'autres que moi ont d'ailleurs fait le rapprochement avec ce débat : Slabbert et Oosthuizen plaident pour la rémunération des donneurs d'organes et utilisent un argument « de cohérence ». Ils estiment que nous avons accordé aux femmes le droit d'interrompre une grossesse au nom de leur droit à décider librement de ce qui devait advenir de leur propre corps. Comment alors refuser la possibilité de vente à ceux qui souhaitent pouvoir y recourir ? Ne sont-ils pas tout autant libres de décider de ce qui doit advenir de leur corps ? Voir M. Slabbert H. Oosthuizen, « Commercialization of human organs for transplantation : a view from South Africa », *Medicine and Law*, vol. 24, n°1, 2005, p. 191-201.

natalité. On est donc bien dans la tradition de pensée solidariste : la Nation importe plus que les femmes. C'est ce qui explique (avec les positions religieuses sur la sacralité de la vie) la structure du débat qui s'initie après guerre sur la légalisation de l'avortement, et qui connaît son apogée dans les années 1970[1]. Dans ce débat, la conception solidariste du corps est revendiquée pour sauvegarder les « intérêts de la Nation », tandis qu'une conception plus libérale du corps revendique pour les femmes un droit à disposer d'elles-mêmes. Dans les années 70, l'association *Laissez les vivre* qui plaide pour l'interdiction pure et simple de l'avortement considéré comme un crime contre la personne et contre la Nation, et le *Mouvement de Libération des Femmes* (MLF) qui plaide pour la légalisation de l'avortement au nom de la liberté des femmes à disposer de leur corps, s'opposent violemment et mobilisent l'opinion publique[2]. Si le débat n'atteint pas encore la sphère du grand public, on trouve bien là les arguments qui orientent les débats actuels sur l'indemnisation et la rémunération des organes. Mais dans le débat sur la légalisation de l'avortement, un virage important a lieu en 1975 avec la proposition de loi de Simone Veil. En effet, dans un contexte de tension entre la revendication du droit à disposer de son corps et la revendication d'un droit de l'État à préserver sa natalité, Simone Veil évite soigneusement toute discussion sur le droit des femmes.

> Je ne voulais surtout pas que le débat se fourvoie sur le terrain de la liberté du corps. Il fallait insister sur la protection indispensable à la femme en détresse; il fallait enfoncer le clou de la dignité et fuir cette idée invendable, chère aux bourgeoises de gauche, selon laquelle une femme peut décider de se faire avorter parce que la grossesse, à ce moment précis, ne lui convient pas. (...) Bien sûr je suis convaincue qu'une femme doit avoir la libre disposition de son corps. Mais j'ai choisi d'insister sur la responsabilité[3].

C'est donc la revendication d'un droit à la protection de l'État pour la femme en détresse qui permet que la loi autorise finalement l'avortement, ce qui fera dire au MLF que « *le droit fondamental à la libre disposition du corps n'est pas reconnu* »[4]. C'est selon moi ce changement de perspective

1. Voir J.Y. Le Naour, C. Valenti, *Histoire de l'avortement XIXe-XXe siècles,* Paris, Seuil, 2003.

2. Le débat est extrêmement virulent, au point qu'en 1973, les opposants à la légalisation exhibent des fœtus dans des bocaux et demandent une minute de silence en honneur des *enfants assassinés*. (J.Y. Le Naour, C. Valenti, *Histoire de l'avortement XIXe-XXe siècles, op. cit.*, p. 252).

3. J. Y. Le Naour, C. Valenti, *Histoire de l'avortement XIXe-XXe siècles, op. cit.*, p. 266.

4. *Ibid.*, p. 274.

qui justifie le parallèle avec le débat qui nous intéresse. En effet, le débat sur la légalisation de l'avortement a pu trouver une solution non dans l'affrontement des positions tranchées, mais bien par l'appel à la protection de l'État. Ce que cela montre, c'est que le projet de Simone Veil a pu être voté à partir du moment où l'argumentation s'est centrée uniquement sur les *conditions réelles* dans lesquelles se pratiquaient les avortements et sur leurs conséquences pour les femmes : morts, infections graves, stérilité définitive etc. Dans le débat que Simone Veil initie, la question n'est plus de savoir si les femmes peuvent disposer librement de leur corps ou bien si celui-ci « appartient » à l'État. Ce débat était en fait une querelle de principe qui avait pour effet d'exacerber les positions des uns et des autres sans permettre de sortir de l'impasse. La question que pose Simone Veil est plutôt de savoir si l'État peut laisser les femmes qui avortent sans protection et soumises aux risques importants d'un geste mal réalisé.

Selon moi, le même pas est à accomplir pour ce qui concerne la question de l'indemnisation des donneurs d'organes. Ce n'est qu'en abandonnant les querelles de principes sur la liberté à disposer de son corps ou sur la solidarité avec l'État, et en se centrant vers les conséquences réelles des prélèvements pour les donneurs, qu'il devient possible de penser avec cohérence la question de l'indemnisation. Ce parallèle permet alors de repenser la question de l'indemnisation au sein même d'un cadre juridique inspiré d'une conception solidariste du corps. Dans ce cadre, l'argument de la solidarité et de la protection de l'État peut être renversé, non pas au nom d'arguments et de querelles de principes qui le mettent en cause, mais au nom d'une situation effective qui montre l'échec de la protection espérée. Or dans le cas de la THDV, j'ai montré : 1) que les donneurs sont bien dans une démarche de don ; 2) que leur corps n'est jamais pensé pour eux en termes d'opposition entre chose (qui pourrait être vendue) et personne, mais qu'il est le lieu d'un échange symbolique – d'un don – au cours duquel ils sont et « chose pour l'autre » et « personne pour l'autre » ; 3) que leur revendication n'a rien à voir avec celle que l'on trouve dans le débat sur la rémunération ; 4) que leur revendication porte sur la reconnaissance et la protection de l'État à qui ils ont effectivement donné au nom de la solidarité et qui échoue à effectuer le retour symbolique qui valide le don, ainsi qu'à les protéger des conséquences que peut avoir le don. Il me semble alors que l'indemnisation est une protection nécessaire que l'État doit procurer aux donneurs intra-familiaux qui ont participé à la solidarité vis-à-vis des receveurs et que cet argument est parfaitement entendable dans une conception solidariste du corps – comme l'a été la demande de protection des femmes dans le cadre du débat sur l'avortement. Cela permettrait de reconnaître le don et d'en faire un don effectif. Surtout, cela permettrait de distinguer clairement l'indemnisation – conçue non comme une incitation au don mais bien comme la reconnaissance par l'État d'un geste qui exige une protection – de la rémunération – laquelle fonctionne selon « la logique du marché ».

Le parallèle avec le débat sur l'avortement a cependant une limite importante qui tient à l'évolution de la loi encadrant l'avortement. En effet, si les lois de 1975 et de 1979 reconnaissaient un droit des femmes à la protection de l'État, Jean-Yves Le Naour et Catherine Valenti estiment que les années suivantes ont consacré le droit de la femme « de disposer librement de son corps », en particulier à travers loi dite Aubry du 21 décembre 2001[1], qui semble avoir mené à son terme une logique qui aboutit finalement à «*consacrer un droit et, tout simplement une liberté*»[2]. En poussant le parallèle à son terme, on pourrait alors m'objecter qu'accepter l'indemnisation, cela revient à accepter que l'argent entre dans la sphère du prélèvement des organes et que cela conduira finalement à reconnaître un droit à disposer de son corps et donc à le vendre. J'admets volontiers qu'il est possible que l'indemnisation conduise à banaliser l'argent et ouvre peu à peu la possibilité de la rémunération des organes. Mais il est aussi tout à fait possible que cela ne soit pas le cas. En effet, je pense qu'indemnisation et rémunération partagent des points communs, mais diffèrent assez pour que l'une n'entraîne pas nécessairement l'autre. Mon hypothèse est en fait que la demande d'indemnisation et la demande de rémunération sont l'une et l'autre des formes d'expression d'une crise issue de la coexistence, au sein du monde de la transplantation, de différentes « sphères de justice », mais qu'elles ne sont pas sensibles à la même injustice et ne demandent donc pas la même chose.

## LA RÉMUNÉRATION DES ORGANES : L'EXPRESSION D'UNE « CRISE »

Comprendre la demande de rémunération comme l'expression d'une crise liée à une tension entre sphères de justices différentes, cela suppose en

1. Loi n° 2001-1246 du 21 décembre 2001 relative au financement de la sécurité sociale pour l'année 2002 publiée au JORF du 26 décembre 2001 (dite loi Aubry). Celle-ci maintient le remboursement de l'IVG obtenu en 1982, dispense les mineures de l'autorisation parentale, renonce à l'entretien préalable et «*consacre en quelque sorte le droit à disposer de son corps*». (J. Y. Le Naour, C. Valenti, *Histoire de l'avortement XIX^e-XX^e siècles, op. cit.*, p. 310).

2. J. Y. Le Naour, C. Valenti, *Histoire de l'avortement XIX^e-XX^e siècles, op. cit.*, p. 308.

premier lieu d'expliciter ce que sont ces sphères de justice, et comment elles coexistent dans la société. Le concept de « sphère de justice » est développé par le philosophe Michael Walzer qui part du constat que « *la société humaine est une communauté distributive* »[1] et qui résume sa théorie en six points :

Tous les biens sur lesquels porte la justice sont des biens sociaux. Cela veut dire qu'ils n'ont pas de signification naturelle ou individuelle, mais bien une signification sociale.

Les hommes et les femmes sont liés par un ensemble de biens, d'échanges et de transactions qui commencent à la naissance. Cela signifie que les biens sociaux sont un « donné ».

Aucun ensemble de bien ne transcende les autres, même pas celui des besoins dits « nécessaires » qui sont eux-mêmes évolutifs. Par exemple, Walzer estime que si la religion imposait que l'on brûle le pain plutôt que de le manger, il est possible que cet usage l'emporte sur l'autre[2].

C'est la signification des biens qui détermine la façon dont ils sont échangés et distribués.

Les significations sociales sont évolutives, ce qui implique que les critères de justice le sont aussi.

Quand les significations sont distinctes, les répartitions doivent être autonomes, c'est-à-dire que les biens doivent être distribués en fonction du seul critère adéquat à leur signification : l'argent n'est pas approprié dans la sphère des charges ecclésiastiques et la piété ne doit donner aucun avantage sur le marché.

L'idée centrale de Walzer est donc que chaque ensemble de biens forme une « *sphère de justice* », c'est-à-dire un ensemble spécifique et autonome de distribution de ses biens avec ses critères propres d'organisation, de relation et d'équité. Ces critères propres d'organisation ne sont pas indépendants des biens auxquels ils se rapportent, mais sont au contraire issus de ces biens mêmes et de la valeur sociale qui leur est attribuée. Une fois ce principe posé, Walzer distingue certains critères distributifs qui structurent différentes sphères de justice en fonction des biens qu'elles distribuent. La distribution des biens dont la société s'accorde à dire qu'ils ont un prix est régie par le libre-échange et le mécanisme de l'offre et de la demande. Elle constitue la sphère du marché. Elle est limitée, et ne peut s'étendre aux biens « non-vendables ». Walzer précise cependant que ces biens non

1. M. Walzer, *Sphères de justice une défense du pluralisme et de l'égalité*, trad. fr. par P. Engel, Paris, Seuil, 1997, p. 23.

2. M. Walzer, *Sphères de justice*, *op. cit.*, p. 30.

vendables ne le sont pas en eux-mêmes, mais bien pour une société donnée et en fonction de la signification ou de la valeur qui leur est accordée. « *Ce qui doit se vendre ou ne pas se vendre est quelque chose que les hommes et les femmes doivent toujours décider, et qu'ils ont toujours décidé de multiples manières* »[1]. La distribution des biens dont la société s'accorde à dire qu'ils dépendent du talent personnel est régie par le critère du mérite. Ce critère structure par exemple en partie la sphère de l'emploi. Enfin la distribution des biens dont la société s'accorde à dire qu'ils doivent donner lieu à une assistance communautaire est régie par le critère du besoin. Ici, le critère pertinent n'est pas d'avoir « x » ou « y » mais d'en manquer. Le critère du besoin constitue la sphère de la santé dans les sociétés occidentales. Dans cette sphère, la justice est l'égalité : à chacun selon ses besoins (socialement reconnus) et à besoin égal, égale assistance. La justice au sein de chaque sphère est donc assurée par l'adéquation du critère au type de bien distribués, et la justice dans son ensemble tient au bon rapport entre ces sphères, c'est-à-dire à leur limitation. Si une sphère empiète sur l'autre et vient imposer un critère de justice illégitime dans une autre sphère, il y a crise et injustice : « *Ainsi, l'injustice dans une société capitaliste n'est pas principalement liée à une distribution inégale de l'argent, mais au fait que l'argent puisse offrir l'accès à une gamme de biens (éducation, santé) qui devraient obéir à d'autres principes distributifs* »[2]. Par exemple – dans le cas des greffes – que certains riches acheteurs puissent bénéficier d'un organe du seul fait qu'ils ont de l'argent est unanimement considéré comme injuste. Le critère de justice du marché empiète illégitimement dans une sphère régie par le besoin. Ces empiètements illégitimes donnent lieu à des conflits sociaux et à des revendications rivales qui exigent le rétablissement de la justice. Pour qu'une limitation soit possible entre les différentes sphères, il faut faire respecter leur « autonomie relative ». Walzer reconnaît en effet que les différentes sphères ne sont jamais entièrement autonomes les unes des autres et que ce qui se passe à l'intérieur d'une sphère distributive affecte ce qui se passe dans les autres. Mais ce qu'il importe de rechercher, c'est une autonomie relative. C'est ce qui permet que le bien acquis légitimement dans une sphère donnée et par un individu donné, n'implique pas l'acquisition d'un bien autre dans une autre sphère. Autrement dit, la justice tient par exemple dans le fait que la richesse (sphère du marché) n'implique pas l'accès à un organe (sphère du besoin). Une fois définies des règles de justice spécifiques à chaque sphère

1. M. Walzer, *Sphères de justice*, *op. cit.*, p. 24.
2. J. Lacroix, *Michaël Walzer le pluralisme et l'universel*, Paris, Michalon, 2001, p. 22.

ainsi que le principe régulateur qui permet la réalisation de la justice dans son ensemble, Walzer se demande s'il est possible d'établir des critères de distribution stables et universels. Sur ce point, sa réponse est négative : les critères de justice propres à chaque sphère dépendent du bien échangé et de la valeur que la société lui attribue. Ils sont donc en eux-mêmes pluralistes et évolutifs. Le critère dont la sphère de justice évolue le plus est sans doute celui du besoin. En effet, « *les besoins sont par nature insaisissables, car les gens n'ont pas seulement des besoins, mais aussi des idées, des degrés, des priorités de besoins* »[1]. Le degré de nécessité d'un besoin est donc un choix social et politique qui évolue avec les mœurs. Walzer illustre son propos en montrant qu'en Europe au Moyen Age, le soin des âmes était public et le soin du corps privé car les préoccupations religieuses primaient sur la prise en charge des corps. A l'heure actuelle c'est l'inverse, ce qui suppose de distribuer autrement les biens religieux (qui relèvent alors de la sphère privée) et les biens relatifs à la santé (pour lesquels la société met en place des systèmes de distribution comme la sécurité sociale).

L'intérêt de la théorie des sphères de justice est qu'elle permet de comprendre en quoi indemnisation et rémunération présentent certains points communs et en même temps se différencient fondamentalement. J'ai montré que la demande d'indemnisation peut se lire comme issue du constat selon lequel le prélèvement des organes est structuré par la logique du besoin et du don mais ne permet pas à la logique du don de se réaliser. On peut alors y lire l'expression d'une crise liée à l'empiètement de la sphère de justice du don (qui structure les relations humaines inter-individuelles) dans la sphère du besoin (qui structure la distribution des biens de santé), au nom de la solidarité. Mon hypothèse est que la demande de rémunération exprime elle aussi une crise liée à l'empiètement illégitime d'une sphère de justice sur une autre, mais que la sphère visée ici est celle du marché. Au plan sociétal en effet, plusieurs « logiques » coexistent dans le cadre de la transplantation : celle du besoin pour les receveurs ; celle du don pour le donneur ; et celle de l'appropriation et de la gestion d'une ressource rare qui débute dès le prélèvement de l'organe. La logique du besoin est celle qui conduit à autoriser le prélèvement et la greffe à partir de donneurs décédés comme de donneurs vivants. Elle repose sur une vision solidariste qui s'exprime ici en termes éthiques : la greffe est ce qui permet de porter secours à un membre de la société dont la vie est menacée, elle se rattache à nos devoirs envers les malades. Mais cette logique solidariste s'exprime aussi en termes d'économie et de « coût – efficacité ». En effet, la greffe est

1. *Ibid.*, p. 29.

une pratique d'autant plus encouragée que la comparaison entre les coûts par année de survie gagnée grâce à la transplantation et les coûts observés pour d'autres interventions est favorable à la transplantation[1]. Autrement dit, la greffe est, du côté du receveur, un enjeu humain et économique. La logique du don se trouve à l'opposé de la chaîne du prélèvement et de la greffe, c'est-à-dire du côté du donneur. Elle est celle qui impose la gratuité pour les donneurs vivants et décédés et qui impose l'anonymat du donneur dans le cadre du prélèvement post-mortem. Enfin, la logique de l'appropriation et de la gestion d'une ressource rare est celle qui préside l'ensemble de la chaîne de la greffe. Elle est celle qui régit les pratiques du médiateur entre le donneur et le receveur, c'est-à-dire de l'hôpital public. Ce médiateur a pour rôle de prélever les organes, lesquels sont ensuite répartis en fonction des besoins au plan national. Mais cette médiation médicale vient remplir « *entre ceux qui donnent et ceux qui reçoivent une fonction critique* »[2], car elle n'agit pas dans la logique du don mais dans celle « *d'un système qui centralise et redistribue des ressources rares* »[3]. En ce sens, elle est régie par la loi de l'offre et de la demande qui relève de la logique du marché et non de la logique du don. La présence d'une logique de marché dans le processus de la transplantation se situe sur trois plans. Au plan du médiateur lui-même qui n'est pas un bénévole mais dont les rôles et fonctions sont construits dans un rapport salarial. Au plan du prélèvement et de la greffe à partir d'un donneur décédé dont le coût est élevé : environ 40 000 euros pour un rein, environ 70 000 euros pour un cœur, entre 40 000 et 230 000 euros pour un foie, 125 000 euros pour une greffe de moelle osseuse ou d'un ensemble cœur poumon[4]. Au plan du prélèvement et de la greffe à partir de donneurs vivants, dont nous avons vu qu'elle a un coût pour l'hôpital en particulier lorsque le donneur est hospitalisé en vue du prélèvement. C'est d'ailleurs ce dont témoigne Melissa, infirmière chargée des greffes, qui a du mal à obtenir le remboursement des frais occasionnés par le prélèvement : « *La loi prévoit que ce soit les hôpitaux dans lesquels sont réalisés les dons qui prennent en charge tous les frais de A à Z, ça comprend aussi bien les examens que les transports et les journées de salaire perdues ! Mais les hôpitaux font un peu comme ils veulent avec cette*

1. J.-P. Moatti, « Dons d'organes : un révélateur des arbitrages entre l'efficience et l'équité dans le système de santé », *op. cit.*, p. 605.

2. S. Bateman-Novaes, « Respect des personnes et éthique de la transplantation », *op. cit.*, p. 634-635.

3. *Ibid.*, p. 634-635.

4. Estimations de Jacques Godbout et Alain Caillé (converties ici en euros) voir J. T. Godbout et A. Caillé, *L'esprit du don*, *op. cit.*, p. 128.

*situation-là!* ». On se trouve alors dans une situation considérée et encadrée comme un don, mais dans laquelle seul le geste du donneur est un don, le reste de la chaîne étant organisé en vertu d'impératifs essentiellement économiques. La théorie des sphères de justices de Walzer permet alors de lire le débat sur la rémunération des donneurs d'organes comme l'expression d'une « crise » due à la coexistence dans une même sphère – celle de la santé – de plusieurs critères de justice dont certains semblent inappropriés au type de bien distribué. Cette crise se révèle à travers le débat actuel sur la rémunération des organes, dont la virulence et la permanence tendent à montrer qu'il n'y a plus de consensus sur la gratuité. On voit alors s'opposer des positions rivales, dont chacune revendique le rétablissement de la justice. On peut alors penser que pour les défenseurs de la rémunération, il est injuste de maintenir dans la logique du don (sphère du besoin et de la solidarité) une pratique qui est en réalité régie par le critère de la sphère économique. Pour les défenseurs du don gratuit en revanche, il est injuste de laisser le critère du marché réglementer une pratique qui relève de la logique du besoin et dans laquelle les critères du marché sont « accidentels » : il faut bien organiser la circulation des organes et cela a un coût, mais le fondement de la pratique est le besoin.

Lire ainsi la demande de rémunération, cela permet de rendre compte de ce qui la relie à la demande d'indemnisation, et en même temps de montrer ce qui les sépare. Ce qui unit en une même problématique indemnisation et rémunération c'est l'introduction d'argent dans une sphère de justice actuellement structurée par la gratuité. C'est ce qui fait qu'elles sont le plus souvent considérées comme deux facettes d'une seule et même démarche. Cependant ce n'est pas tant ce point qui les unit, mais le constat d'une injustice liée à la gratuité du prélèvement. Sur la base d'un même constat, on peut alors voir que l'une et l'autre se distinguent nettement. La demande de rémunération part de l'existence d'une logique de marché pour dénoncer l'injustice du maintien de la gratuité pour les seuls donneurs. Elle propose de « cesser l'hypocrisie » et de « rendre justice aux donneurs » en autorisant chacun à vendre ou à donner en fonction de ses propres choix. La demande d'indemnisation part de l'absence de don. Elle propose de « rendre possible » la logique du don par l'introduction d'argent dans une sphère régie habituellement par la gratuité. Elle considère alors que gratuité et argent ne sont pas incompatibles. Comprendre ainsi l'indemnisation et la rémunération, cela permet de penser que l'une n'entraîne pas nécessairement l'autre, parce qu'elles sont les constats de deux types d'injustice différents et proposent chacune un critère de justice différent pour y remédier. Et si l'on poursuit la lecture à travers la théorie des sphères de justice, la différence des critères proposés s'explique par la valeur sociale que l'une et l'autre des demandes accordent aux biens échangés. Le bien échangé est certes la santé dont l'une et l'autre estiment qu'elle doit être régie par le besoin et l'égalité. Mais pour permettre la santé, il faut ici que des organes soient échangés. La demande d'indemnisation leur accorde une valeur consensuelle de bien « non vendable », tandis que la demande de rémunération estime plus juste de les inscrire dans la sphère des biens « qui ont un prix ».

Il me semble donc que la théorie de Walzer permet d'affiner le débat et de sortir de certaines impasses. D'abord elle permet de sortir du débat sur la propriété du corps et de comprendre la question de la rémunération en termes de justice. Comme le montre Walzer en effet, le changement de critère d'attribution d'un bien particulier dépend de l'importance qui est accordée à ce bien au sein d'une société donnée. C'est donc l'importance que la société accorde à la transplantation et aux organes qui oriente le choix de la gratuité, du don, de l'indemnisation ou de la rémunération, et non une théorie de la liberté civile ou de la propriété du corps. Ensuite elle permet de distinguer clairement indemnisation et rémunération, ce que ne permet pas la structure actuelle du débat international.

Une fois posée cette distinction fondamentale, ma position est la suivante. Pour ce qui concerne le don intra-familial, j'estime qu'il est effectivement injuste de ne pas reconnaître le don des donneurs interrogés. L'organe qu'ils donnent est pour eux clairement un bien non vendable, et leur demande concerne la reconnaissance de leur geste. L'indemnisation des donneurs permettrait donc de respecter la conception qu'ils ont de leur geste et de rendre leur don effectif. En ce qui concerne la rémunération des organes, ma position est moins assurée. Sur le plan des principes, je n'y suis pas opposée. Je suis en effet assez sensible aux différents arguments en faveur de la rémunération : augmentation du nombre des organes, plus grande liberté de choix des donneurs, valeur morale du geste lui-même indépendamment de la question financière etc. Je suis aussi sensible à l'idée selon laquelle les sphères de justices évoluent, et je ne pense pas que le passage d'une sphère de justice régie par le don à une justice « selon le marché » soit nécessairement problématique pour les organes et la transplantation. En revanche il me semble que les problèmes pratiques liés à l'introduction d'argent dans la cession et l'échange des organes doivent être pris sérieusement en considération : comment par exemple proposer un prix qui soit incitatif mais pas contraignant ? Enfin et surtout, je pense qu'il est extrêmement difficile de défendre une position ferme et argumentée sans disposer de données sur ce que vivent les vendeurs et acheteurs potentiels ou effectifs dont la littérature et les enquêtes font état sans rien dire de leurs réflexions propres. En effet, ce que m'a enseigné ce travail sur la THDV c'est avant tout la richesse de la documentation fine et précise des situations vécues par les acteurs. Il me semble donc essentiel de documenter ce que vivent les vendeurs et acheteurs d'organes avant de prendre une position plus ferme : peut-être découvrirons nous en les interrogeant que les questions ne se situent pas du tout là où nous les identifions actuellement.

## Conclusion

Le but de cette dernière partie était de rendre compte philosophiquement des discours des acteurs interrogés et de voir comment leurs témoignages pouvaient aider à penser le débat philosophique sur l'indemnisation et la rémunération des organes. Il est sans doute assez étonnant pour le lecteur de voir convoquées autant de philosophies différentes pour rendre compte de ce que vivent les acteurs. Et il est possible que, poussées à leurs termes, ces différentes philosophies résistent à l'interprétation que j'en ai faite. Mais cela tient au rôle du philosophe en bioéthique tel que je le conçois. Pour moi, le philosophe qui participe aux débats bioéthiques est celui qui apporte une pierre (philosophique) à la réflexion « en marche » portée par les différents acteurs de la société, sur les choix de sociétés majeurs auxquels nous confrontent les nouvelles technologies en médecine. C'est ce que j'ai voulu faire tout au long de cet ouvrage. Apporter une pierre philosophique au débat, cela ne signifie pas pour autant proposer *une* philosophie du don de foie entre vivants. Cela revient plutôt à montrer la richesse philosophique du débat sur les nouvelles pratiques de transplantation. Rendre compte de sa richesse, c'est *a minima* rendre compte des différentes positions sur la question (ce que j'ai fait dans un premier temps avec l'étude des positions utilitariste et kantienne), mais c'est aussi montrer que la réflexion morale ne se limite pas à l'opposition entre utilitarisme et kantisme, et que d'autres philosophies peuvent éclairer et le débat et en modifier les termes (ce que j'ai fait dans un second temps). Enfin, apporter une pierre philosophique au débat, c'est selon moi accepter d'y défendre une position argumentée et accepter que celle-ci soit rendue publique et reprise par d'autres – ce que j'ai fait en troisième temps. Il semble d'ailleurs que la position que j'ai défendue sur l'indemnisation des donneurs ait été entendue : les débats qui s'initient en vue de la prochaine révision des lois de bioéthique laissent penser que les donneurs pourront désormais bénéficier d'une indemnisation. Reste alors à savoir qui aura « la charge de la preuve »… Considérera-t-on que les donneurs subissent (quoi qu'il en soit des suites) un préjudice dans leur corps – auquel cas tous les donneurs seront indemnisés par principe – ou bien considérera-t-on que ce sont les complications qui sont un préjudice, auquel cas les donneurs auront à prouver qu'ils subissent un préjudice avant d'être indemnisés ? Je souhaiterais pour ma part que les donneurs n'aient pas la charge de la preuve et qu'ils soient indemnisés quoi qu'il en soit des suites : je considère qu'ils subissent un préjudice réel au cours du prélèvement, et que l'absence de complications initiales ne signifie pas l'absence de complication à long terme. Si le donneur a la charge de la preuve, comment pourra-t-il être indemnisé s'il développe plus tardivement des complications ? Et qui peut faire la preuve de « complications » dans la vie familiale ou conjugale ? Je ne suis pas sûre que cette solution sera retenue. La simple indemnisation des complications constituera néanmoins un réel progrès au regard de la situation dans laquelle sont actuellement les donneurs qui ont donné une partie de leur foie à un de leurs proches.

# CONCLUSION GÉNÉRALE

*Tout passe et tout demeure*
*Mais notre affaire est de passer*
*De passer en traçant des chemins*
*Des chemins sur la mer.*
Antonio Machado, *Voyageur*

Ce que je souhaitais montrer à travers cet ouvrage, c'était qu'un travail sur la greffe permettait de réaliser une analyse philosophique rigoureuse des problématiques identifiées; permettait aussi de questionner le terrain avec la mise en œuvre d'une enquête de type sociologique; et permettait enfin de prendre position quant aux grandes interrogations éthiques et philosophiques liées aux développements de la chirurgie de transplantation. J'ai d'abord montré que la greffe questionnait des concepts majeurs en philosophie, en particulier la mort, le corps, la liberté et le don. J'ai ensuite montré que les témoignages des acteurs de la transplantation hépatique avec donneurs vivants pouvaient reformuler les questionnements éthiques liés à cette pratique. J'ai enfin montré qu'il était possible de comprendre philosophiquement ces témoignages et à travers eux, d'éclairer différemment le débat sur l'indemnisation et la rémunération des organes, ce qui m'a permis de défendre l'indemnisation des donneurs d'organes. Prendre position sur ce point ne répond pas bien sûr à l'ensemble des problèmes soulevés. Depuis la fin de ce travail, un donneur est décédé en France après avoir été prélevé de son lobe hépatique droit pour greffer son frère. Ce décès a relancé le débat sur la THDV et a durci les positions. Certaines équipes souhaiteraient à présent interdire le don entre vivants d'adulte à adulte qu'elles estiment trop risqué, et considèrent que le partage systématique des foies de donneurs décédés suffit à greffer les patients. D'autres au contraire soutiennent que ce décès correspond au risque estimé, que la mortalité n'est pas augmentée, et qu'il serait injuste de priver d'autres malades ou d'autres proches de cette solution médicale efficace. Ceux qui s'opposent au don entre vivants soutiennent en général que le plus urgent est d'augmenter le prélèvement sur les donneurs décédés et d'appliquer réellement la loi, qui autorise à prélever toute personne qui ne s'y est pas opposée de son vivant. Cela confirme ce que j'ai montré plus tôt : le don entre vivants et le don à partir de donneur décédé sont deux solutions différentes à un même problème qui est celui de la procuration des organes. Que les donneurs soient indemnisés rendra leur situation plus juste. Mais cela ne réduira pas la pénurie des organes, et ce d'autant moins que la médecine poursuit ses progrès et rend la greffe plus efficace d'année en année, augmentant d'autant le besoin d'organes transplantables. C'est pour répondre à cette difficulté que la THDV a initialement été proposée, et c'est sur ce point que je souhaiterais conclure. A l'heure actuelle, le don entre vivants tel qu'il est pratiqué est de moins en moins considéré comme une solution réaliste à la pénurie des organes. Les solutions envisagées s'orientent dans trois directions principales que j'ai rapidement évoquées au cours de ma revue de la littérature : la première propose d'augmenter les prélèvements par l'incitation au don; la deuxième propose le recours à un marché régulé des organes; la troisième recommande le prélèvement systématique des personnes en mort cérébrale que celles-ci y aient ou non consenti.

La première solution vise à augmenter l'altruisme. Ici, l'idée est que toute forme de contrainte qui viserait à augmenter le nombre d'organes disponibles est en contradiction avec le droit à disposer librement de son corps de son vivant ou après sa mort, et que ce qui importe est d'augmenter les dons en mettant en place des incitations morales. Il s'agirait alors de convaincre chacun que nous avons une obligation morale de donner nos organes (post-mortem) pour le bien de la société car c'est elle qui nous a permis de vivre pleinement notre vie. Dans le même ordre d'idée (incitation au don), certains proposent de mettre en place une obligation de réponse (« required response »). Ici l'idée est de contraindre à prendre position en imposant à chacun de cocher une case sur un document officiel (permis de conduire par exemple) afin de clarifier son choix. Chacun pourrait donc choisir de donner ses organes, de ne pas les donner, ou bien de rester indécis. Un fichier centralisé permettrait aux autorités compétentes de consulter la position du défunt et d'agir en conséquence. Enfin, certains proposent d'augmenter les « possibilités d'altruisme » en ouvrant encore le cercle des donneurs vivants potentiels. Il s'agirait d'autoriser de nouvelles « populations » à donner leurs organes, en parti-culier les prisonniers (en échange de remises de peines) et les enfants. Ces différentes propositions partagent la volonté de trouver d'autres moyens que le changement du mode d'appropriation des organes pour augmenter le nombre d'organes disponibles. Elles présentent cependant une difficulté importante en pratique. Ces propositions risquent en effet d'échouer à augmenter le nombre d'organes. Il n'est pas sûr que l'incitation à l'altruisme proposée ici soit plus efficace que celle qui est déjà faite à l'heure actuelle. De plus, l'obligation de se prononcer pourrait avoir pour effet une augmentation des refus ou des indécis. C'est d'ailleurs ce qui explique la grande réticence des associations de greffés vis-à-vis de ces différentes solutions. Enfin, le prélèvement des prisonniers ou des enfants touche un public peu nombreux et en position de vulnérabilité, ce qui suppose la mise en place de protections importantes des éventuels donneurs (comités d'experts, autorisations spéciales etc.), au point que même si l'on acceptait cette solution au plan des principes, on peut douter de son efficacité en pratique.

La deuxième solution est le marché des organes. Ici il s'agit d'augmenter la disponibilité des organes non en changeant le mode de consentement qui resterait explicite mais en changeant le mode d'appropriation des organes. Ceux-ci ne seraient plus « choses hors commerce » mais intégreraient la sphère des biens marchands. Il s'agirait de mettre en place un marché régulé par l'autorité publique, dans lequel les organes seraient achetés aux vendeurs par l'État et attribués aux malades sur critères médicaux. Autrement dit les organes seraient achetés, puis distribués en fonction du besoin et non de la fortune. J'ai déjà exposé plus haut les postulats et arguments des défenseurs de cette proposition, je n'y reviendrai donc pas ici. Il me semble toutefois important de considérer les problèmes posés par cette solution. Ceux-ci ne se posent pas en termes de résultats : les trafics d'organes qui existent actuellement laissent supposer qu'un marché régulé permettrait d'augmenter significativement le nombre des organes. Le problème se pose ici en termes de principe, car le prélèvement et la greffe ont toujours été fondés sur la non commercialisation du corps humain au nom du respect de la dignité de la personne humaine, respect qui passe traditionnellement par l'inviolabilité du corps et l'impossibilité de le vendre. Pour ma part, je ne suis pas opposée par principe à cette solution. En effet, je ne suis pas sûre que l'introduction d'argent dans une démarche qui est la même que celle du don des organes suffise à changer la valeur morale du geste. D'ailleurs certains considèrent que le paradigme du don et de l'altruisme a eu et pourrait encore avoir des conséquences néfastes sur le système de santé[1]. Cependant cette solution pose un vrai problème pratique car il semble difficile de mettre en place une offre qui soit suffisamment attractive pour augmenter le nombre des organes et suffisamment juste pour ne pas être une contrainte. De plus, si cette proposition est très débattue par les spécialistes de l'éthique, elle n'a à ce jour absolument pas emporté l'adhésion des responsables politiques ou des médecins transplanteurs[2]. Comme nous l'avons vu, même les tentatives pour récompenser le don qui pourraient sembler légitimes, comme une déduction fiscale ou une prise en charge des funérailles sont vues avec beaucoup de méfiance et généralement rejetées vivement (il est pourtant étrange de penser que l'on peut déduire de ses revenus les dons que l'on fait à une association caritative mais pas le don de ses organes). En tout état de cause, face à une telle réticence, il est peu probable que cette solution soit appliquée, au moins dans les pays occidentaux.

La troisième solution est celle qui reçoit généralement l'adhésion des transplanteurs et des politiques : il s'agit de l'appropriation des organes par l'État sans consentement et avec une possibilité très restreinte pour chacun s'opposer au prélèvement. L'idée principale est ici que le bien des vivants doit primer sur le bien des morts, et que ce qui compte ce sont d'abord les vies qu'il est possible de sauver. De nombreux auteurs comme John Harris y sont favorables. Pour Harris, il est vrai que l'autonomie est un principe qui doit prévaloir dans l'ensemble des décisions que nous prenons, même en ce qui concerne le devenir de notre corps après la mort. Il est vrai aussi que certains intérêts persistent après la mort, et que le respect de nos volontés pour ce qui doit advenir de notre corps en fait partie. Cependant cela ne vaut que lorsque ce choix ne vient pas rendre impossible la survie des vivants. L'idée principale de Harris et des défenseurs du prélèvement systématique est que si le prélèvement peut aller contre les intérêts exprimés de son vivant par le mort, ce préjudice n'est rien comparé au risque de perdre des « vies innocentes » en cas de non prélèvement. Le prélèvement des organes doit donc être une obligation légale au même titre que le service militaire ou la participation aux jurys, car les intérêts de la société doivent primer sur les intérêts particuliers. Au plan éthique, cette solution pose la question de la justice : comment être juste avec chacun lorsqu'il s'agit de procurer et de distribuer une ressource rare ? Pour les partisans du prélèvement systématique, la solution consiste à abandonner l'autonomie (du

1. F. Beaufils, A.-S. Ginon, T. De Rochegonde, « Le prélèvement d'organes : donner voix au consentement », *Esprit*, 336, 2007, p. 96-108.

2. P. Herissone-Kelly, « U.K. Bioethics, U.K. Metabioethics … », *op. cit.*

mort) au profit de la bienfaisance (la santé des vivants). C'est une position que l'on peut défendre éthiquement, même s'il est peu probable qu'elle fasse l'unanimité. Là encore le problème apparaît quand il s'agit de passer à l'application. Cette solution semble en effet impossible à instaurer tant les personnes restent attachées au consentement. D'ailleurs lorsque des citoyens sont interrogés, on observe qu'ils demandent la mise en place d'un consentement explicite, comme cela a été le cas récemment au Royaume-Uni[1] ou en Suisse[2]. Et dans les pays où le consentement est présumé, la population n'y est pas toujours favorable. Par exemple en France, une étude réalisée en 1997 montre que 80% des répondants pensent que leur consentement doit être explicite pour être prélevé et sont défavorables au consentement présumé[3]. On voit mal comment passer au prélèvement de routine sans consentement dans un tel contexte. D'autant que ce type de proposition tend à oublier que les prélèvements sont effectués par des personnes et non par des machines : peut-on réellement penser que des médecins prélèveraient des corps au quotidien sans se préoccuper de l'avis de la personne et de ses proches ? Si l'on en croit le comportement actuel des équipes de prélèvement, qui continuent de demander le témoignage des proches et qui respectent leur refus, c'est peu probable. Il n'est donc pas évident que cette solution augmente le nombre des prélèvements, et il est même possible qu'elle augmente les réticences au prélèvement en accentuant trop fortement la contrainte sur les donneurs potentiels et sur les médecins préleveurs.

Finalement, le problème éthique posé par ces solutions, c'est qu'elles proposent toutes d'accentuer les pressions sur les donneurs éventuels. La première solution risque de conduire en pratique à une contrainte morale importante. La deuxième solution risque d'aboutir à des pressions sur les populations désavantagées financièrement. Et la troisième solution risque d'augmenter la réticence vis-à-vis des prélèvements, tant dans le public que chez les équipes médicales. Les partisans de ces solutions les justifient parce qu'elles sont supposées apporter un « plus grand bien » ou un « bien pour le plus grand nombre ». Mais selon moi, tout ce qui vise à accorder

1. A. V. Campbell *et al.*, « Human tissue legislation : listening to the professionals », *Journal of medical ethics*, vol. 34, n°2, 2008, p. 104.

2. *Médecine des transplantations : Rapport du panel de citoyens,* Centre de l'évaluation des choix technologiques, Office Fédéral de la santé publique, Fond National Suisse de la Recherche Scientifique, 2000, p. 26.

3. R. Carvais, M.-A. Hermitte, « Les français attachés au droit commun réticents à l'égard du droit de la bioéthique », dans R. Carvais, M. Sasportes (éd.), *La greffe humaine (in)certitudes éthiques : du don de soi à la tolérance de l'autre*. Paris, P.U.F., p. 848-855.

moins d'importance à l'autonomie ou au consentement de la personne au nom d'un « plus grand bien » doit par principe être vu avec la plus grande prudence. Il me semble donc important d'interroger en conclusion ce « plus grand bien » visé par les solutions proposées : l'augmentation du nombre d'organes disponibles pour les greffes.

Que l'augmentation du nombre d'organes disponibles soit un « plus grand bien » et permette de sauver des vies cela ne fait pas de doute. Mais cela signifie-t-il que porter assistance aux malades en attente de greffe est une priorité absolue et indiscutable, d'autant plus que cela ne porte atteinte à personne ? Plusieurs points donnent à penser que l'équation n'est pas si simple.

En premier lieu, les plaidoyers en faveur d'une appropriation des organes par l'État montrent que la pratique de la greffe a un coût, et que le choix du mode de prélèvement influence ce coût. Les auteurs favorables au prélèvement de routine par exemple justifient leur choix par le bien des malades, mais aussi parce que cette solution procure des organes à faible coût. Si ces auteurs utilisent l'argument financier en plus de l'argument éthique du « plus grand bien » c'est parce qu'ils n'ignorent pas que la greffe est une technique encouragée pour des raisons médicales et financières. Il est moins cher de greffer un malade que de ne pas le greffer, et l'Union Européenne a montré que la greffe de 10 000 patients en insuffisance rénale correspond (par rapport au coût de la dialyse) à une économie annuelle de 200 millions d'euros[1]. Que les débats sur la pénurie des organes comportent des arguments financiers ne me semble pas poser problème. Ce qui pose problème au plan éthique en revanche, c'est que l'aspect financier de nos choix en matière de greffe ne soit jamais évoqué dans les débats publics et ne fasse pas partie des informations que l'on y trouve. Tout le discours sur le prélèvement et la greffe est structuré autour des notions d'altruisme et de don et – sauf pour interdire tout commerce des organes – la question financière n'est jamais abordée. Pourtant la transplantation n'est pas le seul domaine de la médecine dans lequel les arguments financiers entrent en compte, et il est à présent fréquent que l'information sur les politiques de santé comporte des indications financières et des explications sur les choix qui sont faits pour économiser les ressources. Pourquoi ne pas l'aborder ici aussi ?

1. *Expanding donor pool*, European Group for Coordination of National Research Programmes on Organ Donation and Transplantation, Organizacion National de Trasplantes, 2006, p. 9.

Un autre point crucial est singulièrement absent des informations adressées au public : il s'agit de la mort cérébrale et des spécificités de cet état. Si les documents d'information (en France) précisent que cette mort est rare, ils ne donnent aucune information sur ce à quoi elle correspond au plan physique ni sur les raisons pour lesquelles il est admis qu'il s'agit bien de la mort. Tout se passe comme si la certitude du bien-fondé des prélèvements rendait inutile voire dangereux de discuter des interrogations légitimes à propos de cette mort particulière. Or les interrogations ne manquent pas au sein de la communauté médicale, chez les spécialistes d'éthique et dans l'opinion publique. Certains médecins et spécialistes d'éthique contestent la validité de la définition de la mort cérébrale en rappelant qu'une telle définition ne devrait avoir aucun lien avec les prélèvements d'organes. D'autres considèrent que cette définition est une supercherie destinée à pouvoir prélever des organes alors que ni les soignants ni les proches ne croient vraiment que cet état soit la mort. Ces auteurs proposent de cesser de fonctionner selon la règle du « donneur mort » et d'accepter de prélever des gens pour lesquels sans qu'ils soient morts (et il faut bien admettre qu'une part de vie est maintenue pour pouvoir prélever des organes « frais »), on peut affirmer qu'ils sont dans un état irréversible qui conduira inévitablement à la mort dans un court délai. Dans le public, j'ai déjà montré que deux conceptions de la mort coexistent et influencent l'acceptation des prélèvements (la conception dite centraliste et celle dite intégraliste). Il est problématique que ces différents débats ne soient pas portés à la connaissance du public, alors qu'ils montrent : 1) que les oppositions au prélèvement ne se fondent pas sur un comportement égoïste mais sur la conception que chacun se fait de la mort et 2) que les réticences à propos de la mort cérébrale ne sont pas le seul fait d'un public réfractaire aux progrès de la science, mais qu'elles sont partagées par les équipes médicales.

Il me semble donc qu'avant d'envisager une quelconque solution plus contraignante pour résoudre la pénurie des organes, il importe de modifier l'information du public et de lui faire part des enjeux méconnus de la transplantation (aspects financiers, définition de la mort). D'une part, cela fait partie de l'obligation de vérité contenue dans le respect de l'autonomie. D'autre part cela permettrait à chacun d'avoir une compréhension plus juste de la situation et donc d'adhérer ou non à des choix de santé qui engagent notre rapport aux autres en même temps que notre rapport à notre propre corps. A vouloir augmenter la contrainte sans nous positionner clairement sur ce que nous choisissons de faire, nous risquons de considérer comme réglé un problème qui ne l'est pas – celui des causes de nos réticences aux prélèvements d'organes – et finalement de porter préjudice au monde de la transplantation dans son ensemble. Que nous ne souhaitions pas introduire ces données dans l'information du public est révélateur de la crainte de créer de la « confusion » dans l'esprit du public. Mais la confusion est déjà là : on ne compte plus les témoignages de proches ou de greffés parlant de ceux qui ont été prélevés « entre la vie et la mort ». Peut-être est-il temps au contraire d'admettre que le prélèvement des organes sur les personnes en état de mort cérébrale est une pratique difficile pour les médecins comme pour les proches, parce qu'elle comporte une part de transgression en morcelant un corps (mort ?) considéré dans toutes les autres situations comme une entité inviolable. Reconnaître la difficulté du geste me semble plus juste au plan éthique car cela conduit à reconnaître ce que vivent les médecins et les proches confrontés au prélèvement au lieu de le nier[1]. Oui, le prélèvement est un geste transgressif. Oui il est difficile à effectuer. Oui il est blessant pour les proches. Reconnaître cela, c'est reconnaître la complexité du choix et mettre en valeur ceux qui acceptent de prélever ou d'être prélevés sans condamner ceux pour qui c'est impensable. Il est possible (mais pas nécessaire) qu'un tel discours ait pour conséquence une diminution des prélèvements. Mais si nous attendons des médecins qui prélèvent et des personnes qui acceptent d'être prélevées qu'elles fassent plus que leur devoir – ce qui est le cas dans la mesure où prélever et être prélevé ne sont pas des obligations légales – et qu'elles agissent de façon altruiste pour le bien des autres, alors il me semble essentiel de reconnaître la difficulté et la valeur de leur choix.

Il me semble d'autant plus étonnant que nous refusions de prendre ce risque alors que dans d'autres situations nous admettons volontiers que l'augmentation du nombre d'organes est une priorité relative et discutable. Ainsi lorsqu'en 1998, un donneur a choisi de faire don de l'ensemble de ses organes à condition qu'ils ne soient attribués qu'à des receveurs blancs, il a semblé tout a fait légitime au plan éthique que l'équipe refuse de prélever ce patient et « perde » par conséquent ses organes[2]. Le principe de non-discrimination a primé sur celui d'efficacité. La France a par ailleurs (comme d'autres pays transplanteurs) fait le choix d'interdire le clonage thérapeutique alors même que cela pourrait à long terme résoudre les problèmes de pénurie d'organes et de médecine régénératrice. La loi

1. D. Kirklin, « The altruistic act of asking », *Journal of Medical Ethics*, vol. 29, n°3, 2003, p. 195.

2. C. L. Hamer, M. M. Rivlin, « A stronger policy of organ retrieval from cadaveric donors : some ethical considerations », *Journal of Medical Ethics*, vol. 29, n°3, 2003, p. 200.

française est donc plus protectrice pour des « personnes humaines potentielles » que pour les personnes réelles en situation de mort cérébrale. Pourtant il est assez clair que les embryons (au stade où les recherches sont envisagées) n'ont pas de cerveau, ne ressentent pas la douleur, et ne peuvent vivre dès lors qu'ils ont quitté l'utérus maternel. Le législateur aurait pu présumer leur consentement au nom du bien du plus grand nombre ! Ce que cela signifie est clair : la greffe est certes une priorité, mais cette priorité est relative. Même si les embryons humains peuvent à long terme réduire le problème de la pénurie des organes, leur protection prime sur notre devoir d'assistance aux malades en attente de greffe. Ici nous acceptons le risque de voir mourir en liste des personnes que les recherches sur le clonage thérapeutique auraient éventuellement pu sauver.

Si l'on admet que le prélèvement des organes est bien une pratique transgressive, fondée sur des arguments éthiques et économiques forts mais relatifs, il me semble qu'il n'importe pas tant d'augmenter la contrainte sur les éventuels donneurs (vivants ou morts : c'est-à-dire nous tous), que d'ouvrir le débat sociétal, puis d'inviter chacun à se positionner « explicitement » à l'aide d'une information claire et détaillée sur la situation et sur les différentes solutions envisagées. Il est en effet urgent d'admettre que la greffe n'est un choix de société éthique et porteur de sens que dans la mesure où le coût qu'elle représente pour les individus correspond à un choix fait en conscience. Certains considèrent déjà que c'est le chemin à accomplir en France où le consentement est présumé : Didier Sicard[1] comme Beaufils, Ginon et de Rochegonde[2] estiment qu'il est temps de faire confiance au public et de passer à un mode de consentement explicite. Je partage leur avis tant il me semble que seul le consentement explicite peut rendre acceptable le prélèvement des organes d'une personne décédée comme vivante. Mais le recours au consentement explicite ne peut pas prétendre être autre chose qu'une solution provisoire : la greffe est certes une technique efficace pour sauver des vies ou pour rendre possible la poursuite de la vie dans les meilleures conditions possibles. Mais son coût pour les éventuels donneurs est important, et il faut continuer à proposer d'autres pistes pour améliorer les possibilités de soins à ceux dont un organe est lésé. A tout prendre, si d'autres solutions ne sont pas proposées, il me semble que celle du marché régulé des organes est la moins

1. *Quelles révisions de la loi de bioéthique* ?, Actes des rencontres parlementaires du 7 février 2007, p. 27.

2. F. Beaufils, A.-S. Ginon, T. de Rochegonde, « Le prélèvement d'organes : donner voix au consentement », *op. cit.*, p. 107.

problématique et devra être à nouveau considérée, parce qu'elle seule admet que les corps appartiennent aux individus et les laisse libres de faire don de leurs organes ou de les vendre. Mais d'autres voies restent à explorer : organes mécaniques, organes animaux, production ou réparation d'organes à l'aide de cellules souches etc. Le chemin de la greffe n'est pas terminé : peut-être les donneurs vivants deviendront-ils bientôt des « vendeurs », peut-être deviendront-ils au contraire les derniers témoins d'une époque révolue où l'on prélevait un vivant sain pour un « mourant malade ». Cela dépendra des progrès médicaux, mais aussi de l'accueil social et philosophique qui leur seront fait, et finalement des choix que nous ferons. Le cheminement philosophique qui accompagne le développement des greffes doit donc se poursuivre lui aussi, au fil de chaque nouvelle possibilité ou de chaque nouveau défi, dans un entremêlement qui je l'espère continuera d'enrichir les uns et les autres.

# POSTFACE

La nouvelle édition du livre de Valérie Gateau *Pour une philosophie du don d'organes* consacre le fait qu'il s'agit d'une œuvre majeure en bioéthique.

Dans ce livre subtil qui, sans rien simplifier, apporte énormément de clarté, Valérie Gateau examine un dispositif médical dans ses dimensions techniques, politiques et morales : la transplantation d'une partie du foie d'un donneur vivant (THDV : transplantation hépatique avec donneur vivant).

Mais son enquête, à la fois philosophique et sociologique, la conduit à remettre en cause un certain nombre d'idées reçues sur le don d'organes en général et même, plus largement encore, sur le statut épistémologique de la bioéthique.

La première idée reçue qu'elle déconstruit, c'est que le donneur d'organe se sent toujours plus ou moins obligé de donner à cause de pressions sociales ou morales, alors que le receveur se voit nécessairement comme une personne libre d'accepter ou de refuser une transplantation, puisqu'il est maître de la décision de se soigner ou pas.

Or les donneurs dont Valérie Gateau examine les attitudes dans son étude de terrain affirment que leur décision de se faire prélever une partie du foie en vue d'une greffe sur un parent proche a été aussi libre qu'une décision humaine peut l'être. Elle est la conclusion d'une délibération sous certaines contraintes, les différentes raisons pour et contre ayant été pesées auparavant.

En revanche, les receveurs n'ont pas ce sentiment de liberté. Ils estiment plutôt qu'ils ont été contraints d'accepter un protocole imposé par le système de solidarité.

Autrement dit, les donneurs peuvent parfaitement se penser libres de donner et les receveurs peuvent très bien avoir le sentiment d'être obligés de recevoir.

Un autre résultat important de l'enquête de Valérie Gateau, c'est que les donneurs se sentent souvent abandonnés une fois le prélèvement effectué. Leur parcours professionnel et leur santé sont parfois assez gravement affectés par les suites de l'intervention médicale. Pourtant, rien ou presque n'est fait aujourd'hui pour les aider à surmonter ces difficultés.

Enfin, l'enquête montre que les médecins ne sont pas aussi à assurés de la légitimité de leur intervention qu'on pourrait le supposer. Certes, ils sauvent la vie ou améliorent l'état d'une personne en mauvaise santé. Mais c'est en causant tout de même un certain dommage à une autre personne en bonne santé, allant ainsi à l'encontre d'un principe aussi vieux que la médecine : « *Primum non nocere* » (d'abord ne pas nuire). De plus, le transfert d'organes est un acte qui s'oppose à la vision humaniste de la personne comme totalité indivise. Or cette vision est un élément de base de l'idéologie médicale dans son état présent.

Pour toutes ces raisons, la transplantation reste, pour les médecins, une source d'incertitude morale.

Valérie Gateau ne se contente pas de s'attaquer aux idées reçues qui parasitent la réflexion sur la signification morale du don d'organes. Elle ne veut pas seulement nous faire comprendre pourquoi l'inquiétude que la transplantation suscite ne peut jamais être complètement apaisée.

À partir des résultats de son enquête, elle examine aussi des projets politiques qui font l'objet de controverses virulentes, comme celui qui voudrait voir prospérer un marché libre des organes.

Elle explique pourquoi on ne peut pas s'appuyer sur les sentiments supposés des donneurs, des receveurs, des médecins et des autres professionnels de la santé, pour justifier la mise en place d'un tel marché.

Selon certains philosophes, ce marché pourrait générer des bénéfices sociaux non négligeables. Il serait, disent-ils, susceptible, d'apporter une solution au problème de la pénurie de greffons disponibles et servir de frein au développement d'un marché noir des organes dont la violence et l'injustice ne sont plus à démontrer[1].

Mais il existe aussi un argument moral en faveur d'un marché libre des organes, celui que Valérie Gateau conteste.

Le dispositif présent, étroitement contrôlé par l'État, excluant toute commercialisation du corps humain, réservé aux personnes les plus proches, serait en réalité un système de don forcé.

Or le diagnostic sur lequel cet argument est fondé ne correspond pas à la réalité, puisque, l'enquête l'a démontré, il n'est pas vrai que le don d'organes soit nécessairement vécu comme une contrainte.

Bien qu'elle rejette l'argument moral censé justifier un marché libre des organes, Valérie Gateau n'exclut pas toute forme de rétribution de la mise à la disposition d'autrui des parties et des produits du corps.

C'est à cet endroit que sa réflexion libre et sans préjugés devient particulièrement audacieuse.

Elle interroge le principe qui semble régir une bonne partie des lois de bioéthique : la non commercialisation du corps humain.

1. Mark Cherry, « The Body For Beneficience and Profit : Why There Should Be an Open Market in Human Organs and other Body Parts », Communication au colloque *Don, commodification et commerce du corps humain*, EHESS, 16-17 juin 2009.

Elle observe d'abord que, derrière l'altruisme apparent du système du don d'organes se cache une réalité plus terre-à-terre : la greffe est une procédure médicale économique qui diminue à terme les dépenses de santé publique.

Elle rappelle que les donneurs ont tendance à avancer des revendications matérielles légitimes en matière de continuité de la vie professionnelle et de suivi médical.

Or, pour Valérie Gateau, la satisfaction de ces revendications est un critère décisif d'évaluation de toutes les politiques de greffes d'organes.

C'est ce critère qui la conduit à plaider en faveur de l'indemnisation des donneurs par l'État, et contre leur rémunération directe.

Il s'agirait d'une indemnisation, et non d'une rémunération, car ce qui justifierait la dépense publique ne serait pas le paiement en échange d'un bien qui pourrait profiter à une personne particulière, mais les bénéfices du don à la société dans son ensemble (allégement des listes d'attente, diminution des dépenses de santé en cas de greffe réussie).

Une indemnisation élaborée selon ces principes permettrait de reconnaître la valeur du don d'organes, qui est certes approuvé par une large majorité de personnes, mais dont les bénéfices pour toute la société ne sont pas suffisamment appréciés.

Elle aurait aussi l'intérêt de ne pas reposer sur des appels ronflants à la « solidarité nationale », mais sur l'existence d'échanges concrets entre le donneur et ses concitoyens.

Il faudrait aussi, nous dit Valérie Gateau, qu'on ne cache pas aux donneurs les arguments économiques qui plaident en faveur de la greffe. Il faudrait qu'il sache que son don permet de réduire les dépenses de santé publique. Il faudrait oser lui dire qu'on lance des campagnes d'incitation au don pour cette raison.

Quand on laisse penser au donneur qu'on compte sur son don dans le seul but de sauver une vie humaine, sans aucune arrière-pensée économique, on ne le respecte pas vraiment en tant que citoyen libre et responsable, capable d'être éclairé. On se comporte à son égard de façon paternaliste.

Au total, la philosophie du don d'organes de Valérie Gateau est ouverte et démocratique. Elle demande un maximum de transparence dans les relations entre le patient et les institutions médicales. Elle a l'avantage de ne pas exclure les solutions pragmatiques, hors de toute sacralisation de grands principes, et de donner la place qui leur revient aux points de vue des principaux concernés.

Je la vois comme une rupture importante et salutaire avec la production bioéthique dominante en France qui reste, à mon avis, plombée par des formes insidieuses de moralisme et de paternalisme.

Ruwen Ogien
Directeur de recherches
Laboratoire *La République des savoirs*
CNRS/ENS/ Collège de France

# GLOSSAIRE

**Anastomose** : suture entre deux conduits organiques (vaisseaux sanguins, intestins, voies biliaires, etc.).

**Anencéphale** : les enfants dits « anencéphales » n'ont pas d'encéphale c'est-à-dire pas de cuir chevelu, pas de voûte crânienne, pas de méninges, pas d'hémisphères cérébraux et pas de cervelet. Ces enfants décèdent en général durant l'accouchement ou bien quelques heures voire quelques jours après. Cette malformation se diagnostique en prénatal.

**Atrésie des voies biliaires (AVB)** : malformation caractérisée par l'absence de voies biliaires en dehors du foie, qui ne peut alors pas excréter la bile. Elle a pour conséquence des lésions hépatiques *in utero* irréversibles. Non traitée, l'AVB conduit à la cirrhose biliaire et au décès de l'enfant dans les premières années de vie. Le traitement chirurgical est séquentiel : en période néonatale, une intervention de Kasaï peut être réalisée. 25% des enfants ayant bénéficié de cette intervention ont une fonction hépatique normale à l'âge adulte. Pour les autres, une transplantation hépatique est nécessaire dans les premières années de la vie. L'AVB est la principale indication de transplantation du foie chez l'enfant.

**Cœlioscopie** : la cœlioscopie (ou laparoscopie) est une technique chirurgicale d'intervention de la cavité abdominale très peu invasive utilisée sur l'appareil digestif (chirurgie viscérale), en urologie, en gynécologie et en hépatologie. Le principe consiste à gonfler la cavité abdominale de CO2 au moyen d'une aiguille introduite à travers la peau, puis à profiter de la séparation des différentes structures par le gaz pour introduire un tube optique et des tubes opératoires. L'intervention se fait en connectant l'optique à une caméra et un moniteur vidéo.

**Collection biliaire** : en général liée à une fuite de bile dans l'abdomen, la collection biliaire est une poche de bile dans l'abdomen.

**Electroencéphalogramme** : l'électro-encéphalographie est l'enregistrement graphique au moyen d'électrodes placées sur la surface du cuir chevelu, des différences de potentiel électrique produites au niveau du cortex. L'électroencéphalogramme (EEG) désigne la courbe qui est obtenue par l'électroencéphalographie.

**Epanchement pleural** : apparition de liquide dans la cavité pleurale.

**Eventration** : une éventration est l'extériorisation dans le tissu sous-cutané d'un sac péritonéal et de son contenu (par exemple l'intestin), par un orifice de la paroi abdominale acquis, par exemple une cicatrice.

**Hématome** : accumulation circonscrite de sang dans un tissu, due à des lésion vasculaires.

**Hépatite fulminante** : il s'agit d'une insuffisance hépatique brutale et très sévère, dont l'origine peut être toxique (médicaments, champignons vénéneux etc.) ou virale (hépatites virales). Elle engage le pronostic vital, et le traitement est le plus souvent une transplantation hépatique en urgence.

**Homéostasie interne** : l'homéostasie interne correspond à la stabilisation du milieu intérieur (sang, plasma etc.).

**Hypotonie** : diminution de la tonicité musculaire.

**Ischémie** : déprivation d'oxygène dans un tissu ou un organe, due à l'arrêt ou à la diminution de la circulation du sang. Elle est dite normothermique lorsqu'elle a lieu à température corporelle et hypothermique (ou froide) lorsque l'organe est refroidi.

**Laparotomie** : ouverture chirurgicale de la paroi abdominale.

**Morbidité** : apparition de complications.

**Mortalité** : apparition de décès.

**Mydriase** : dilatation de la pupille.

**Pontage artériel** : utilisation d'un conduit vasculaire humain autogène ou allogénique à distance de l'artère d'origine afin de revasculariser un organe.

**Partage hépatique** : bi-partition du foie d'un donneur décédé permettant de greffer un enfant avec le lobe gauche et un adulte avec le lobe droit.

**Pleurésie purulente** : inflammation infectée de la plèvre.

**Pneumothorax** : présence anormale d'air dans la cavité pleurale.

**Situation élective** : situation standard par opposition à la situation d'urgence.

**Super urgence nationale** : procédure qui permet de placer en tête de la liste nationale d'attente un malade dont l'état de santé exige une greffe dans les 48 heures. Cette possibilité concerne essentiellement le foie.

# BIBLIOGRAPHIE

*Ouvrages*

AMIEL P., *Ethnométhodologie appliquée : éléments de sociologie praxéologique*, Paris, Presses du Lema/Université Paris VIII, 2002.

AMIEL P., FAGOT-LARGEAULT A., *Enquête sur les pratiques et les conceptions de l'information et du recueil du consentement dans l'expérimentation sur l'être humain*, (Convention MIRE n°15-97), Paris, Mission Recherche (ministère de l'emploi et de la solidarité; direction de la recherche, des études, de l'évaluation et des statistiques), 2000.

ARISTOTE, *Ethique à Nicomaque*, Paris, Vrin, 1990.

– *Ethique de Nicomaque*, Paris, Flammarion, 1992.

BAUD J.-P., *L'affaire de la main volée, une histoire juridique du corps*, Paris, Seuil, 1993.

BOILEAU C., *Dans le dédale du don d'organes*, Paris, Édition des archives contemporaines, 2002.

BOURDIEU P., *Le sens pratique*, Paris, Minuit, 1980.

– *Raisons pratiques*, Paris, Seuil, 1994.

BROYER M., BOILLOT O., *La transplantation d'organes avec donneur vivant, rapport d'étude*, Paris, Établissement français des Greffes, 1997.

CAILLÉ A., *Don, intérêt et désintéressement*, Paris, La découverte, 2005,

CARVAIS R., SASPORTES M., *La greffe humaine (in)certitudes éthiques : du don de soi à la tolérance de l'autre*, Paris, P.U.F., 2000.

CRIGNON-DE OLIVEIRA C., GAILLE-NIKODIMOV M., *A qui appartient le corps humain ?* Paris, Les Belles Lettres, 2004.

CROZIER M., FRIEDBERG E., *L'acteur et le système*, Paris, Seuil, 1997.

DAHL RENDTORFF, J., KEMP P., *Basic Ethical Principles in European Bioethics and Biolaw – vol 1: Autonomy, Dignity, Integrity, and Vulnerability*, Copenhagen and Barcelona, 2000.

ENGELHARDT H. T., *The Foundations of bioethics*, New York, Oxford University Press, 1986.

FAGOT-LARGEAULT A. *Les causes de la mort : histoire naturelle et facteurs de risques,* Paris, Vrin, 1989.

FOUCAULT M., *Histoire de la sexualité 1.La volonté de savoir*, Paris, Gallimard, 1976.

FOPPA C., *Transplantation : par-delà le mythe du don*, Genève, Société suisse d'éthique médicale, 1992.

GUENICHE K., *L'énigme de la greffe, le je de l'hôte à l'autre*, Paris, l'Harmattan, 2000.

GODBOUT J. T., CAILLE A., *L'esprit du don*, Paris, La découverte, 1992.

HARRIS J., *Violence and Responsibility*, Londres, Routledge and Kegan, 1980.

HOUSSIN D., *L'aventure de la greffe*, Paris, Denoël, 2000.

JONAS H., *Le droit de mourir*, trad. fr. par Ivernel P., Paris, Rivages poche, 1996.

KANT E., *Fondements de la métaphysique des mœurs*, dans *Œuvres philosophiques II*, Paris, Gallimard, 1985.

– *Leçons d'éthique*, trad. fr. par L. Langlois, Paris, Librairie Générale Française, 1997.

LACROIX J., *Michaël Walzer le pluralisme et l'universel*, Paris, Michalon, 2001.

KÜSS R., BOURGET P., *Une histoire illustrée de la greffe d'organes*, Paris, Frison-Roche, 1993.

LE DIRAISON S., ZERNICK E., *Le corps des philosophes*, Paris, P.U.F., 1993.

LE NAOUR J. Y., VALENTI C., *Histoire de l'avortement XIX^e^-XX^e^ siècles,* Paris, Seuil, 2003.

MERLEAU-PONTY M., *Phénoménologie de la perception*, Paris, Gallimard, 1945.

MILL J. S., *De la liberté*, trad. fr. par L. Lenglet, Paris, Gallimard, 1990.

– *L'utilitarisme*, trad. fr. par G. Tanesse, Paris, Flammarion, 1988.

MONTAIGNE M., *Les Essais*, Paris, Le club français du livre, 1952.

PAILLE P., MUCHIELLI A., *L'analyse qualitative en sciences humaines et sociales*, Paris, Armand Colin, 2003.

SARTRE J.-P., *L'être et le néant*, Paris, Gallimard, 1943.

SINGER P., *Rethinking Life and Death, the Collapse of Our Traditionnal Ethics,* New York, Oxford University Press, 1994.

TSCHUI M., *Le don d'organes, donneurs greffés et soignants témoignent*, Paris, Éditions Anne Carrière, 2003.

VALÉRY P., *Tel quel,* Paris, Gallimard, 2001.

VEATCH R. M., *The basics of bioethics,* New Jersey, Prentice Hall, 2000,

– *Transplantation Ethics*, Washington, Georgetown University Press, 2000.

WAISSMAN R., *Le don d'organes*, Paris, P.U.F., 2001.

WALZER M., *Sphères de justice une défense du pluralisme et de l'égalité*, trad. fr. par Engel P., Paris, Seuil, 1997.

### *Chapitres d'ouvrages*

AUDARD C., « Utilitarisme », dans Canto-Sperber M. (éd.), *Dictionnaire d'éthique et de philosophie morale*, Paris, P.U.F., 2004, p. 2001-2009.

BATEMAN-NOVAES S., « Respect des personnes et éthique de la transplantation », dans Carvais R., Sasportes M. (éd.), *La greffe humaine (in)certitudes éthiques : du don de soi à la tolérance de l'autre*. Paris, P.U.F., 2000, p. 629-642.

BEAUCHAMP T. L., « The "Four-principles" Approach », *in* Beauchamp T. L. Childress J. F. (ed.), *Principles of Biomedical Ethics*, New York, Oxford University Press, 1989, p. 3-12.

BENNET R., CRIBB A., « The relevance of empirical research to bioethics : reviewing the debate », *in* Häyri M. Takala T. (ed.), *Scratching the surface of bioethics,* Amsterdam, Édition Rodopi, 2003, p. 9-16.

BENOIT G., « Prélèvements et transplantations », *Pratiques hospitalières et lois de bioéthique : perspective de révision des lois du 29 juillet 1994*, Paris, Espace éthique/APHP, 1999, p. 125-128.

BLASSZAEUR B., « Hongrie : éthique du consentement présumé », dans Morris P. (éd.), *Les transplantations*, Strasbourg, Éditions du Conseil de l'Europe, 2003, p. 99-113.

BOURETZ P., « Préface », dans Mill J. S. (ed.), *De la liberté*, Paris, Gallimard, 1990, p. 13-60.

BROYER M., « Le paradoxe du don dans les transplantations avec donneurs vivants », dans Carvais R., Sasportes M. (éd.), *La greffe humaine (in)certitudes éthiques : du don de soi à la tolérance de l'autre*. Paris, P.U.F., 2000, p. 422-444.

CARVAIS R., HERMITTE M.-A., « Les français attachés au droit commun réticents à l'égard du droit de la bioéthique », dans Carvais R. Sasportes M. (éd.), *La greffe humaine (in)certitudes éthiques : du don de soi à la tolérance de l'autre*. Paris, P.U.F., 2000, p. 848-855.

CHAVOT P., FELT U., Masseran A., « Une crise entre savoir et conscience », dans Collange J.-F. (éd.), *Ethique et transplantations d'organes*, Paris, Ellipses, 2000, p. 23-38.

CINQUALBRE J., « Un siècle de greffe », dans Cinqualbre J. (éd.), *Greffes d'organes*, Paris, Masson, 2004, p. 3-19.

ELLIOT C., « What's wrong with living heart transplantation ? », *in* Elliot C. (ed.), *Bioethics, culture and identity, a philosophical disease*, New York, Routledge, 1999, p. 103-120.

EPICTETE, *Entretiens*, Livre Ier, XXXV, dans Brun J. (éd.), *Les stoïciens*, Paris, P.U.F., 1993.

FLORIDA R.E., « Buddhism and the Four Principles », *in* Gillon R. (ed.), *Principles of Healthcare Ethics*, Chichecter, John Wiley and Sons, 1996, p. 105-106.

GABOLDE M., MOULIN A.-M., « French response to innovation : the return of the living donor in organ transplantation », *Innovations in Health and Medicine*, Jenny Stanton Editor, 2002, eBook disponible surhttp : //www.ebookmail.com/ebook/81319-ebook.htm.

GARRARD E., WILKINSON S., « Does bioethics need a moral theory ? », *in* Häyry M., Takala T. (ed.), *Scratching the surface of bioethics*, Amsterdam, Éditions Rodopi, 2003, p. 35-44.

GILLON R., « The Four Principles Revisited – a Reappraisal », *in* Gillon R. (ed.), *Principles of Healthcare ethics*, Chichecter : John Wiley and Sons, 1996.

HAMBRO Alnaes A., « Norvège : influence de certains facteurs culturels », dans Morris. P. (éd.), *Les transplantations*, Éditions du Conseil de l'Europe, 2003, p. 127-139.

HARRIS J., « Not all babies should be kept alive as long as possible », *in* Gillon R. (ed.), *Principles of Healthcare ethics*, Chichecter, John Wiley and Sons, 1996.

HENTZ J.-M., « La mort : quelle mort ? Controverses autour du concept de mort cérébrale en Allemagne », dans Collange J.-F. (éd.), *Ethique et transplantations d'organes*, Paris, Ellipses, 2000, p. 149-173.

HERISSONE-KELLY P., « The principlist approach to bioethics and its stormy journey overseas », *in* Häyry M., Takala T. (ed.), *Scratching the surface of bioethics*, Amsterdam, Éditions Rodopi, 2003, p. 65-76.

HERPIN N., PATTERSON F., « La pénurie et ses causes », dans Carvais R., Sasportes M. (éd.), *La greffe humaine (in)certitudes éthiques : du don de soi à la tolérance de l'autre*, Paris, P.U.F., 2000, p. 321-356.

HOTTOIS G., « Bioéthique », dans Hottois G. Missa J.-N. (éd.), *Nouvelle encyclopédie de bioéthique*, Bruxelles, De Boeck Université, 2001, p. 124-131.

JONAS H., « Against the Stream : Comments on the Definition and Redefinition of Death » (chapitre 6), *in* Jonas H. (ed.), *Philosophical Essays, from Ancient Creed to Technological Man*, New Jersey, Prentice-hall, 1974, p. 132-140.

LE BRETON D., « Les aspects anthropologiques et culturels du corps », dans Collange J.-F. (éd.), *Ethique et transplantations d'organes*, Paris, Ellipses, 2000, p. 39-49.

MANUEL C. *et al.*, « Principes éthiques et législations comparée en Europe : le cas des transplantations rénales », dans Collange J.-F. (éd.), *Ethique et transplantations d'organes*, Paris, Ellipses, 2000, p. 194-206.

MARZANO-PARISOLI M., « Corps », dans Canto-Sperber M. (éd.), *Dictionnaire d'éthique et de philosophie morale*, Paris, P.U.F., 2004, p 415-422.

– « Don et réciprocité », dans Canto-Sperber M. (éd.), *Dictionnaire d'éthique et de philosophie morale*, Paris, P.U.F., 2004, p. 550-554.

MCLEAN S., « Royaume-Uni : vers une révision du cadre juridique ? », dans Morris P. (éd.), *Les transplantations*, Strasbourg, Éditions du Conseil de l'Europe, 2003,

MIRANDA B. *et al.*, « Espagne : record européen des dons d'organes », dans Morris P. (éd.), *Les transplantations*, p. 161-173.

MOATTI J.-P., « Dons d'organes : un révélateur des arbitrages entre l'efficience et l'équité dans le système de santé », dans Carvais R. Sasportes M. (éd.), *La greffe humaine (in)certitudes éthiques : du don de soi à la tolérance de l'autre*, Paris, P.U.F., 2000, p. 599-628.

NAVARRO J. *et al.*, « Analyse des résultats : avantages et risques », *Transplantation pulmonaire avec donneurs vivants, quels enjeux aujourd'hui ?* Atelier de réflexion du mardi 23 janvier 2003, Paris, Espace éthique APHP, 2004, p. 15-19.

PARIZEAU M.-H., « Autonomie, don et partage dans les transplantations d'organes et de tissus humains », dans Parizeau M.-H. (éd.), *Les fondements de la bioéthique*, Bruxelles, De Boeck-Wesmael, 1992, p. 121-132.

– « Organe (transplantation d') », dans Hottois G. Missa J.-N. (éd.), *Nouvelle encyclopédie de bioéthique*, Bruxelles, De Boeck Université, 2001, p. 621-624.

PICAVET E., « Théorie de la décision », dans Canto-Sperber M. (éd.), *Dictionnaire d'éthique et de philosophie morale*, Paris, P.U.F., 2004, p. 457-462.

RAMEIX S., « Statut du corps humain et métaphore organiciste de l'État », *Le corps : à qui appartient-il ?* dans Lemaire F., Rameix S., Ghanassia J. P. (éd.), Paris, Flammarion, 1996, p. 54-65.

RHODES R., « Organ transplantation », *in* Kuhse H., Singer P. (ed.), *A companion to Bioethics*, USA, Blackwell Publisher, 1998, p. 329-340.

SAINT-ARNAUD J., « L'égalité d'accès aux soins en situation de rareté », dans Saint-Arnaud J. (éd.), *Enjeux éthiques et technologies biomédicales,* Montréal, Les presses de l'université de Montréal, 1999, p. 165-175.

SZAWARSKI Z., « Pologne : le problème des coûts », dans Morris. P. (éd.), *Les transplantations*, Strasbourg, Éditions du Conseil de l'Europe, 2003, p. 141-150.

TAKALA T., « The role of sense and sensibility in bioethics », *in* Häyry M., Takala T. (ed.), *Scratching the surface of bioethics*, Amsterdam, Éditions Rodopi, 2003, p. 29-33.

TOPALL-RABANES F., « Cinq positions subjectives chez les donneurs de moelle adultes de la fratrie », dans Carvais R. Sasportes M. (éd.), *La greffe humaine (in)certitudes éthiques : du don de soi à la tolérance de l'autre*, Paris, P.U.F., 2000, p. 445-485.

### *Articles*

BARTZ C. E., « Operation Blue, ULTRA : DION - The donation Inmate Organ Network », *Kennedy Institute of Ethics Journal*, vol. 13, n°1, 2003, p. 37-44.

BEAUFILS F., GINON A.-S., DE ROCHEGONDE T., « Le prélèvement d'organes : donner voix au consentement », *Esprit*, 336, 2007, p. 96-108.

BELL M. D. D., « Non-heart beating organ donation : old procurement strategy – new ethical problems », *Journal of Medical Ethics*, vol. 29, n°3, 2003, p. 176-181.

BEN AMMAR M. S., « Greffes d'organes et Islam : une quête en climat de réticence », *Ethique et santé*, vol. 1, 2004, p. 211-215.

BENZADON G., « Greffe avec donneur vivant : des avantages au prix de problèmes éthiques », *Le quotidien du médecin*, n°7390, 2003, p. 13-14.

BIODJEKIAN G., « Effets psychologiques de la greffe d'organes », *Lumière et vie*, tome XLIV, n°225, 1995, p. 27-40.

BOILLOT O., « Le don d'un lobe de foie : aspects médicaux et éthiques », *Revue Trimestrielle du Centre Laennec*, n°2, 2003, p. 32-48.

BROWN R. S. *et al.*, « A survey of Liver transplantation from Living Adult Donors in the United States », *The New England Journal of Medicine,* n°348, 2003, p. 818-825.

BROYER M., « Respecter le donneur et sa liberté : les précautions à prendre », *Revue trimestrielle du centre Laennec*, n°2, 2003, p. 21-31.

CAMPBELL A. V. *et al.*, « Human tissue legislation : listening to the professionals », *Journal of medical ethics*, vol. 34 n°2, 2008, p. 104-108.

CARVAIS R., « De l'éthique en général et de la greffe en particulier », *Res Publica,* Hors série n°1, 2002, p. 26-31.

CHEMOUILLI P., « La mort invisible ou le problème de la mort cérébrale et des greffes d'organes au Japon », *Ethique et santé*, vol. 1, 2004, p. 216-222.

CHOUHAN P., DRAPER H., « Modified madated choice for organ procurement », *Journal of Medical Ethics*, vol. 29, n°3, 2003, p. 157-162.

COHEN C.B., « Public Policy and the Sale of Human Organs », *Kennedy institute of ethics journal*, vol. 12, n°1, 2002, p. 47-64.

COUETIL J.-P., « Informer sur la possibilité du don vivant : est-ce contraindre ? », *Le courrier de la transplantation*, vol. 1, n°2, 2001, p. 61.

CRONIN D., C. SIEGLER M., « Ethical Issues in Living Donor Transplantation », *Transplantation Proceeding*, n°35, 2003, p. 904-905.

CRONIN D., MILLIS J. M., SIEGLER M., « Transplantations of liver graft from living donors into adults – too much too soon », *New England Journal of Medicine,* Vol. 334 n°21, 2001, p. 1633-1636.

CHAZEL F., « L'action organisée et l'analyse sociologique contemporaine », *Sociologie du travail*, n°1, 1994, p. 85-94.

DANION-GRILLAT A., « Don, dette et culpabilité », *Revue Trimestrielle du Centre Laennec*, n°2, 2003, p. 49-67.

DECAMPS-MINI D., « Prélèvements et greffes d'organes : une activité strictement encadrée », *Ethique et santé*, vol. 1, 2004, p. 189-193.

DE CASTRO L. D., « Commodification and exploitation : arguments in favour of compensated organ donation », *Journal of Medical Ethics*, vol. 29, n°3, 2003, p. 142-146.

DÉCHAMP-LEROUX C., « Débats autour de la transplantation d'organes », *Sciences sociales et santé*, vol. 15, n°1, 1997, p. 99-121.

DE VITA M. AULISIO M.P. MAY T., « Transplantation ethics : Old Questions, New Answers ? », *Cambridge Quarterly of Healthcare Ethics*, n°10, 2001, p. 357-360.

DYER O., « Organ trafficking prompts UK review of payments for donors », *Bmj,* n° 325, 2002.

EGHTESAD B., JAIN A. B. FUNG J.J., « Living Donor Liver Transplantation : Ethics and Safety », *Transplantation Proceeding*, n°35, 2003, p. 51-52.

EMSON H.E., « It is immoral to require consent for cadaver organ donation », *Journal of Medical Ethics*, vol. 29, n°3, 2003, p. 125-127.

ERIN C. A., HARRIS J., « An ethical market in human organs », *Journal of Medical Ethics*, vol. 29, n°3, 2003, p. 137-138.

ETZIONI A., « Organ Donation : A Communitarian Approach », *Kennedy Institute of Ethics Journal*, vol. 13, n°1, 2003, p. 1-18.

FAGOT-LARGEAULT A., « La médecine régénératrice », *Raison publique*, n°3, 2004.

FLECK L. M., « Children and Organ Donation : Some Cautionary Remarks », *Cambridge Quarterly of Healthcare Ethics*, vol. 13, n°2, 2004, p. 161-166.

FRIEDMAN ROSS L., ZENIOS S., « Restricting Living-Donor-Cadaver-Donor Exchanges to Ensure that Standard Blood Type O Wait-List Candidates Benefit », *Transplantation*, vol. 78, n°5, 2004, p. 641-646.

GATEAU V., SOUBRANE O., FAGOT-LARGEAULT A., « Les aléas du don d'organe entre vivants », *Le Monde*, 18-06-2005.

GILL M. B., SADE R.M., « Paying for kidneys : the case against prohibition », *Kennedy institute of ethics journal*, vol. 12, n°1, 2002, p. 17-46.

GLANNON W., « Do the sick have a right to cadaveric organs ? », *Journal of Medical Ethics*, vol. 29, n°3, 2003, p. 153-156.

GLANNON W., FRIEDMAN ROSS L., « Do genetic relationships create moral obligations in organ transplantation ? », *Cambridge Quarterly of Healthcare Ethics*, vol. 11, n°2, 2002, p. 155.

GOLDMAN L. S., « Liver transplantations using living donors : preliminary donor psychiatric outcomes », *Psychosomatics*, vol. 34, n°3, 1993, p. 235-240.

GRADY D., « The perils of liver transplant. No one, it appears, is tracking what happens to the donor », *The International Herald Tribune*, 21/03/2002.

HAMER C. L., RIVLIN M. M., « A stronger policy of organ retrieval from cadaveric donors : some ethical considerations », *Journal of Medical Ethics*, vol. 29, n°3, 2003, p. 196-200.

HARRIS J., « Organ procurement : dead interests, living needs », *Journal of Medical Ethics*, vol. 29, n°3, 2003, p. 130-134.

HARRIS J., ERIN C., « An ethically defensible market in organs », *Bmj*, n°325, 2002, p. 114-115.

HERISSONE-KELLY P., « U.K. Bioethics, U.K. Metabioethics : organs sales and the justification of bioethical methods », *Cambridge Quarterly of Healthcare Ethics*, vol. 13, n°3, 2004, p. 226-235.

JANSEN L. A., « Children organ Donation, Family Autonomy, and Intimate Attachement », *Cambridge Quarterly of Healthcare Ethics*, vol. 13, n°2, 2004, p. 133-142.

JORAMELON D., COX P., « Body Values : The Case against Compensating for Transplant Organs », *Hasting Center Report*, vol. 33, n°1, 2003, p. 27-33.

KAM I., Adult-Adult Right Hepatic Lobe Living Donor Liver Transplantation for Status 2a Patients : Too Little, Too Late, *Liver Transplantation*, 2002, vol. 8, n°4, p. 347-349.

KARLIOVA M. *et al.*, « Living Related Liver Transplantation from the View of the Donor : A 1-Year Follow-Up Survey », *Transplantation*, vol. 73, n°11, 2002, p. 1799-1804.

KISHORE R. R., « Human organs, scarcities, and sale : morality revisited », *Journal of Medical Ethics*, vol. 31, n°6, 2005, p. 338-340.

KIRKLIN D., « The altruistic act of asking », *Journal of Medical Ethics*, vol. 29, n°3, 2003, p. 183-195.

KUNIN J. D., « The search for organs : halalic perspectives on altruistic giving and the selling of organs », *Journal of Medical Ethics*, vol. 31, n°5, 2005, p. 269-272.

LADD R. E., « The Child as Living Donor : Parental Consent and Child Assent », *Cambridge Quarterly of Healthcare Ethics*, vol. 13, n°2, 2004, p. 143-148.

LUCIOLLI E., SOUBRANE O., HOUSSIN D., « Organisation de la greffe hépatique en France : aspects éthiques et réglementaires », *Médecine et Droit*, n°54, 2002, p. 19-27.

MAJNO P. *et al.*, « Transplantation du foie : pourquoi a-t-on recours au donneur vivant ? », *Médecine et Hygiène*, n°59, 2001, p. 266-272.

MISSA J.-N., « L'évolution des critères de la mort dans des sociétés pluralistes », *Annales d'histoire et de philosophie du vivant*, vol. 4, 2001, p. 29-45.

MOLLARET P., GOULON M., « Le coma dépassé », *Revue Neurologique*, n°11, 1959, p. 3-15.

MORELON E., « Donner un organe de son vivant », *Revue Trimestrielle du centre Laennec*, n°3, 2002, p. 4-7.

– « Pourquoi développer la pratique du donneur vivant ? », *Revue trimestrielle du centre Laennec*, n°2, 2003 p. 10-20.

NORTHUP P. G., BERG C.L., « Living donor liver transplantation : the historical and cultural basis of policy decisions and ongoing ethical questions », *Journal of Health Policy*, vol. 72, 2004, p. 175-185.

OLIVIER D., « Transplantation hépatique et donneur vivant », *La presse médicale*, vol. 30, n°24, 2001, p. 24-26.

OTTE J. B., « La transplantation hépatique avec donneur vivant parental : réflexion éthique à la lumière de notre expérience des trente premiers patients », *Médecine Sciences*, vol. 13, 1997, p. 353-357.

PHARO P., « Introduction Justice et respect », *Sciences sociales et santé*, vol. 15, n°1, 1997, p. 9-20.

POMFRET E. A., POMPOSELLI J. J., JENKINS R. L., « Live donor liver transplantation », *Journal of Hepatology*, n°34, 2001, p. 613-624.

PUCCETTI R., « The conquest of death », *The Monist an International Quarterly Journal of General Philosophical Inquiry*, 1976, vol. 59.

RADCLIFFE Richards J., « Commentary. An ethical market in human organ »s, *Journal of Medical Ethics*, vol. 29, n°3, 2003, p. 139-140.

ROMAGNOLI S., « Transplantation cardiaque et image du corps », *Ethique et santé*, vol. 1, n°4, 2004, p. 194-199.

SALVESCU J., « Is the sale of body parts wrong ? », *Journal of Medical Ethics*, vol. 29, n°3, 2003, p. 138-139.

SHELDON M., « Guest Editorial », *Cambridge Quarterly of Healthcare Ethics*, vol. 13, n°2, 2004, p. 119-124.

SICARD D., « Problèmes éthiques posés par le don d'organes en France », *Les cahiers du CCNE*, n°42, 2005, p. 35-37.

SLABBERT M., OOSTHUIZEN H., « Commercialization of human organs for transplantation : a view from South Africa », *Medicine and Law*, Vol. 24, n°1, 2005, p. 191-201.

STEINBERG D., « The Antemortem Use of Heparin in Non-Heart-Beating Organ transplantation : A Justification Based on the Paradigm of Altruism », *The Journal of Clinical Ethics*, vol. 14, n°1/2, 2003, p. 18-25.

THIEL M.-J., « La transplantation d'organe de vif à vif, quand les possibilités techniques interrogent la morale », *Lumière et vie*, tome XLIV, n°225, p. 41-53.

THOUVENIN D., « Don et ou prélèvement d'organes », *Sciences sociales et santé*, vol. 15, n°1, 1997, p. 75-98.

TISON B., « Transplantations, greffes d'organes et tradition hindoue », *Ethique et santé*, *op. cit.*, p. 200-205.

TRUOG R. D., « Brain death – too flawed to endure, too ingrained to abandon », *Journal of law, medicine and ethics*, vol. 35, n°2, 2007, p. 273-281.

TROTTER J.-F. *et al.*, « Adult-to-adult transplantation of the right hepatic lobe from a living donor », *New England Journal of Medicine*, vol. 346, n°14, 2002, p. 1074-1082.

VEATCH R. M., « The foundations of bioethics », *Bioethics*, vol. 13, n°3-4, 1999.

– « Why Liberals Should Accept Financial Incentives for Organ Procurement », *Kennedy Institute of Ethics Journal*, vol. 13, n°1,2003, p. 19-36.

VESPIEREN P., « Un acte de générosité et de liberté », *Revue Trimestrielle du Centre Laennec*, n°2, 2003, p. 6-9.

WALTER M. *et al.*, « Willingness to donate : an interview before liver transplantation », *Journal of Medical Ethics*, vol. 30, n°6, 2004, p. 544-550.

WILKINSON T. M., « What's not wrong with conditional organ donation ? », *Journal of Medical Ethics*, vol. 29, n°3, 2003, p. 163-164.

WYNNE B., « Misunderstanding : social identities and the uptake of science », *Public understanding of science*, vol. 1, 1992.

### *Collectivités d'auteurs*

« A Definition of Irreversible Coma : Report of the Ad Hoc Commitee of the Harvard Medical School to examine the Definition of Brain Death », *Journal of the American Medical Association*, vol. 205, 1968, n°6.

*Avis n° 38 du CCNE : Avis sur l'éthique de la recherche dans les sciences du comportement humain*, 1993.

*Avis n°60 du CCNE : Réexamen des lois de bioéthique*, 25 juin 2004.

*Code de déontologie des psychologues*, signé par l'Association des Enseignants de Psychologie des Universités (AEPU), l'Association Nationale des Organisations de Psychologues (ANOP), la Société Française de Psychologie (SFP) le 22 mars 1996.

*Code d'éthique de l'Association Internationale de Sociologie* approuvé par le Comité Exécutif en 2001.

Conseil D'état, *Les lois de bioéthique : cinq ans après*, Paris, La découverte, 1999,

Deutsche Stiftung Organtransplantation, *Improving the knowledge and practices in organ donation*, Organizacion Nacional de Trasplantes, 2006,

Établissement Français des Greffes, « La greffe au XX$^{e}$ siècle ».

*Expanding donor pool*, European Group for Coordination of National Research Programmes on Organ Donation and Transplantation, Organizacion National de Trasplantes, 2006,

Indications de la transplantation hépatique : conférence de consensus, Lyon, 19 et 20 janvier 2005, Texte des recommandations (version longue).

*Libération*, 22/11/2000.

Petit Robert, Paris, Éditions le Robert, 1983.

The authors for the live organ donor consensus group, *Consensus stratement on the live organ donor. JAMA*, vol. 284, n°22, 2000, p. 2919-2926.

### *Actes*

BOILLOT O., « Transplantation hépatique à partir de donneur vivant apparenté », *Colloque Greffe et donneur vivant*, Établissement français des Greffes, 1997.

CRONIN D., « Le point de vue d'un chirurgien », *Colloque Enjeux éthiques des transplantations hépatiques avec donneur vivant*, Actes, Paris, 2004, p. 9-13.

CROWLEY-MATOKA M., « Les donneurs vivants en tant que non-patients : une perspective anthropologique », *Colloque Enjeux éthiques des transplantations hépatiques avec donneur vivant*, Actes, Paris, 2004, p. 21-30.

FAN S.T., « Le point de vue d'un chirurgien transplanteur », *Colloque Enjeux éthiques des transplantations hépatiques avec donneur vivant*, Actes, Paris, 2004, p. 33-41.

FOURNIER V., « Du côté des donneurs : un point de vue éthique », *Colloque Enjeux éthiques des transplantations hépatiques avec donneur vivant*, Actes, Paris, 2004, p. 64-69.

GAUTHIER F., « Le point de vue d'un chirurgien transplanteur pédiatrique français », *Colloque Enjeux éthiques des transplantations hépatiques avec donneur vivant*, Actes, Paris, 2004, p. 53-57.

Hermitte M. A., « Consentement et prélèvements d'organes sur cadavres », *Actes du cinquième séminaire du club de la transplantation*, 1993.

NOVAES S., « L'éthique du don », *Actes du cinquième séminaire du club de la transplantation*, 1993.

*Quelles révisions de la loi de bioéthique ?,* Actes des rencontres parlementaires du 07 février 2007.

SOUBRANE O., GATEAU V., « Le point de vue d'un chirurgien transplanteur adulte français », *Colloque Enjeux éthiques des transplantations hépatiques avec donneur vivant*, Actes, Paris, 2004, p. 58-63.

*Textes de loi*

*Code civil*

Loi n°52-854 du 21 juillet 1952 sur l'utilisation thérapeutique du sang humain, de son plasma et de leurs dérivés, publiée au JORF du 22 juillet 1952.

Circulaire n° 67 du 24 avril 1968 relative à l'application du décret n°47-2057 du 20 octobre 1947 relatif aux autopsies et prélèvements, non parue au JORF.

Loi n°76-1181 du 22 décembre 1976 relative aux prélèvements d'organes, publiée au JORF du 23 décembre 1976.

Loi n°94-43 du 18 janvier 1994 relative à la santé publique et à la protection sociale, publiée au JORF du 19 janvier 1994.

Loi n°94-653 du 29 juillet 1994 relative au respect du corps humain, publiée au JORF du 30 juillet 1994.

Loi n°94-654 du 29 juillet 1994 relative au don et à l'utilisation des éléments et produits du corps humain, à l'assistance médicale à la procréation et au diagnostic prénatal, publiée au JORF du 30 juillet 1994.

Décret n° 97-704 du 30 mai 1997 relatif au registre national des refus de prélèvements sur une personne décédée d'organes, de tissus et de cellules et modifiant le code de la santé publique, publié au JORF du 3 juin 1997.

Loi n° 2001-1246 du 21 décembre 2001 relative au financement de la sécurité sociale pour l'année 2002 publiée au JORF du 26 décembre 2001.

Loi n°2004-800 du 06 août 2004 relative à la bioéthique, publiée au JORF du 07 août 2004.

# INDEX

# TABLE DES MATIÈRES

## DEUXIÈME PARTIE
## ENQUÊTE DE TERRAIN



## TROISIÈME PARTIE
## LA LIBERTÉ, LE CORPS ET LE DON DANS LE CADRE DU PRÉLÈVEMENT ET DE LA GREFFE

Achevé d'imprimer en mars 2017
par Isiprint
15 rue Francis de Pressensé
93210 La Plaine Saint-Denis

*Imprimé en France*